抱被窝去，今晚你就睡在这里好了！"爸爸说完，刚想放下购物车往前走，儿子赶紧说："爸爸，我不买了！家里不是还有一个吗！"

这个场景是真实的，让我感触颇深，我就想：为什么有的父母这么聪明，不动声色地说一两句话，就能让孩子放弃不合理的购买欲望？而有那么多的父母，却无奈地看着孩子在地上打滚，最终被孩子"制服"，"乖乖地"给孩子买，下一次，孩子还会使出这样的"杀手锏"逼父母就范。其实，父母怎样说、怎样表达是非常关键的。

与孩子沟通是个大学问。有效的沟通能恰到好处地处理亲子之间的关系，而无效沟通则会把亲子间的关系推向更加尴尬的境地，甚至到最后无法收拾。所以，我们要让自己与孩子间的沟通变得轻松、有效。比如，面对犯了错误的孩子，我们要讲究方法、循循善诱，而不是大吼大叫、口出恶言、非打即骂地、粗暴地解决问题。要知道，我们采用怎样的沟通方式，很可能就决定孩子的人生方向走向哪里，是走向快乐与幸福，还是走向偏执与毁灭？我们只有善解孩子的心意，才能温暖孩子的心，才能让他走向积极的人生。

有人说，亲子沟通是一门艺术，世界上最成功的家庭教育是在父母与孩子的沟通中不知不觉地实现的。可见，我们一定要掌握这门艺术。只有这样，与孩子的沟通才会变得顺畅、有效，我们与孩子才会互相理解，亲子间的关系才会更加和谐与融洽。

之所以很多父母与孩子的沟通是失败的，主要是因为这些父母运用了消极的沟通方式，也就是用吼叫、命令、呵斥、指责、打骂等方式"沟通"。不仅是"拳打脚踢"等暴力动作会伤人，语言也会伤人，正所谓"利刃割体痕易合，恶语伤人恨难消"，我们歇斯底里的吼叫、尖刻的奚落、挖苦与讽刺带给孩子的伤害甚至会大于体罚对他的伤害。长此以往，孩子就会封闭心灵，拒绝与我们沟通，就会敌视甚至仇视我们。所以，一定要想办法走进孩子的心里，充分考虑到自己与孩子思想观念方面的差异，多站在孩子的角度看待问题、思考问题，理解、信任、接纳孩子，跟孩子有心灵的联结，同时反省自己，并做出看得见的改变……如此才能给予孩子最大的心灵慰藉，才能让

前 言

　　沟通，是亲子教育的重大主题，也是达成良好教育效果的重要方法。没有良好的沟通，就很难有良好的亲子关系，也就很难有好的家庭教育。

　　大吼大叫与唠唠叨叨，只会让亲子沟通、亲子关系变得更糟糕。与其说是孩子不听话，不如说是父母不懂得沟通。对孩子只有一颗所谓的"好心"是不够的，还要掌握足够的、真正管用的沟通技巧。但说教、吼叫、呵斥、打骂……并不包括在内，因为这些"招数"都无效，反而可能激起孩子的逆反心理和"怒怼"行为。

　　只有把话说到孩子的心里去，才能打开孩子的心扉，才会实现和谐的亲子关系，才会终结家庭中的亲子冲突。遇到懂得沟通、善于沟通的父母，是孩子一生的幸运。

　　说到这里，我想起多年前经历的一幕亲子沟通场景：

　　有一次，我在超市买东西时，遇到一家三口，5岁左右的儿子坐在购物车里，爸爸推着他，妈妈则在挑选东西。突然，儿子发现了一样东西，特别喜欢，说什么都要让爸爸给他买。爸爸说："家里已经有一个了啊！这次就不买了吧！"儿子当然不乐意了，他一边扭动着小身子，一边嗔怪地说道："不嘛，我就要买！我就要买！"

　　爸爸并没有回应，妈妈也自管挑选商品。这时，儿子又说话了："你不给我买，我就不走了！"爸爸笑着说："好啊，你在这里等着，我回家给你

图书在版编目（CIP）数据

跟孩子这样沟通更有效 / 鲁鹏程著. ——北京：新华出版社，2018.12

ISBN 978-7-5166-4388-4

Ⅰ.①跟… Ⅱ.①鲁… Ⅲ.①中国文学－教育－作品综合集

Ⅳ.①I217.1

中国版本图书馆CIP数据核字(2017)第090777号

跟孩子这样沟通更有效

作　　者：鲁鹏程

责任编辑：张修涛　　　　　　　　　　封面设计：臻美书装

出版发行：新华出版社

地　　址：北京石景山区京原路8号　　　邮　　编：100040

网　　址：http://www.xinhuapub.com

经　　销：新华书店、新华出版社天猫旗舰店、京东旗舰店及各大网店

购书热线：010－63077122　　　　中国新闻书店购书热线：010－63072012

照　　排：臻美书装

印　　刷：河北鑫兆源印刷有限公司

成品尺寸：170mm×240mm

印　　张：17.75　　　　　　　　　　字　　数：330千字

版　　次：2019年1月第一版　　　　　　印　　次：2019年1月第一次印刷

书　　号：ISBN 978-7-5166-4388-4

定　　价：46.00元

跟孩子
这样沟通更有效

鲁鹏程◎著

GNEHAIZI ZHEYANGGOUTONG
ZUIYOUXIAO

新华出版社

孩子在亲情的温暖下健康成长。

其实，有效的亲子沟通就是架在我们与孩子之间的一座心灵之桥，通过这座桥，我们与孩子才会彼此理解，才会相互尊重。试想，如果我们连孩子的心理需求是怎样的、连他的心里在想什么都不知道的话，又怎么有资格与能力引导和教育他呢？所以，该做的反思，一定要做，而且要"狠狠地"做！

不得不承认，亲子沟通已经成为家庭教育的重要课题。在今天日新月异、瞬息万变的信息时代，越来越多的父母都开始重视亲子沟通。但不可否认的是，今天的亲子沟通好像变得越发复杂了，为人父母者不知道该如何跟孩子沟通，不知道该怎样消除立在亲子间的那个隔阂或屏障……而这又导致一些孩子不能及时得到父母的教育而"失足"，父母也因此而终生遗憾。所以，我们一定要尽到自己为人父母者的教育职责，尽早掌握与孩子沟通的好方法。

与孩子沟通这件事，难的是父母缺少发现的眼光，没有发现孩子的需要，没有走进孩子的心里，没有掌握沟通的智慧。那么，怎样才能让亲子沟通变得简单呢？相信这是很多父母都十分关心的问题。别着急，当你看到这里时，我就可以负责任地告诉你："这本书里有你想要的。"虽然，我不敢保证这本书里所说的话都对孩子有效，但我却敢说，总有那么几句是能让您茅塞顿开的，总有几句是能让孩子听得进去的。

这本书所要讲的亲子沟通技巧与艺术，并不是单纯地让孩子"听话"，而是教父母学会以温和而坚定的态度，不吼不叫、不打不骂，用语言的力量、用理解、信任、接纳和联结打开孩子心灵的大门，轻松解决亲子沟通的难题，打造最佳的亲子关系。

为了让读者能更好地实践各种沟通技巧，我在本书每一节中都列举了若干条具体的、可操作的、实用的沟通建议。全书大约300个沟通细节，可以不全信，但却需要试试看，只有尝试了，才知道效果。正像一句广告词所说的："别看广告，看疗效。"同样，对于读者来说，看书只是一个"因"，这个"因"还要遇到好的"缘"，才会结出壮硕的"果"。"缘"是什么？就是真正落地的、不打折扣的"实践"。否则，再好的方法，不真正去用它，它也不会发挥应

有的作用。不是吗?

　　诚挚地邀请你翻开后面的内容继续阅读。相信读完这本书,你可能就会由衷地发出感慨:与孩子沟通其实真的很简单!

　　孩子需要成长,父母也需要成长,甚至要比孩子成长得更快、更好,如此才能应对孩子出现的各种问题,包括难于沟通问题。父母要掌握一些亲子沟通的技巧,学会把话说到孩子心里去,做最懂孩子的那个人!

　　感谢您的翻阅,感谢您的思索,感谢您的信任,期待您的改变!

　　最后,祝愿每一位父母都能与孩子做最有效的沟通,打造和谐高效的亲子关系;企盼每一位父母都做最好的父母,每个孩子都成为最棒的孩子。

鲁鹏程

2018 年 9 月于北京

目 录
CONTENTS

孩子的心灵就好像是一本书，这本书需要父母用心去体会才能读得懂。很多父母认为自己每天都在关注孩子的成长，似乎对孩子已经非常了解了。但事实可能并非如此。更多的父母根本就没有走进孩子的心里，与孩子之间的心理距离还很遥远，亲子之间没有建立起应有的联结。所以，怎样才能走进孩子的内心世界，是每位父母应该思考和践行的。

第二章　说话先放下架子，才能真正树立权威
——9种让父母树立良好形象的沟通技巧

　　很多父母为了显示自己做父母的"威信"，就想对孩子说什么就说什么，想怎样说就怎样说，想怎样处置孩子就怎样处置，还端做父母的架子……以为这样就有"威信"了，孩子就信服了。殊不知，这样做恰恰不会树立威信，反而会有损自己在孩子心中的威严。那么，父母在生活中怎样说才能树立威信呢？这也是每一位为人父母者应该清楚的重要课题。

第三章　把话说到点子上，孩子才会爱上学习
——11 种培养孩子自主学习的沟通技巧

孩子的学习，是每一位做父母最为关心的。但是，往往很多时候，孩子对父母的"关心"并不领情，甚至会和父母对着干。究其原因，就是因为父母没有把握好让孩子爱上学习的关键因素。其实很多时候，父母懂得恰当地"说"就能让孩子喜欢学习，爱上学习。

第四章　用语言引导孩子，让他过轻松的生活
——5种培养孩子良好生活习惯的沟通技巧

　　学习不是孩子的全部，父母不应该把所有的关注点都放在孩子的学习上，也应该关心他的日常生活，重视培养他的良好生活习惯。只要在日常生活方面给予孩子足够的关心、理解与支持，注意用恰当的语言去引导孩子，亲子关系就会越来越亲密，孩子也更会生活。

第五章　以最真诚的表达，帮孩子跨越青春坎
——6 种与青春期孩子的沟通技巧

　　青春期并不是父母想象中的"危险期"，处于青春期的孩子也未必个个叛逆。其实，叛逆是不正常的，不叛逆才是正常的。让孩子跨过青春期这道坎，关键是看父母怎样说，怎样引导孩子，怎样与孩子作最真诚的沟通。父母懂得怎样"说"，孩子自然就会过青春期了。

第六章　把握沟通的艺术，孩子才会听你的话
——9 种让孩子配合父母的沟通技巧

　　很多父母都有这样一个感触：孩子越来越越不听话，越来越不配合。儒家有一句很有哲理的话："行有不得，反求诸己。"也就是说，凡是遇到了不顺利，一定要找自己的原因，不要向外找。教育孩子，也是这个道理。父母对孩子说话时，如果是有智慧的，是经过了深思熟虑的，是能打动孩子心灵的，孩子一定会配合父母。父母说对了，这才是关键。

第一章　话要说到心坎上，走进孩子的内心世界

——10 种与孩子心灵碰撞的沟通技巧

孩子的心灵就好像是一本书，这本书需要父母用心去体会才能读得懂。很多父母认为自己每天都在关注孩子的成长，似乎对孩子已经非常了解了。但事实可能并非如此。更多的父母根本就没有走进孩子的心里，与孩子之间的心理距离还很遥远，亲子之间没有建立起应有的联结。所以，怎样才能走进孩子的内心世界，是每位父母应该思考和践行的。

1. "孩子，你是怎么认为的呢？"

了解孩子的想法，征求他的意见

每个孩子都是珍贵的存在，都有独立的人格，也都有自己与众不同的思维方式，对某件事、某个人也都会有自己的想法。很多时候，面对一些跟孩子有关的事情，父母不能替孩子作决定，更不能包办代替，而是应该了解一下孩子的想法，比如对他说："孩子，你是怎么认为的呢？"如此，向他征求一下意见。

如果孩子的想法很不错，意见很合理，那就尽可能地尊重他的想法和意见，但如果他的想法和意见离"合理"还有一段距离，那就向他解释清楚，或引导他进一步思考，如何才能让自己的想法和意见更为合理，而不是一下就完全否定他。

以上是比较恰当的处理方式。但在现实生活中，却有很多父母在遇到问题时，不会想到去询问孩子的想法，也往往会忽略孩子的意见。在这些父母看来，对于一个幼小的孩子而言，他们能有什么好的想法？他们的意见怎么会有参考价值？所以，选择漠视和忽略也就顺理成章了。不过，在孩子的眼中，懂得征求孩子意见的父母更有亲和力和可信度，会让孩子感觉他们更伟大，同时也会让孩子感觉到自己在父母心中的位置。

在孩子的眼中，父母都是自己的靠山，他们不仅力气大，有想法，重要的是他们有发号施令的权利。很多父母教育孩子的方式，无非就是说教，甚至是斥责、吼叫，再严重的就是打骂……无论事情大小，是否关乎孩子本身，

都不或很少去征求孩子的想法与意见，而是一味地替孩子做主。这样，孩子的成长力就弱很多，独立性也会更差，跟父母的关系也不会太好。而那些更容易体察到孩子想法的父母，更受孩子的欢迎，甚至会让孩子感激万分。

有一对孪生兄弟，他们活泼好动，聪明伶俐。一天，小兄弟俩商量好到外面玩耍。父亲同意了，但是要求他们必须在傍晚前回来。不过，这小兄弟俩一玩起来就忘记了时间，直到天黑才回到家。

在他们还没回家的这段时间，父亲的焦急程度可想而知，不过，他下定决心，如果待会儿兄弟俩回来后，一定不要急着责备他们，而是要试着和他们沟通，因为他们都是值得相信的好孩子。

小兄弟俩明显已经知道错了，他们正等着挨父亲的骂。没想到父亲心平气和地说："孩子们，你们在约定好的时间里没有回来，我和你妈妈都急坏了。你们看，这次怎么办？"

听了父亲的话后，小兄弟俩你看看我，我看看你，他们没有想到父亲会这样宽容，会给他们留这么大的"面子"。

后来，他们主动要求饭后帮助妈妈洗碗，作为对这件事情的惩罚。

从那以后，兄弟俩再也没有发生过不按时回家的情况。

可见，当他们没有受到父亲的责骂是多么的感激。这位父亲通过征求孩子意见这种巧妙的方式，把惩罚犯错孩子的任务交给了当事人，最终让孩子明白了"理解、信任、承诺、准时"等重要的观念。这样做，既没有丢掉适度惩戒的目的，也保全了孩子的面子，真是一个两全其美的方法。

由此也可以看出，在一个家庭中，父母对待孩子的态度，会极大地影响孩子待人接物的态度。这可能也算是一个普遍真理吧！

有一位非常温柔的女士，她让所有接触她的人都感到如沐春风，自然而然，她对自己的孩子说话也声音轻柔，语气温和。

她有一个可爱的女儿叫佳佳，她每次让佳佳帮忙做事时，总是亲切地说："佳佳，帮妈妈一个忙好不好？"

她从来不会对孩子说一些生硬的句子，当然也不会用强硬的命令语气让孩子去做事。每当孩子做完后，她总会高兴地说"谢谢"。

　　不难看出，这位女士是非常善于跟孩子相处的，她知道，对孩子说话越温和坚定，孩子就越会听从，这实际上也是对孩子尊重的一种表现。

　　有人说，尊重是人与人之间最美的距离。而尊重不只局限于成人之间，也不只是晚辈对长辈的恭敬。尊重是和谐的音符，当然，在这个家庭生活的孩子，自然也会尊重别人。

　　这位女士说，女儿佳佳与小朋友在一起玩的时候，总会考虑到别人的感受，她从小就不抢别人的玩具，也乐意把自己的东西和别的小朋友共享。所以也非常受小朋友的欢迎。

　　其实，这位女士对孩子的积极的、潜移默化的影响，也让孩子体验到了被尊重的感觉，当然，孩子也学会了尊重父母，学会了尊重别人。

　　孩子和成人一样，他也有受尊重的需要。如果我们善于沟通，懂得了解孩子内心的想法，懂得征求孩子的意见，孩子就会非常乐意与父母交流。

　　在一个访谈节目中，一位30岁的女士在和观众分享自己成长经历时，特别提到了这样一件事：

　　她5岁那年，有一天爸爸出差去了外地，家里只剩下了妈妈和自己。在吃午饭的时候，她突然听见妈妈用温柔的语气跟她说："你说，我们今天要不要去买袋面？"

　　这位女士清晰地记得，当时的她呆在了那里，一时反应不过来，她问道："妈妈，你是在问我的想法吗？"妈妈点点头说是。

　　她跟观众们分享说："那是很特别的一天，妈妈以前从来没有用这样的口气跟我说话，她这样问我，征求我的意见，这让我感到很兴奋，我一下子觉得自己像个大人一样了。现在回想起来，还能记起当时激动的心情。"

　　因为爸爸不在家，妈妈一句无心的问话，竟然给她留下了这样独特的印象，足可以说明与孩子沟通时了解他的想法、征求他的意见的重要性。这会让孩

子觉得，爸爸妈妈在乎他，尊重他。能得到父母的认可和尊重，在孩子看来，的确是一件很美好的事情。

那么，在生活中，父母应该注意什么呢？

● 对孩子要做到"少命令，多询问"

实践证明，跟孩子沟通交流时，多"询问"，而不下"命令"，不但能保护孩子的自尊心，而且能使孩子乐于改正错误，并与父母合作。

其实，不管要求孩子做什么事，父母都应该注意自己说话的语气，尽可能平和、温柔，而不是去命令、呵斥、吼叫孩子。

对此，一位很有智慧的母亲有一些心得体会，她这样说："提醒孩子做作业时，我从不说：'赶紧去做作业！'而是说：'现在你是不是该去做作业了呢？早点做完作业还可以早点休息呀！'在日常生活中，我不对孩子说：'你这样不行！''听我的没错，我说的是对的！''不听老人言，吃亏在眼前。'而是经常说：'我感觉这样不太好，因为……你认为呢？''我认为……你觉得呢？''这件事，我的看法是……你同意吗？''你是怎么看待这件事的呢？'这种沟通方式除了表明我自己的观点外，更多的是'询问'孩子的看法，而不是'命令'和'强迫'孩子认同。我感觉跟孩子这样沟通还是很有效的！"

父母喜欢询问孩子的想法，家庭的气氛就会很和谐，在这样的氛围中，孩子也会慢慢养成与父母沟通、交流、协商的好习惯，愿意主动与父母聊天、说话，这样的亲子关系无疑会是非常融洽的。

● 不要为孩子擅作主张，替他规划生活

善于征求并尊重孩子的合理意见是每一位父母应该把握的家庭教育原则。要想做一位合格的父母，就应该把孩子作为与自己平等的个体来对待，从而更好地了解他的需要和想法，而不是把孩子看成自己的附属品，为孩子擅作主张，替他规划生活。

著名科学家钱三强中学毕业面临选择下一步发展时，有人对他的父亲钱玄同建议："你是语言文字专家，名气又大，应当叫三强接你的班。"钱玄同说：

"那要看孩子是怎么认为的！"

一天，钱玄同对儿子说："你将来学什么，我不包办代替你的主意，由你自己去选择。但是一个人应当有科学的头脑，对于一切事物，要理智去分析，研究真相，判定是非，然后定改革的措施。"父亲的这番话，深深地印在了三强的脑海中。

不久后的一天，三强跑进书房，开门见山地说："父亲，我要学工！"钱玄同问："那你想上哪个学校呢？"三强回答："我想考南洋大学。""那里全用英文课本的，可你学的是法文……"父亲望着儿子，好像是在提醒，又好像是有些惊讶。

三强坚定地说："父亲，我先考北大理科的预科，补习英语，我一定赶上去。"钱玄同很尊重孩子的意见，他"嗯"了一声，欣然同意了。

钱玄同的做法，给为人父母者一个启示：父母在决定一件事之前，应该先听听孩子的意见，站在孩子的角度去衡量他的意见，如果没有什么原则性的问题，那就尊重他的意见。毕竟孩子最感兴趣的东西，一定会做得很棒，要相信孩子的直觉，给他一个实现梦想的空间。

● 以征求意见的方式来解决亲子冲突

可能有的父母会说，有的孩子可不是那么好听话的，他们天生顽劣。其实，并没有天生顽劣的孩子，只有暂时还没有找对教育方法的父母。一般成人都很注重自己的尊严，不希望被别人压制，其实孩子也是一样。父母不要试图可以用所谓的"权威"或"权力"或"拳头"去压倒孩子，用怒吼去解决问题。这样做，往往最后的结果会让自己很难堪，孩子不仅不听从"指挥"，甚至会在怒气的驱使下做出各种叛逆的事情。这时，如果父母肯放下高高在上架子，以向孩子征求意见的方式来处理问题，孩子一般都会欣然接受父母的建议。一些亲子之间的冲突也就解决了，甚至把这些冲突"扼杀"于萌芽状态。

比如，青春期的孩子可能会非常在意自己的形象，于是就会自作主张，用零花钱给自己买一套看上去很酷的"行头"，但在父母眼里，可能会感觉有点不合适。如果跟孩子硬碰硬——坚决不许穿，退回去……显然是无助于问题的解决。此时，不妨征求一下孩子的意见，问他是怎么想的，为什么要给自己置办这样的"行头"，然后再心平气和地向他讲明我们的观点，以及身为学生的身份，在学校不适合穿类似的服装。接下来，再问一下孩子的想法，打算怎么处理。因为父母没跟孩子对立，孩子跟父母对立的可能也比较低。但如果孩子非常喜欢他的新"行头"，那就给他提供一个方案：在学校不能穿，在家或校外可以适当穿一下。也就是说，父母和孩子都各自退让一步，问题也就解决了。有一点也需要注意，就是孩子用自己的零花钱买，而不是再跟父母要钱买，而且这件事也证明他有一定的行动力，本身也是一件值得称道的事，可以适度表扬一下孩子。关于审美，毕竟两代人的眼光和标准是不同的，但这并不等于孩子就是错的，所以也不必苛求和指责孩子。

询问孩子想法、征求孩子意见的威力是如此之大，大有"化干戈为玉帛"的魅力。其实，这是一种亲子间互相尊重的结果。如果每个家庭都能营造这样一种和谐的气氛，就不会有那么多解决不了的问题了。

● **在生活中多征求并认真对待孩子的意见**

有人说，家里总有大事小情，一些无关紧要的小事可以问问孩子，那些挺重要的大事，就没必要和孩子说了。其实不然，只要不是涉及各种隐私秘密的，无论家里的大事小事，都可以问问孩子的意见，遮掩或者回避，都不是最好的处理办法，要么是让孩子更加好奇，要么是让孩子更加对家里的事情置之不理。而如果是询问孩子的意见，通常会皆大欢喜。

一位父亲总是喜欢问问孩子的意见。前些年，他买了一套房子，而孩子还没上小学，在别人眼里是个小毛头。不过，到了装修的时候，他把家人都叫到了一起，询问大家装修的意见，当然也包括孩子的意见。

这个孩子已经习惯了父亲的这种"特殊优待"，思维也很活跃，也提出了不少建议。虽然有些建议在大人们看来很幼稚，不过他们确实认真考虑了孩子的建议，并最大限度地采纳了家人的每个建议。都说装修是件累活，不过，在这家人的共同努力下，房子装修得很顺利，大家也都很满意。

事实上，如果在布置房间时采纳孩子的意见，让他也参与策划，孩子就会体验到被尊重的感觉从而产生一种自豪感，而且他愿意主动担负起整理保护的工作。这是对孩子最好的尊重，这样可以让孩子体验到一种家庭生活的参与感。

需要注意的是，在征求孩子的意见时，我们的语气要温和一些。

再就是，要认真对待孩子的意见。这里所说的认真对待包括两个方面，一个是在问之前我们的态度要认真，另一个是在听见孩子的意见之后我们一样也要认真。

问之前，我们不能带着某种期待去询问，尤其不要用各种话语去引导孩子说出我们想听的内容，而是要如实地讲述这件事，然后去听孩子发自真心的意见。可以给他讲讲现有的条件与事实，以便于孩子做出他认为合理的判断。

而问之后，不论孩子说了什么样的话，都不要有太过强烈的反应，尤其是当孩子说出了反对的意见或者很不中听的话时，我们更要认真。对于不中听的话，若是言辞过激，可以提醒孩子注意说话的方式，但是不要否定他所说的内容。对于孩子提出来的意见，要结合实际好好思考一下，若是合理，采纳他的意见也未尝不可。

不管用了谁的意见，甚至全家人的意见都采纳了，最终都要告诉孩子一声，尤其在没有使用他的意见的时候，更要给他解释一下为什么他的意见没有被采纳，或者他的意见有不合理的地方。同时还要告诉他采纳某个意见的原因是什么，这样全家都可以从中获得怎样的收获。

这就是有始有终的做事方法，同时也体现了对孩子的尊重。假如孩子的意见被采纳了，他会在以后更热衷于为家人出谋划策，更乐于动脑筋；即便没有被采纳，他也了解了自己思考的不足，这有助于他思维能力的培养。

● 把握好"尊重"的"度"，不可无原则

父母应该善于征求并尊重孩子的意见，这是非常必要的。但是，尊重并不等于无原则地讨好和放纵。也有一些父母，为了让孩子高兴，不但事事去问孩子，而且一定按照孩子的要求去做，那就有问题了，那就真等于让孩子"当家做主"了。因为孩子的身心发展并不完善，自我控制的能力也比较差，

父母一定要做个"明眼人"，心里要有把"尺子"。既尊重孩子的意见，又要去引导和教育，这是非常有必要的。

上面提到的这些沟通的方法是可以在生活中付诸实践的，父母可以试着去做一做，你会发现自己的孩子比以前更懂事了，做事也更主动了。其实这都是沟通的效果，都是孩子受到尊重后积极上进的表现，也是对父母爱和尊重的回报。

孩子难免会出现与父母意见不一致的情形，当然，他都希望父母能尊重他的意见。如果父母漠视孩子的主观能动性，一味地去压制孩子，即使孩子口头上答应了，他内心也无法认同，就如同《弟子规》所指出的，"势服人，心不然"。这样，孩子心中有怨，还怎么能与父母倾心沟通呢？所以，父母一是要善于了解孩子的想法，二是要征求孩子的意见，并合理尊重与接纳，再就是通过温和的沟通方式，帮孩子全面客观地认识问题。

2. "要是我，我也会像你一样……"

先站在孩子的角度想想，之后再开口说话

"你听着……""我希望……""你给我……""我数 123……"几乎成为父母的口头语。很多时候，父母只是在命令、要求孩子，一味地希望孩子照着父母的想法和意愿做事，可是父母并没有想过孩子真正需要的是什么，也不知道他的真实想法是什么。

一般而言，为人父母者都习惯用成人的思维去思考问题，而孩子思维简单、生活经验少，所以难免会与父母的观点不同，会产生分歧、矛盾。如果父母不能认清这一点，反而站在某种"制高点"去"指点"孩子，那亲子沟通就会走入死胡同。其实，这个时候，只要父母多理解孩子的心理，及时补救，哪怕一句理解的话语都能给孩子带来心灵上的慰藉。

晚饭后，8 岁的女儿和妈妈一起散步。突然，女儿兴奋地指着刚刚行驶过的一辆汽车，说："妈妈，那是上海的车。"妈妈一看是"沪 C"开头的，说："在上海看见上海的车很正常啊，值得你这么大惊小怪的！要是在外地看见上海的车，还值得你说说！"妈妈说完，只见女儿脸上的兴奋劲儿一下不见了。

这时，妈妈突然意识到自己在以一个成人的思维和女儿交流，其实女儿才刚注意到车牌的含义，只是因为前几天背各省市的简称时记住了沪是上海，所以刚才脱口而出，很兴奋。

妈妈知道失言了，马上补救说："我知道你看见了'沪'想到了上海，是吗？那我就再考考你，'苏'是哪里？"女儿顿时来了精神，说："江苏。"接着，

妈妈又考她："'冀'呢？""'鲁'呢？"……女儿对答如流，一种成就感立刻在她脸上表现出来。妈妈也不失时机地表扬了她。

可以体会一下，当一个8岁的孩子凭借自己的知识辨认出那辆上海的车时有多么兴奋；同时也可以感受一下，她受到妈妈的打击又是多么失落。当然，妈妈也并没有对与错之分，只是因为她局限在了自己固有的思维里，没有体会到女儿的心情而已。不过，好在妈妈很快意识到了自己的疏忽，及时弥补。这点还是值得借鉴的。

孩子有自己的思维逻辑，但往往由于认知能力不足，社会经验不够，所以"好心办坏事"的情况时有发生。

电视剧《大宅门》里的白景琦在成人看来是出了名的淘气鬼。一天，他把家里的安宫牛黄丸都给鱼吃了，结果鱼全都死了。

遇到类似的情况，成人的第一反应就是，这个孩子怎么这么淘气？一气之下不分青红皂白就把他数落一顿，甚至打一顿。但是仔细探究一下原因呢？其实，杀死鱼并不是他的本意，他只是从成人那里听说，安宫牛黄丸是好东西，而他又那么喜欢鱼，所以希望把好东西都给它们吃而已。

喜欢鱼，所以给它们好东西吃，孩子的心理就是这么简单。由此看来，父母可不要主观臆断孩子的行为，最后误解或冤枉了孩子，这样只会让他因为得不到别人的理解而变得更冷漠。遇到以上这种情况，父母可以在与孩子的沟通中了解他的想法，站在他的角度看问题，并从他的需要感化、引导他，让他明白是非，进而考虑一下做这件事的后果，其结果就会迥然不同。

人在不同的角度就会看到不同的风景，处在不同的立场就会产生不同的观念。这句话一点儿也不错。

做父母的要想了解孩子，就应该学会换位思考，当孩子遇到问题时，能够迅速以孩子的角度看待这些问题，才能有效地解决这些问题。

具体来说，又该怎么做呢？

● 努力去体验孩子的内心感受

孩子做错了事情或者受了委屈的时候，一定很难过，如果这个时候父母只是轻描淡写地说"没关系""坚强一点""没什么大不了的""别再哭了""烦不烦啊"……相信孩子会更伤心、更委屈。因为在他看来，你是你，他是他，你对他完全没有感同身受的感觉，而是处于一种对立中。

如果父母能够换一种说话方式，站在他的角度考虑他当时的心情，以同情和理解之心对待他，孩子往往会就会比较容易从消极情绪中走出来。

同是7岁男孩的甲和乙是从小玩到大的玩伴，也是非常要好的朋友。

一天，男孩甲很委屈地跟妈妈说："乙今天不和我玩儿了。"妈妈问："为什么呢？"男孩甲说："不知道，他今天和其他同学一起玩儿，都不理我，还让其他同学也不和我玩。"

妈妈听了很生气，说："他怎么这样呢？他不和你玩，咱们也不和他玩。"只听妈妈话音刚落，男孩甲"哇"地一声哭了起来，任凭妈妈怎么劝说都无济于事。

其实，孩子虽然年龄小，但也很珍惜友情，当好朋友不和自己玩时也会感到孤独和委屈。像这种情况，妈妈一定要理解他的感受，哪怕一句"他不跟你玩儿，你一定感到很孤独、很伤心吧""要是我，我也会像你一样难过"……类似这样的话都可以让孩子感觉到妈妈是理解自己的。相反，妈妈的一句话会让他因为失去友情更伤心。

可见，面对孩子的消极情绪，承认并接受他的感受是第一步。当他冷静下来之后，自己就会找到解决问题的方法。

● 父母要放弃成人的自我成见

成人有成人的世界，孩子有孩子的思维。父母不能强迫孩子以成人的思维思考问题，否则就会导致亲子之间发生很多争执和矛盾。父母不妨试着放下自己的成见，用孩子的眼光了解和认识这个世界。

当孩子做出错误的行为时，父母要弄清楚事情的来龙去脉，给他解释、澄清的机会，听听他的心声。如果孩子是"好心办了坏事"，父母一定要肯

定他的好心，再纠正他的不妥行为。

● 体会孩子的处境，给予他信任

虽然父母每天都和孩子接触，但他的所思所想，所经历的一些事情和感受，父母不可能完全知道。所以，父母和孩子间难免会产生一些误会或误解。其实，误会、误解都不怕，只要父母及时调整说话方式，懂得去体会孩子的处境，信任孩子，这些误会就会慢慢消除。

12岁的女儿放学回家，气冲冲地把书包扔在沙发上，说："今天老师给我难堪，在全班同学面前批评我。"妈妈顺口来了一句："你是不是做什么错事了？"女儿回答："我什么也没干。"妈妈继续说："不可能，老师怎么会无缘无故地批评你呢？"女儿撅着嘴，说："哼，不信，就算了。"

妈妈知道如果再这样争辩下去，母女间一定会对立起来。这时，妈妈改变了刚才的态度，换了一种说话方式："老师当着那么多人的面说你，我想，你当时肯定很尴尬。"女儿用质疑的眼神望着妈妈，妈妈接着说："因为我上学的时候也和你有过类似的经历，当时是自习课不能说话，可是当时我在给同学讲数学题，老师看见了，不管三七二十一，就把我俩都训斥了一通。"

女儿睁大眼睛，望着妈妈，说："真的吗？我也是因为这个才挨老师批评的。我觉得我是在做好事，老师不应该批评我。"妈妈笑着说："对呀，我当时也是这么认为的，但是事后想一想，的确违反了课堂纪律。"女儿点了点头，说："好吧，下次我们课下再讨论题目。"

父母与孩子之间的相互信任是良好沟通的前提。眼看着一场"战争"就要在母女之间爆发，但妈妈认识到了这一点，及时转变说话方式，通过叙述自己的经历，与女儿产生共鸣。最后，女儿想出了避免此类事件的办法。

可见，作为合格父母，要学会站到孩子的角度看问题，善于体会孩子的处境，尽最大的努力去获得孩子的信任，从而让问题得以更好地解决。

● 对孩子，要考虑好了再说话

孩子虽然年龄小，但也是一个具有独立人格的人，一样有自己的感受，有喜怒哀乐等情绪，这些情感都需要父母去理解，去尊重。父母在和孩子相处的过程中，要多关注孩子的情绪变化，考虑他的感受。特别是批评孩子的时候，说一句就像一句，而不要一句话重复好多遍，防止他产生厌烦情绪。另外，批评的内容应该对事不对人，尤其不能侮辱孩子的人格。

沟通箴言 ⊙

父母和孩子聊天是了解他心理活动的最佳方式之一。要把握聊天的技巧，善用开放性的提问让孩子畅所欲言。同时，也要关注孩子说话时的反应和态度，不要急于发表自己的意见和建议，而是要养成耐心倾听的习惯。即使孩子犯了错误，也要倾听他的心声，给予他关爱和理解，体会他的感受，再利用恰当的时机给他讲道理。

3. "抱歉，爸爸（妈妈）不该吓唬你！"

"威胁"只有偶尔使用才有效

"再不听话，让警察叔叔来抓你！""还闹，让护士给你扎针！""再哭，就叫狼把你叼走。"……父母总是描绘一些负面、恐怖的情景来吓唬孩子。仔细想一想，当孩子不听话或淘气时，自己有没有吓唬过孩子说"不听话，看我不打你""再不好好写作业，你就别上学了"等类似的话？也许刚开始时，孩子因为小，这些话起到一些作用，但对孩子的负面影响是很大的。

对于年纪尚小的孩子来说，他不理解父母的要求，但这种威胁会令他害怕，让他没有安全感。试想，孩子不听话警察就抓他，那警察是好人还是坏人？他从小就迷茫了，当孩子以后遇到困难，他还敢去找警察吗？对于年龄大一点或理解力较强的孩子来说，他知道父母是吓唬他的，他会因为父母的逼迫而产生抗拒，久而久之就不再把父母的话当回事，父母也因此失去了威信。可见，威胁不是一种有效的沟通方式。

5岁的男孩在楼顶上玩耍，不时传来小石头"哒哒"的声音。妈妈进去一看，原来他把鱼缸里的小石头掏出来，在玩扔石头的游戏，整个楼顶都是他的"战绩"。

顿时，妈妈板着脸吓唬他说："你完蛋了，这是隔壁阿姨用来养鱼的小石头，你全都给扔掉了，这回你得赔人家了。你'小猪'里的钱估计都得拿出来了。要不然的话，阿姨会讨厌你的，而且阿姨以后再也不给你好吃的了。"

说完，只见男孩哭丧着脸，低着头，好像很害怕，又怕被阿姨骂，又要赔钱，一副很可怜的样子。

妈妈觉得话语有些重，接着说："你知道这些小石头是用来做什么的吗？"男孩胆怯地说："是阿姨用来养鱼的。"妈妈点了点头，说："对呀！这些小石头是用来给小鱼盖房子的。如果你把这些石头都扔掉了，小鱼就没有家了，是不是很可怜？"男孩一听，马上睁大眼睛，说："小鱼没家很可怜，那怎么办啊？"

妈妈撅着嘴，故意说道："小鱼没家就死掉了。你想小鱼死掉吗？"男孩用力地摇摇头，说："不想，我想帮它盖房子。"妈妈说："好，你真是个有爱心的孩子，那我们把这些石头捡起来给他盖房子，怎么样？"男孩兴奋地说："好，看谁捡的多。"

面对犯了错误的孩子，我们应该怎样教育？像妈妈最开始的一番话，吓唬男孩说，阿姨会讨厌他，也会让他赔偿，这样只会让他心灵受伤害，也会损害阿姨在他心中的形象。那么跟他讲道理呢？对于一个5岁的孩子来说的确有些困难。但每个孩子都有一颗怜悯之心，妈妈正是利用了这一点，让他认识到了错误。

在生活中，我们也可以用这个办法，制止孩子的某些行为，如，告诉他"这些小花、小草被你踩了很疼的""小鱼离开了水就会死掉的"等，**让孩子认识到自己的行为会带来哪些严重的后果，同时也是在培养孩子的同情心，让他懂得珍惜一切生命。**

有这样一个故事：一名中国留学生在留学期间给一个孩子做家教。一次，这个孩子哭闹，这名留学生很无奈，就威胁他说："你再哭，就让猫把你叼走。"这个孩子的母亲听了，立刻丢开手边的事，拿出词典来给孩子解释，猫是一种性格温驯的动物，不会主动侵犯人类，也不会把人叼走。这位母亲之所以这样做，就是为了消除孩子对猫的恐怖记忆。

然而，很多父母却经常不自觉地用一些可怕而又不真实存在的东西吓唬

孩子，在一定程度上达到了威慑和阻止的目的，但在孩子心中留下的恐怖记忆又如何消除呢？他心里不安的土壤可能有一天就会萌发出许多恐惧，并最终演绎为不幸。而这就可能毁掉了一个原本好好的孩子。

我们要清楚地告诉孩子可以做什么，不可以做什么，用原理和规则来进行管理和约束，而不是把恐吓当手段，随便吓唬和威胁孩子。

那么，父母怎样和孩子说话，孩子才更容易接受呢？

● **不能用医生、警察、老师等吓唬孩子**

一些父母喜欢用医生、警察、老师等来威胁不听话的孩子，除了我们开头说的那几句话外，还会说："不好好表现，我就告诉你老师去。"我们仔细想想，一个害怕医生的孩子，生病时怎么会和医生合作呢？一个害怕警察的孩子，迷路时还会不会向警察寻求帮助呢？一个害怕老师的孩子，上课怎么能集中注意力，专心听老师讲课呢？因此，诸如此类用医生、警察、老师等威胁孩子的话，父母一定不能说。

● **换一种说话方式来替代各种威胁**

"你再撒谎，撕烂你的嘴巴。"这是父母无奈之下经常说的一句话。大多数父母都有过类似的经历，孩子做了父母不希望他做的事，而且是一而再，再而三地做，最后父母终于控制不住脾气了，威胁他："你再……就……"其实，父母只要换一种说话方式，让他明白自己的行为所带来的后果和影响，就很容易纠正他的坏习惯了。

一家三口开车出去，七八岁的男孩兴奋不已，总是把头伸向窗外。妈妈说："你把头伸出去很危险，快收回来。"男孩把头收了回来。

不一会儿，男孩又把手伸出去了。这时，妈妈急了，说："你要是再伸出去，我们就掉头回家。"男孩吐了吐舌头，把手又收了回来。

可是，一路上男孩总忍不住地把手和头伸出去。

突然，爸爸把车停在了路边，说："看你这么兴奋，我也很高兴，但这样确实有点危险，所以我得停在路边，等你把头和手伸够了我再开车。"话音刚落，男孩立即把头和手都收了回来。

在生活中，当父母遇到孩子不合作时，就可以采用类似方式去处理。

比如，父母希望孩子把碗里的饭菜吃干净，就可以说："记住，我们睡觉以前可没有零食吃了。"这样比"你不吃菜，就不能离开饭桌"强多了。

睡觉前，父母让孩子刷牙，说"上床睡觉前应该干什么呢"，这种提醒的方式比"你要是不刷牙，睡前我就不给你讲故事了"更能让孩子接受。

跟孩子一起逛超市，父母不希望孩子乱跑，一句"你去帮我找找……"比"你要是再乱跑，回家就不让你看动画片了"的效果要更好。

当父母希望孩子整理自己的房间时，一句"请你把玩具收拾整齐，放到玩具箱里。你是想先收拾再吃饭，还是先吃饭再收拾？"这样的方式可以给孩子选择的余地，比"要是你不把房间收拾干净，就不许吃饭"更能让孩子接受。

像以上这种提醒、摆事实的方式能避免父母与孩子间的冲突，也能有效地纠正孩子的行为，父母这样说话，也能让孩子更有兴趣合作。

● 不要用暴力去惩罚孩子

有时，父母被孩子气急了，动辄就说："我警告你，你要是下次再……我就……"如果孩子这个时候没停止"不良"行为，还顶嘴，没有一个认错的态度，一场"家庭暴力"就可能上演了。

父母以为这样孩子就会顺从，可是教训之后，表面上孩子屈服了，但是真能让他记住这次教训吗？恐怕孩子记住的只是疼，却不记得当初为什么被打了。还有的孩子可能会因此而产生逆反心理，心想："我下次还要去做，但我不让你知道。"

警告和武力不是让孩子改正错误的好方式。当孩子犯了错误后，我们要控制住怒火，心平气和地跟他说，这样才能让他真正改掉坏习惯。

 沟通箴言⊙

　　当父母因为言语不当威胁了孩子或对他产生一些负面影响的时候,要主动向孩子承认自己的处理方式不当,让他知道父母是爱他的。也可以通过拥抱、拍肩膀、亲吻额头等方式弥补对孩子的伤害。实际上,在日常生活中,父母只要说话时换一种表达方式,就能消除和孩子之间的隔阂和误会,隔阂没有了,亲子间的沟通才会更顺畅。

4."妈妈（爸爸）想知道你想什么！"

引导孩子说出心里真正想说的话

当孩子有一天对你说"妈妈，我不快乐"时，你可能会感到很吃惊，孩子每天不愁吃、不愁穿，除了学习就是玩耍，其他的什么都不用想，怎么会不快乐呢？我们可以听一听孩子的心声：

爸爸妈妈总是吵架，声音特别大，样子也很可怕。吵完之后，他们没有人理我，我只能在一边呆呆地坐着，却不知道能做些什么；

我喜欢做的事情爸爸总是阻止我。就拿钢琴来说，我想学，爸爸却说弹钢琴对考大学没有帮助，强迫我报奥数辅导班；

妈妈总是喜欢帮我做事，我做了的话，她还嫌弃我做得不好，就连今天早上的被子，她都嫌弃我叠得不够方正；

我和伙伴们比赛看谁能摸到氢气球，妈妈却好心地帮我们在氢气球上拴了一根线。结果，拴了线的氢气球一点也不好玩儿；

当我伤心的时候，我会哭，但是爸爸却说："哭是没出息的表现。"不仅如此，他还禁止我哭，如果哭的话，就惩罚我。

……

很多父母都希望了解孩子的真实想法，和他无话不谈。可是要知道，温馨的家庭环境对孩子的成长至关重要；孩子只有做自己感兴趣的事才更快乐；做一些力所能及的事会让孩子有成就感，凡事包办只会让孩子丧失了自由探索的乐趣；哭也是孩子释放消极情绪的一种方式……

很多时候，父母都忽略了生活中的这些细节，也忘记了要听一听孩子都有怎样的心里话。其实，对于孩子来说，有人倾听他的心声，懂得他的心思，就是他最大的安慰。

一位妈妈曾叙述自己和女儿的一段经历：

在一个闷热的下午，我汗流浃背地骑着自行车接10岁的女儿放学。女儿坐在车后，向我叙述和同学闹别扭的事。而此时我正因为其他一些事情心烦，毫无反应地听着。渐渐地，女儿的声音越来越小，便不愿意说了。

突然，女儿小声说："妈妈，我差点儿忘了，老师让明天带一盒水彩笔。"这时，我不耐烦地说："早干吗去了？刚路过文具店不说话。"说完，不情愿地掉头往回骑。顿时，女儿跳下车去，噘着嘴说："不买了。"说着，头也不回地走着。

一进家门，我感到很奇怪，问："怎么这么大脾气？"女儿则眼泪汪汪地说："妈妈，你知道吗？我们小孩也很可怜。"顿时，我愣在那里，不知所措。女儿哽咽着说："你们大人心烦的时候，可以对我们小孩发火。可是，我们心烦的时候找谁发火呢？"

女儿的一番话让我久久不能平息，这才意识到自己粗暴的态度已经伤害了孩子幼小的心灵。从此，我总是有意识地留出一段专属于她的时间，倾听她的心声。渐渐地，我和女儿之间的感情变得越来越好了。

的确如这个女孩所说，大人生气的时候可以拿孩子当出气筒，那小孩不高兴的时候，父母注意倾听他的心声了吗？如果每一位父母都能多听一听孩子的心里话，相信亲子间的代沟会越来越小，最终消失。

但一些父母抱怨，我很关心孩子，也注意和他聊天，为什么还是听不到他的心里话呢？其实，父母要仔细反思，当孩子对自己诉说心里话时，自己的反应是怎样的，有没有置之不理？有没有讥笑孩子的无知、批评他的不足、拒绝他的合理要求、责备他的错误？试想如果孩子一讲心里话就要抱着挨骂的准备，那么他还愿意和父母敞开心扉吗？

我们要想真正走进孩子的心灵世界，随时掌握他的想法，必须学会分享

他的快乐与忧愁，这样才更容易引导他朝着健康的方向发展。

在生活中，我们需要掌握哪些沟通技巧，才能引导孩子说出心里话呢？

● **从某一个兴趣点，打开孩子的话匣子**

我们要养成和孩子有效互动、交流的好习惯，平时可以从一些轻松、随意的话题入手，跟孩子自然而然地沟通。比如，孩子喜欢某项运动、篮球明星、杂志、电视节目等，我们可以从这些话题切入，倾听他的快乐和心事。

在这个过程中，我们切忌摆出一副居高临下、趾高气昂的架势，以免给孩子造成心理压力，或让孩子看穿后而感到不屑一顾。当然，我们选择的谈话时机，最好是轻松、愉快的场合，不要在孩子情绪不稳定时强迫他和自己谈心。

● **多给孩子一些同父母交谈的时间**

一些父母只知道让孩子埋头苦读，认为和孩子交谈是浪费时间，会影响他的学习。于是，很多家庭出现了这样一种状况：父母和与孩子虽生活在一起，但孩子忙于学习，父母忙于工作和家务，大家各干各的，互不"干扰"，也很少交流。其实，这样非常不利于父母与孩子间建立和谐的关系。

有一位妈妈不管平时多忙，都会在晚睡前陪着孩子入睡，给他讲故事，听他诉说学校里的事儿，给他一个吻，和他道一声"晚安"。这个妈妈的做法就值得父母借鉴。

像茶余饭后、晚睡前都是和孩子沟通的好机会，我们一定要善于抓住这些时机，和孩子好好地聊聊天、谈谈心。

● **读懂孩子"心里有话"的几个信号**

当一个人有心事的时候，一定会在表情、动作上显露出来，孩子也不例外，比如哭泣、耍赖、不安、撒谎等。作为父母，一定要做一个有心人，从他的言行"信号"中读出他的心声。

哭泣：是减轻抑郁的一种很自然的方式，细心的父母可以通过孩子的眼泪，意识到孩子受了委屈或者有什么郁闷的事情，应该适时地了解一下原因。

耍赖：对于孩子所谓的"耍赖"，父母不能简单地认为孩子在耍混，其

实他可能是想通过这种方式告诉父母，"我想让你们知道些什么"。

不安：一般孩子天性都是活泼的，如果孩子表现出忧虑不安、焦躁，那一定是有什么事困扰他了，父母要善于捕捉孩子不安背后的各种信息。

撒谎：孩子撒谎骗人最让父母气恼，其实这恰恰说明了孩子和父母之间缺乏坦诚的交流，他不敢把真实的想法表达出来。

为人父母者一定要读懂孩子以上这些信号，引导孩子说出心里话，找出问题的症结所在，进而帮助孩子解决问题。

● **耐心倾听孩子的诉说，并进行机会教育**

一个 7 岁的女孩放学回家，兴奋地和妈妈说着学校里好玩儿的事情。而此时妈妈盯着手机屏幕，正在处理她认为很重要的事情，当然她也不时地"嗯""好"回应着女儿。

女孩说完后，拉着妈妈的手说："妈妈，看着我。"这时，妈妈转过身来。女孩噘着嘴问道："妈妈，我刚才说了什么？请您重复一遍好吗？"顿时，妈妈愣在那里，不知道说什么了，当她反应过来的时候，赶紧放下手边的工作，跟女儿说："宝贝，对不起，妈妈刚才太忙了。你愿意再说一遍吗？"女孩听了，马上又眉飞色舞地说了起来。

我们千万不要以为孩子年龄小，就用"嗯""好"等词语附和他，其实，我们有没有耐心倾听他的诉说，他都看得出来，瞒不住他的。所以，在生活中，当孩子兴致勃勃地向我们诉说一些事情时，我们也许手里有一大堆事要做，但是这个时候也尽量把这些事情放一放，耐心倾听孩子的诉说。

不过，同时也要对孩子进行教育，让他学会观察，就是在别人很忙碌的时候，不要打扰人家，就如《弟子规》所讲的，"人不闲，勿事搅；人不安，勿话扰。"这个道理一定要让孩子懂，并让他学会运用。这样，以后他就不会贸然打扰别人，就会自觉做一个知礼仪、能体恤他人的人了。

 沟通箴言 ⊙

当孩子和父母诉说一些不如意的事或者做错了事的时候，父母一定要控制住情绪，冷静地和孩子一起分析原因，寻找解决问题的办法。否则，孩子很可能会因为害怕父母责备，出现"报喜不报忧"的情况，那样父母就更不容易了解孩子的心声了。同时，随着年龄的增长，父母要允许孩子有自己的小秘密，当他要求父母替他保密时，父母也一定要信守承诺。

5."我们边走边说吧！"

在轻松的氛围中与孩子沟通

一位妈妈每天接送女儿上、下学。一路上便是母女俩边走边聊的时间。一般情况下，女儿说的多，妈妈听的多。

女儿说："妈妈，我们今天评选旗手了。"

妈妈问："有你吗？"

女儿说："没有，我不想参加。"

妈妈问："为什么？"

女儿说："因为我想参加更有意义的事。"

……

女儿说："妈妈，老师今天问父母经常学习、看书的同学举手，我没举。"

妈妈问："为什么？你觉得妈妈不爱学习、不爱看书。"

女儿问："不是，因为爸爸不喜欢看书。如果老师说谁在那儿一言不发、专心看电视，那我一定举手，选爸爸。"

……

细细品味这位妈妈和女儿之间的谈话，其中充满了和谐与温馨。这才是父母与孩子之间应该有的感情和默契。仔细观察会发现，这位妈妈在和女儿沟通的过程中，以倾听为主。而且在女儿诉说的过程中，妈妈从不打断她。

在这种边走边聊轻松愉快的氛围内，孩子很容易敞开心扉，妈妈也可以了解她在学校发生的一切。同时，谈话中也可以暴露出一些问题，比如，爸爸经常看电视。只有这样，父母与孩子之间才能做到无话不谈，教育也才能更有针对性。

一位父亲讲述和儿子的一段经历：

儿子上小学六年级的时候要参加市里的英语演讲比赛。他在参赛前的一个星期内非常紧张，每天吃饭很少，睡觉也比平时更晚，我发现了儿子的这一反常现象。于是，一天晚上，我拉着儿子去打篮球，我们两个人打得筋疲力尽后，坐在长椅上，聊起天来。此时儿子紧绷的神经终于松懈下来，我也趁此机会表达了自己的看法，告诉他："任何事只要尽力去做就好了，不要给自己过大的压力。"后来，儿子参加了比赛，还取得了不错的成绩。

其实，父母向孩子表达期望或者讲述道理的方式有很多，未必是一本正经地谈论某个问题，往往父母在"无意"中传达的信息更能让孩子接受，也更能起到开导孩子的作用。像这位父亲就不是一本正经地缓解孩子的压力，而是通过运动的方式让孩子的精神放松下来，从而传达对他的期许。

可见，在轻松、温暖、和谐的家庭氛围中，孩子与父母可以更为直接、开放地讨论相互之间的分歧，会较少出现沟通的困难和问题。

那么，父母如何营造这种轻松、温暖、和谐的利于沟通的家庭氛围呢？

● 善于营造和谐的家庭环境

现今的家庭大多是核心家庭，由一对夫妇及未婚子女组成，也就是由爸爸、妈妈和孩子共同组成的，只有家庭成员之间都存在并保持和谐的夫妻关系、亲子关系，才能营造出轻松、愉快的家庭环境。

有个男孩活泼开朗，他有一个温馨和睦的家庭，爸爸和妈妈也很少吵架，有什么事情都是大家坐在一起商量。

平时，妈妈和爸爸也从不在男孩面前抱怨对方什么，说的都是对方的优点。如果爸爸出差，很久没有回家了，妈妈就会对男孩说："爸爸很爱我们，也很伟大，是他支撑起了我们整个家庭。"

爸爸也会经常在男孩的面前说妈妈的好话："妈妈很辛苦，每天除了工作，还为我们做那么多好吃的，还要洗那么多衣服，收拾这个家，所以我们要多

体谅她、感谢她。"

当然，他们彼此说这些话绝不是要给孩子造成什么压力，只是把对方最美好的形象留在孩子心中而已。

其实，为人父母者就要从夫妻关系入手，做到互相赏识，多欣赏对方的优点，包容对方的缺点，互相尊重。在这种和谐、喜乐的氛围中，孩子才会健康快乐地成长。

● **懂得制造温馨的家庭话题**

我们应该多举办一些全体家庭成员都可以参加的家庭会议，这是我们与孩子最自然、最真切的沟通方式。

比如，讨论节假日的采购计划、节日菜谱、周末全家一起参加的活动、社会热门话题、对一个电视节目的看法……在这些话题的讨论中，除了了解彼此的想法，达到沟通的目的外，还会令孩子有被重视的感觉。

同时，我们也可以通过讲笑话、做脑筋急转弯类的题目活跃气氛，使整个家庭氛围越来越温馨。

● **抓住晚饭、散步的时间和孩子沟通**

我们应该试着把沟通的话题融入生活中，比如，在晚餐时和孩子聊聊，也可以在散步时和孩子说说，因为这样的氛围往往比较轻松愉快，孩子也能自由地发表自己的看法，从而把心中的想法说出来。而且，这时孩子也更容易接受我们在"无意"中传递的观点。

一位妈妈分享她的教育经验说："我们平时都很忙，晚饭时间是我们全家人都能聚在一起的时间。这段时间，我们不讨论工作上的事或其他不顺心的事，一般都说些轻松愉快的话题。女儿此时说的话更能引起我们的注意，她也会因为有人倾听而产生满足感。"

的确，由于生活节奏加快，全家人在一起聊天的机会比较少。饭桌上、晚睡前、散步时间就成为父母与孩子沟通的最佳时机。

但有一位父亲也采用这种方式却失败了。因为在饭桌上，他经常数落孩子的种种恶行，如果孩子反驳，这位父亲就拍桌子、摔碗。结果，孩子不再反驳，而是端着碗跑回自己的房间吃去了。

吃饭本是一件开心、放松的事情，但这位父亲的批评却使吃饭成为"批斗大会"，那么孩子怎么能安心地吃饭呢？可见，利用吃饭时间与孩子沟通是好事，切忌在饭桌上批评孩子。

古人有"教子七不责"的说法，其中之一就是"正饮食不责"，也就是在吃饭的时候不要责备孩子。因为孩子正在长身体，不仅是饮食营养健康对孩子很重要，就是饮食氛围，也同样重要。如果孩子正在吃饭时受到了责备、呵斥、吼骂等，他就会带着情绪吃饭，往往会食不知味、难以下咽，自然会影响孩子的脾胃，影响消化功能，导致脾胃虚弱，厌食绝食，长此以往，还会影响孩子的生长发育。当然，也会导致孩子逆反、对立，以至于让所谓的"教育"无法收场，就像上述情形一样。所以，这一点还是值得父母特别注意规避的。

从班级到学校，从小区到城市，从电视新闻到报刊杂志……这些都是父母可以和孩子谈论的话题。父母要抓住这个机会，将正确的观点传给孩子，让他在无意中学到知识。

● 晚睡前给孩子讲一个小故事

听父母讲故事，是孩子最轻松快乐的事情。故事中典型的人物形象、生动的故事情节还有父母优美的语言能让孩子身临其境，享受一段奇妙的旅程，也能让孩子分辨真善美、假恶丑，树立正确的是非观。因此，我们再忙，也要在每天晚睡前给孩子讲一个故事。

在讲故事的过程中，我们可以增加与孩子的互动环节，多提问，培养他积极思考的能力。当然，故事一定要有教育意义，像《小王子》《秘密花园》《爱心树》《猜猜我有多爱你》《德育课本》等这一类经典故事就值得推荐。

● 做一个幽默的妈妈（爸爸）

幽默是一种智慧的表现，具有幽默感的父母更容易和孩子沟通，也更容易被孩子接受。许多尴尬和冲突也可以在幽默的语言中化解。

8岁的儿子和妈妈一起逛街。儿子看到玩具枪后，拉着妈妈买给自己。

可是家里的武器玩具已经堆积如山。

于是妈妈皱着眉头说："儿子，咱家的军火开支已经超出预算了，咱们是不是应该减少这方面的消费了？"

儿子听了，"扑哧"一声笑了出来，以后再也不要求买此类玩具了。

很多父母遇到以上这种情况，便束手无策，如果不满足孩子的要求，他会赖着不走，导致自己很难堪，如果答应他的要求，又担心会宠坏了他。这位妈妈不仅没有批评孩子的行为，而是通过幽默的语言让孩子接受了建议。这样既保护了孩子的自尊心，也达到了教育的目的。因此，在生活中，父母都应该试着用幽默的语言和孩子沟通，从而引导孩子和自己合作。

 **沟通箴言** ⊙

父母除了利用散步、晚饭、睡前等时间和孩子沟通外，和孩子一起旅游也是实施亲子沟通的好方法。因为旅游可以让孩子身心都得到放松，也可以增加他的知识，丰富他的情感。所以，如果条件允许，父母可以利用节假日或者寒暑假带孩子外出旅游（时间不宜过长，一次不宜游览过多的地方），也可以带孩子去郊区、农村亲近自然，从而增加亲子沟通的机会。

6. "你也有表达自己的权利！"

大人说话，孩子也可以插嘴，让他去表达

在生活中，经常会遇到这种情况：大人说话的时候，孩子由于好奇心提出疑问或因为有自己的想法而发表自己的见解，但父母却往往以一句"大人说话，小孩不要插嘴"就把孩子拒绝了。

很多父母都认为这是合理的，因为在别人说话时，孩子突然插嘴进来，打断别人很不礼貌，而且大人谈论的话题，孩子又不懂，没必要让他知道。

如果站在父母的角度，这种做法有一定道理。但是，如果站在孩子的角度，父母的这句话只会让他觉得自己已经被父母从他们的世界里分离出来了，没有把他当成一个平等的交流对象。试想如果一开始就让孩子有一种不被尊重的感觉。在以后的交流中，父母又怎么和孩子沟通，怎么了解他的想法呢？

饭桌上，妈妈和爸爸在谈论一些问题。6岁的儿子可能觉得大人们都不理自己，有被忽略的感觉。于是，儿子夹着菜说："妈妈，这个菜很好吃，叫什么名字啊？"

爸爸当时正因为工作上的事情心烦，不耐烦地说："没看见我和你妈妈正在说话吗？大人说话的时候，小孩子不能插嘴，知道吗？"

爸爸本以为这样一句话能把孩子镇压住，可没想到儿子反驳一句，说："我和妈妈也正在说话呢！我们说话的时候，你也不能插嘴。"爸爸听了，顿时被气得哑口无言。

其实，别看孩子年龄小，并不是什么都不懂。爸爸的一番话使孩子有一

种不被尊重的感觉，所以他才反驳。如果这个时候，爸爸能够心平气和地说："我和妈妈正在商量正经事，等我们商量完了，再回答你的问题，行吗？"相信此时的孩子一定能理解爸爸的心情。

一般情况下，饭桌上的闲谈，如果是孩子可以参与的话题，我们都应该让他积极参与进来。而且作为家庭成员的一分子，孩子一样有权利知道家里发生的大小事务。如果我们实在不想让孩子知道一些事情，那么最好不要当着他的面谈论这些话题。

一位妈妈曾一直认为"大人说话，小孩不要插嘴"这句话是合理的，所以一旦大人说话，孩子插嘴，妈妈都会冒出这句话来制止他的提问。可是，自从知道这句话对孩子的伤害后，这位妈妈决定"戒掉"这句话。

有一次，在公交车上，妈妈和小姨聊着天，7岁的女孩坐在一旁听得很入神。当妈妈和小姨谈论到一部电影时，女孩插嘴问："妈妈，你们在说什么呢？那个男的和女的怎么了？"

当时妈妈很庆幸那句话没有脱口而出，仔细思考了一番后，解释道："我们在谈论电视剧里一个男的和女的要离婚。"女孩皱了皱眉，问："他们为什么要离婚呢？"妈妈回答："因为他们在一起不快乐。"女孩似懂非懂地"哦"了一声。

接着，妈妈对她说："以后大人在说话时，一定要等别人把话说完，你再提问，这样才更礼貌。"女孩听了，点了点头。

孩子是有求知欲的，也有一定的判断力。如果我们一句"大人的事，小孩别管"就制止孩子的请求，会大大打消他探索和求知的积极性。如果能耐心地给孩子讲解，同时告诉他等别人把话说完，再发表自己的见解才是礼貌的行为，相信孩子更能够接受。

因此，当父母等成人在谈论一些适合孩子参与的话题时，应该积极鼓励孩子参与其中。那具体该怎么做呢？

● 把孩子当作独立的人来养育

教育孩子首先要尊重他，他才能学会尊重别人，这是真理。尊重的前提就是父母要从小把孩子当作一个独立的人来养育，尊重他的表达需要，允许他在不扰乱他人重要谈话的前提下自由地发表意见。

比如，大人谈话时，如果孩子在场的确不方便，父母可以用温和的语言告诉他，让他暂时回避；或者转移他的注意力，让他做些别的事情。在孩子还没有学会用恰当的方式发表自己的见解时，切忌大声呵斥孩子，更不能说一些"大人说话，小孩不许插嘴""大人的事，小孩别管"诸如此类的话责怪他，尤其不能在外人面前这样责怪他，以免伤害他的自尊心。

● 给孩子表达自己的机会

一位母亲带着 10 岁的儿子去看心理咨询师。母亲喋喋不休地数落着儿子上课做小动作、不按时完成作业、欺负同学等种种恶行。儿子则坐在母亲身边一言不发。

这时，心理咨询师拿出一张纸来让男孩画一张自画像。男孩画完后的头像没有嘴，被问及原因，男孩说："我在家里只需要耳朵，不需要嘴巴。"

男孩的画表现出了他在家庭中扮演的角色——永远只是一个被训斥者、"听话"者。

由此，我们都应该认真反省，在生活中，自己是不是也无形中把孩子说话的权利给剥夺了。而孩子真正的想法，自己从来就没有关心过？如果是这样的话，立刻改正，少说一些，多听听孩子的心声。

● 告诉孩子打断别人是不礼貌的行为

有些孩子特别喜欢表现自己，听到别人说某件事，就情不自禁地把自己知道的全都说出来，甚至抢话说。其实，孩子这种表现很正常，他只是希望引起父母的注意而已，尤其是父母在谈话的时候，他希望父母多关注自己，因此，他就试图以各种方式打断谈话。

这种情况下，父母要多多反省，是不是平时对孩子关注得太少了。如果是这样，就应该多抽出时间来陪陪孩子，最好是深度陪伴，也就是人在心也

在，关注点都在孩子这里，真诚地、全身心地投入其中，或是游戏，或是聊天，或是讲故事……

当然，也要告诉孩子随便打断别人是对别人的不尊重，是不礼貌的行为。平时，父母可以亲切地对孩子说些插话的道理，让他明白插话给人不好的感觉；同时，还要告诉他在与别人交谈时，要认真倾听对方的谈话，当别人的话说完或者询问意见时，再发表自己的见解。

父母之间说话时要互相尊重，语气平和，语言得体，态度端正，谦和恭敬，不能吼叫、呵斥对方，更不能互相争吵、怒骂，为孩子做出表率。

● **大人说话时，适当鼓励孩子参与**

平时，父母在聊天时觉得自己谈论的都是"正经事"，所以不许孩子参与。其实，在大人的"正经事"中，孩子可以了解社会，了解大人的生活。如果孩子参与其中，正好可以借此机会锻炼他的表达能力和独立思考能力。因此，父母应该多鼓励孩子发表自己的观点。

在日常聊天涉及一些家庭决策、财务支出等话题时，不妨听听孩子的见解。尤其是在商量孩子的事情的时候，一定要听听他的想法，征求他的意见。

沟通箴言

一般来说，喜欢插嘴、抢话的孩子思维都比较活跃，能跟得上大人说话的节奏，也能理解部分内容。所以，父母要以积极的态度来看待这种现象。当听到孩子正确的插话时，要适当地给予表扬，这样可以鼓励孩子更加积极地思考。当然，允许、鼓励孩子插嘴还要分情况，有些话题不适合孩子参与，就不要在孩子面前谈论，或是把他支开。不过，具体情况具体分析，父母还是要因势利导，引导他发表见解。这样也更利于亲子间的沟通。

7. "妈妈（爸爸）知道你一定有办法！"

用信任的话语引导孩子自己去做决定

一些父母对孩子做事情不放心，无论外出购物、游玩，还是其他事情，大多是父母代劳，平时对孩子说的最多的话就是"这个不能做""那个不能动""不行"等诸如此类拒绝孩子动手的话。

另一部分父母却恰恰相反，大部分事情让孩子自己体验，绝不代劳，说的最多的话就是"你可以自己办到""你自己做决定""妈妈（爸爸）知道你一定有办法的"……当然，当孩子举棋不定的时候，父母会在一旁出谋划策做引导，但最终真正做决定的还是孩子本人。

对比一下这两种教育方式。第一种方式下长大的孩子享受到的永远是成果，这种孩子可能永远只是在温室里长大，经不起半点挫折和困难；而第二种方式下长大的孩子不仅享受到了结果，也体会了过程，他学会的更多的是为自己的选择负责。可见，不同的教育方式会培养出不同的孩子。

一位妈妈在女儿3岁的时候就开始放权，让她自己拿主意。比如，母女俩逛超市，妈妈会说："你想买什么，自己拿，不过买的东西不能超过10元。"早上起床了，妈妈会问："你今天想穿什么衣服？"……

如今女儿上小学3年级了，许多事情习惯自己拿主意，每天睡前自觉地准备第二天的衣物；同学需要帮助时，她总会知道如何去帮；遇到募捐活动，她自己决定捐多少钱……

一天，女儿放学回家后对妈妈说："老师让我参加演讲比赛。"

妈妈说："这是好事啊，你报名了吗？"

女儿说："没有。"

妈妈疑惑地问："为什么？"

女儿说："听同学说演讲比赛只是个形式，不能锻炼什么能力；也有同学说演讲比赛时，台底下会有很多人看，台上的人会非常紧张。我有点害怕。"

从女儿的表情中，妈妈看得出来，她很想参加，但又有些担心。于是，妈妈笑了笑说："参加比赛肯定能锻炼自己。而且没有第一次，哪来第二次呢？妈妈觉得你没问题，希望你能参加，不过最终的决定权还在你自己。"

后来，女儿参加了那场演讲比赛，她克服了紧张的情绪，还获得了第三名的好成绩，总体表现很出色。

简单分析一下：当女儿听了同学的谈论后，陷入迷茫之中，她似乎觉得别人的话有些道理，所以自己不知如何选择。当她把这件事告诉妈妈后，妈妈没有急于让她参加比赛，而是帮她分析利弊，并说出自己的期望，最后将决定权留给了她自己。

不要小看这位妈妈的做法。这种方式不仅有助于孩子尽早独立，还培养了孩子自主选择的意识。因为父母不可能什么事情都帮孩子拿主意。

试想如果孩子失去判断力和主见性，别人说什么他都觉得有道理，喜欢人云亦云，随波逐流，恐怕他会一辈子都活在别人的思维里，在不同的意见之间徘徊、犹豫。因此，不能让孩子太依赖父母，应该尽量在生活中培养他的自主意识，让他从小学会自己做决定，自己拿主意，并对自己的决定负责。

当然，在孩子做决定的过程中，父母的信任也是必不可少的。

一位妈妈叙述了她和儿子的一段经历：

在儿子上小学3年级的时候，第一次期末考试考了班里第二十几名，这位妈妈当时非常生气，就狠狠地教训了他一顿。到了第二个学期末要考试的时候，儿子莫名地紧张起来。当问及原因时，儿子却说怕妈妈再教训他。这时，她突然意识到自己的教育方法欠妥当，于是不再要求他考多少分，而是鼓励他："妈妈相信你，一定能找到学习的好办法。即使考得不好也没关系，下次再努力。"妈妈通过这种鼓励的方式，消除了他的紧张情绪，从而让他保持了一个良好的学习状态，当然，成绩也是不错的。

其实，孩子的学习成绩固然重要，但是如果妈妈一味地打骂，只会让他丧失学习的兴趣和信心。相反，如果妈妈相信他通过努力会提升成绩，那么孩子一定会在信任中重拾信心，把成绩提高上去。

可见，父母的信任对孩子来说至关重要。我们每一位父母都应该相信孩子的能力，让他做自己的主宰者，从而培养他的独立意识。

具体而言，父母在生活中又该怎样做呢？

● 解放孩子的手、嘴和脑

一位妈妈把 5 岁的乖巧女儿视为掌上明珠，对她宠爱有加。每天妈妈都会把女儿的吃穿安排好，就连喝牛奶时插吸管这样的小事，妈妈也绝不让她自己做。如果她自己做的话，妈妈说的最多的话就是"这个别动""那个别碰"……

渐渐地，幼儿园老师向妈妈反映，她的女儿从不主动去玩玩具或进行户外活动，只有老师安排她做什么，她才会去做。如果让她自己选择玩什么，她便犹豫不决，事事都要听别人的。

老师的反馈让妈妈陷入了沉思，她突然意识到之前对孩子的教育方式是不妥当的。从此，妈妈改变了教育方式，不再过多地干涉女儿的行为，也不再催促她干什么。如果她想要脱衣服或者穿衣服，妈妈就让她自己做；洗澡时，妈妈也不再以"快速洗完"为"原则"去催她，而是让她尽情地玩；吃饭时，妈妈也试着让她自己吃。

渐渐地，女儿变得凡事都有自己的思维、感受和判断，不再是一个叫她干什么就干什么的"小木偶"了。

为什么会有这么大的改变呢？简单分析一下：

最初不管女儿干什么，这位细心的妈妈都能事先考虑到，替她做好，但是却忽略了给她自己做事、独立思考、说话的机会。正是妈妈"这也不准、那也不行"的态度捆住了孩子的手脚，限制住了她的思维。而后来妈妈放手的做法恰恰让女儿在实际体验中建立了自信心和独立性，使她慢慢地有了自己的想法。

在生活中，父母应该解放孩子的手，让他独立做一些事情；解放他的嘴，给他发言权，即使孩子提出不同意见，也要耐心倾听，鼓励他的行为，当他说得有道理，就应该采纳他的建议，从而让他在表达自己和独立做事的过程中积极思考，锻炼思维能力，并积累生活经验。

● 给孩子适度做主的机会

在生活中，只要不是带有危险性的事或者违背原则的事，父母都应该鼓励孩子自己做决定。像一些"小事"，比如，朋友过生日，应该送什么样的礼物；到商店里，买什么样的衣服；周末怎么安排；诸如此类的事情，父母都应该让孩子自己安排，不左右他的行为，适当的时候，还要给予他经济和精神上的支持。

像一些大事，比如，房间如何布置，购买什么样的电视……虽然孩子不能做主，但是父母可以让孩子参与进来，和他一起筹划设计方案。

● 教孩子"利弊分析法"

独立自主是一个人健康人格的重要组成部分。不要说孩子，即使成人有时也很难做出选择。这种情况下，父母可以教孩子"利弊分析法"，协助他做决定。

有个13岁的女孩由于成绩比较好，很多同学支持她竞选班长，可是她拿不定主意，就回家问妈妈说："我想当班长，锻炼一下自己的能力，可是如果选不上很没面子。妈妈，您说我参加吗？我听妈妈的。"

妈妈没有接受她的请求，而是拿出一张纸来，说："这样吧，咱们把参加竞选的好处写在这张纸的左边，把坏处写在右边，看看哪边的比重比较大，你再做决定,怎么样？"两个人忙乎了一阵子,得出结论，还是参加竞选比较好。

最后，妈妈鼓励她说："你已经长大了，好多事情你都有选择和决定的权利，不管你怎么选择，妈妈都会支持你，相信你可以做到最好。"

　　当孩子犹豫不决的时候，希望父母帮自己做决定，这是很常见的事。但如果父母帮孩子做了决定，孩子再碰到类似的情况，仍旧会不知道如何选择。那么，父母不妨尝试教孩子"利弊分析法"，让孩子思考得更清楚，从而协助他做决定。当孩子做出决定后，父母一定要相信他的能力，并用肯定的话"你能""你可以"等，增加他的信心。

　　随着孩子年龄的增长，父母要学着"适当放手"，尊重孩子的意愿，不帮他做决定，让他自己选择。当然，前提是父母要给孩子设置一个底线，就是不做违背原则的事情。同时，孩子从依赖走向独立需要一个过程，有时父母需要扮演参谋的角色，给他建议。最后，无论孩子做出怎样的决定，父母都要尊重、信任他，适时地鼓励他。

8. "来，让妈妈（爸爸）抱抱你！"

拥抱、握手、抚摸、拍肩膀……肢体语言更能传递温情

一位妈妈要送给 5 岁的儿子一份生日礼物，就问儿子："你想要什么？"儿子噘着嘴，说："妈妈，你亲我一下吧？"妈妈很诧异，儿子接着说道："妈妈，你都好久没亲我了。"

看到这个情景，父母都应该仔细回想一下：

自己有多久没有亲吻过孩子了？还记得吗？

上次微笑地抚摸孩子的头是什么时候，还能想起来吗？

有多久没有牵孩子的手了，还有记忆吗？

什么时候亲吻过孩子的脸颊、额头？还有印象吗？

……

每当问到这些问题，一些父母满不在乎地说："我哪有那个时间啊？"事实上，如今在孩子身上发生的离家出走、网瘾早恋、绝食自杀等问题已经说明父母与孩子之间的沟通存在着严重的危机。

研究表明，人与人之间的沟通主要通过语言、声音、肢体语言进行，其中 55% 的沟通是通过肢体语言进行的。可以用这样一个公式来表示：沟通时信息的全部表达 =7% 的语调 +38% 的声音 +55% 的肢体语言。可见，肢体语言在沟通中扮演着极为重要的角色。

一些父母反映，自己平时在家里都是非常主动地和孩子沟通，可是，孩

子就是不愿意回应这个沟通，这是怎么回事呢？实际上，在和孩子沟通（主要是讲道理，父母说孩子听的情形居多）的时候，一些父母难免会忽略孩子语言表达和理解的弱势。最后导致表面上看起来很主动、很开放的谈话，在孩子眼里却变成了说教和质问，甚至演变成审讯和逼问。

的确，语言沟通的度很难把握。除了以语言表达方式和孩子沟通外，还可以通过眼神、爱抚、握手等多种表达方式与孩子进行感情交流。

有个女孩在小学时成绩一直在班里数一数二，但自从上了初中后，成绩一下降到 20 名后。为此，每次妈妈开完家长会，都免不掉要数落她一番。

渐渐地，妈妈发现女儿的学习兴趣和积极性变弱。后来，妈妈反省女儿学习成绩下降和自己也有一定的关系，因为自己每天只知道催促她学习，成绩不好了，就训斥她，整天以一张严肃的面孔对待她，对她造成了很大的压力。所以，妈妈决定彻底改变以前"专制"的教育方式，重新树立自己的形象。

从此，妈妈的脸上多了一分笑容，也多了一分宽容。

以前考试前，妈妈总会给她制定很高的目标，但是这次妈妈却微笑地对她说："不要有压力，考成什么样就是什么样，只要努力了就行。即使考得不好，妈妈也不会再像以前那样责备你了。"结果，女孩这次考试结果比想象中的好很多。

此后没多久，女孩就恢复了以前的自信，学习也变得积极主动了。

可以想象生活在压力之下的女孩在学习成绩下降时是多么着急，同时遭到妈妈的责备时又是多么无助。不过幸运的是，妈妈及时反省，改变了自己的态度，用笑容和宽容为女孩营造了一个宽松的学习环境，最后唤回了她的自信。

可以说，父母的表情是孩子的晴雨表，只要父母多给孩子灿烂的笑容，那么孩子的天空就是万里晴空。父母的微笑可以给受伤的孩子无限的关爱，给脆弱的孩子坚定的信念，给犯错的孩子更多的宽容。收起那张严肃的面孔吧，请慷慨地给孩子微笑！

除了微笑外，亲子间的握手、拥抱、亲吻、拍肩膀……一些肢体语言的沟通一样能达到良好的沟通效果。

试想一个孩子考了第一名，如果妈妈单纯地说："儿子，你真棒，妈妈为你骄傲！"孩子会很高兴，但是高兴没多久就忘记了。但是如果妈妈说"你真棒"的时候，微笑着走到他的面前，摸摸他的头或者拍拍他的肩膀。可能这个情景会成为孩子永远的美好记忆。因为他的努力，得到了妈妈充分的认可。

对于孩子来说，父母的一个眼神、一个微笑、一个亲吻、一个拥抱；摸一下头、拍一下肩膀、擦一下眼泪……就能消除亲子矛盾，使亲子关系更加和谐，起到事半功倍的亲子沟通效果，我们又何乐而不为呢？

父母如何善用肢体语言，在自己与孩子间架起一座沟通的桥梁呢？

● 孩子伤心时给他一个拥抱

一位妈妈走进客厅，发现 11 岁的女儿泪流满面地躺在沙发上。

她轻轻地坐在女儿身边，双手把女儿揽在怀里，说："是不是发生什么事了？"女儿没有回答。就这样，妈妈抱着她静静地坐了 5 分钟。

不一会儿，女儿叹了口气，勉强地笑了笑，说："谢谢妈妈，我没事了。"说着转身就走回了房间。

这位妈妈到现在也不知道那天女儿到底发生了什么事情，但她可以肯定，那天女儿的确没事了，因为晚饭后就听见她在房间里哼起了小曲儿。

其实有效的沟通不在于父母一定要知道孩子的心事，而是能够洞察到孩子的需要，及时缓解他消极的情绪，让他感受到父母是理解他的、爱他的就可以了。就像这位妈妈，当女儿伤心时，只是安静地抱着她坐了 5 分钟，女儿很快就从悲伤中走出来了。

如果父母在生活中也遇到这种情况，最好不要逼问孩子说出什么，只要在他身边默默地陪伴他、拥抱他，就能给他很大的心理安慰。

● 给孩子一个微笑的眼神

眼睛是心灵的窗户，父母的每一个眼神都传递着亲情。在同孩子谈话时，父母以亲切的目光看着他，可以表明自己对他的话很感兴趣。因此，父母一定要用和蔼、柔和、信任的目光注视他，让他知道父母在认真地听他说话，进而让他有说下去的兴趣。

在沟通过程中，父母也要多观察孩子的眼神，明白他眼神里传递的信息。

比如，孩子说话时总是注视其他地方，不敢看父母的眼神。这说明孩子心中可能有不想让父母知道的秘密。这个时候，父母不要逼迫孩子，而是耐心开导，从侧面了解他的心理。当孩子出现游离的眼神，他可能对话题的内容并不感兴趣；当孩子出现期盼的眼神，可能是他需要父母的帮助……

总之，要读懂孩子的眼神，并及时用眼神回应他，实现心灵的沟通。

● **懂得深情地去爱抚孩子**

抚摸是孩子一种心理情感的需要，也是他感受父母爱的一种方式。父母可以通过抚摸孩子的手、头、脸、脚等部位向孩子传递不同的信息。

当孩子考了好成绩的时候，可以抚摸他的头，开玩笑地说："好小子，行啊，继续加油。"这比干巴巴的一句"不错，继续努力"更能激励孩子。

拍孩子的肩膀说明父母放下架子，愿意以低姿态和孩子交流，这种方式可以迅速拉近亲子间的距离。

当孩子因为做了好事得意的时候，父母可以拍一拍孩子的肩膀，以示鼓励和赞赏；当孩子伤心的时候，父母一定要拍拍孩子的肩膀，把他拥入怀里，安慰他，同时给他精神上的鼓励。

● **试着每天给孩子3个吻**

亲吻是接纳对方的一种表现，也是爱的表达方式之一。父母不妨通过亲吻脸颊、额头的方式，让孩子时刻感受到父母的爱。

父母可以每天在孩子早起时，亲吻孩子的脸颊，表示"早上好"；上班前或下班后亲吻孩子的脸颊，表示打招呼；晚睡前，亲吻孩子的额头，表示"晚安"……通过这种亲密的沟通方式，亲子间的关系一定会更加融洽。

 沟通箴言 ⊙

不管是语言上还是肢体上的交流，父母与孩子间的沟通都应该是真情流露，不是故意做给孩子看的。如果以前父母没有用肢体语言和孩子沟通的习惯，第一次使用时可能会让孩子感到不习惯。但是为了消除亲子间的隔膜和冲突，父母一定要坚持下去，这样才能达到"无声胜有声"的沟通目的和"润物细无声"的教育目的。

9.“嗯，然后呢？”

学会倾听孩子说话，学会引导孩子诉说

　　"我是你的孩子，所以你要倾听我的话。请不要笑，这不是让你笑的，而是让你听的，否则我不原谅你。"一位上幼儿园的女孩对父母这样说。

　　这段话不得不引起父母的注意，甚至应该认真反省：在生活中有没有倾听孩子的意识？有没有嘲笑孩子的幼稚？有没有认真倾听孩子说话呢？

　　一位妈妈在儿子小的时候由于经常出差，就送儿子进了一家全托幼儿园，每周回家一次。但儿子希望每天都回家，就央求妈妈把他送到一家日托幼儿园，但最终妈妈还是拒绝了，因为她不得不经常出差。结果，每个周末回到家，儿子都会高高兴兴、滔滔不绝地向妈妈讲述幼儿园的趣事。不过，妈妈依旧忙于手里的工作，并没有意识到倾听孩子的重要性。

　　问题来了，因为妈妈没有及时回应儿子，儿子渐渐地在语言表达上有了障碍。怎么回事呢？因为儿子思维能力很强大，又想尽快把趣事讲完，所以就说得快，但语言表达能力跟不上思维，于是说话就变得结结巴巴的。

　　这引起了妈妈的注意，她开始放下手中的工作，耐心地倾听孩子，并及时回应孩子"嗯，然后呢？""慢慢说，别着急。"没过多久，儿子说话就不再结巴了。

　　试想一下，一个三四岁的孩子在一周没有见到妈妈的情况下，好不容易见到了妈妈，他是多么迫切地希望最亲近的人可以分享他的喜怒哀乐！但是他的这个需求最初并没有受到妈妈的重视，为了在短暂时间内把所有想说的

话都说完，又因为表达能力有限，所以他变得结巴起来。

如果这个时候妈妈没有注意到儿子结巴的原因，而是从结果入手纠正他的结巴，可想而知，孩子的表达能力一定会受到影响。好在这位妈妈从改变自己开始，尽量多抽出时间来陪孩子，还注意倾听他说话，并及时回应孩子，最后改正了孩子的这个毛病。

一位妈妈的疏忽竟然可以导致孩子口吃，所以，父母千万不要忽略倾听孩子、回应孩子这个重要的细节。

孩子在讲话时，父母除了倾听他的语言外，让他完整地表达也很重要。这个过程中父母不要急于做出评价，更不能打断他的话。

一个上小学3年级的男孩每天放学后都要和妈妈说学校里一些好玩的事情。最初，妈妈总是打断他，还没等他说完就做出评价。终于有一天，男孩郑重其事地说："妈妈，有些事您听着就行了，别忙着评价。"

这个时候，妈妈才意识到自己总是打断他的话，导致他没有办法把事情表达完整。而且自己总是站在成人的立场上，有些评价根本不适合他。从那以后，这位妈妈总结出一个道理：认真听完孩子的话。

其实，有的时候孩子在向父母倾诉的时候，未必需要父母出谋划策，他只是希望父母认同他的感受，理解他的心情就可以了。如果这个时候父母站在大人的角度盲目评价这件事的是与非，那么孩子可能因为得不到大人的理解失去说下去的勇气。

但有的时候，孩子的确是希望告诉父母一些事情，希望父母能给自己一些建设性的意见。这时就需要父母弄清孩子的动机和情绪。

一位有智慧的父母一定要读懂孩子字里行间的意思，用信任和尊重促使孩子表达自己，这样才能与他有效地交流和沟通。

其实，了解孩子的意思并不是那么困难，我们只要做到专心、耐心、诚心、用心这四心就可以了。具体来说，不妨试着这样做：

● **要有主动倾听孩子的意识**

每个人包括孩子在内都希望自己讲话时能受到重视，有被尊重的心理需要。因此，孩子说话的时候，父母应该全神贯注地聆听。不要做出总看手机、抠耳朵、打哈欠等心不在焉的动作，扰乱孩子的思维。

同时，孩子在讲述的过程中，父母也要做出认真倾听的样子来。比如，身体可以微微向前倾斜，表示关注，眼神要注视孩子，也可以用眼神、表情等对孩子做出回应。如孩子讲到兴奋的时候，父母可以睁大眼睛，张开嘴巴，做出夸张的表情，这些表情都可以告诉孩子"我对你的话很感兴趣，我在认真听"。当然，这些表情、动作都不是装出来的，而是一种真情的自然流露。父母要努力走进孩子的心灵，站在他的角度仔细体会他的感受才行。

此外，父母每天都要抽出时间来陪陪孩子，哪怕只有几分钟也行。比如，晚饭后，爸爸可以对孩子说："我们一起散步。"或者说："我们到房间里单独聊聊。"从而给孩子一段与父母倾心沟通的专属时间。

● 善于听出孩子的"潜台词"

晚饭后，妈妈和爸爸商量着第二天要去超市大采购。第二天一大早，8岁的儿子就问："妈妈，你和爸爸今天要去超市吗？"妈妈回答："去。"儿子问："那你们什么时候去啊？"妈妈说："吃完早饭再说。"儿子听了，异常兴奋。

早饭后，妈妈没有立刻就去。儿子又问："妈妈，你们怎么还不去啊？"妈妈说："等会儿，还没收拾厨房呢！"过了一会儿，儿子又问："妈妈，你们什么时候走啊？"这时，妈妈不耐烦了，说："你这孩子，今天怎么这么奇怪呢？干吗催我？你是不是也想去。"

儿子一副心虚的表情，笑了笑说："不是。"说完，转身跑回房间了。

妈妈哪里知道，儿子正盘算着他们走后，自己一个人在家里玩电脑。

可见，在倾听孩子讲话的过程中，我们要学会透过现象看本质，通过孩子的肢体语言、表情、姿势，弄清话中之话。

当孩子说话时眼神比较游离，不敢直视父母的眼睛或者出现像前面这个男孩的情况，特别关注父母某一个问题时，父母就要注意了，可以试着猜测孩子的意图，问他"你是这个意思吗"。父母不要怕说错，误会他的想法，

因为这也是交流的一个过程，即使说错了，孩子也可以纠正。总之，我们要善于提问，善于引导，弄清楚孩子真正的意图。

● 引导孩子把话表述完整

在和孩子交流的时候，父母可以说一些鼓励他的话，如"嗯""我明白了"，也可以提一些"嗯，然后呢？……""你怎么做的？"等简单的问题引导孩子表述完整。如果孩子可以完整表述这个情景，父母就不要打断他，而是引导他描述细节。

总之，在孩子说话的时候，父母要尊重他。在他还没有充分把自己的意见表达出来之前，父母不要随意表态或妄下评断。即使父母与孩子有不同的观点，也不要随意打断孩子的话，如确有必要纠正其不正确的观点时，也要等孩子把话说完再阐述自己的观点。

● 保持沉默，倾听孩子的消极情绪

当孩子受了委屈、伤心或带有其他不良情绪时，最不爱听的就是建议、大道理、心理分析或者别人看法。同时，怜悯只会让他觉得更委屈，发问只会让他为自己辩护。相反，如果父母能在孩子身边，静静地陪着他，听听他的牢骚，让他尽情地发泄心中的不满，相信孩子能更快地恢复过来。

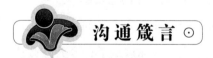 **沟通箴言**

父母掌握倾听孩子的技巧非常必要，但再多的技巧都只是起辅助作用，根本还是要父母多抽出时间来陪陪孩子，了解他的需要和性格，亲子间的沟通才能更舒畅。平时，父母要主动找孩子聊天，比如，晚饭后或者睡觉前，听孩子说一说学校里发生的事情，聊一聊共同关注的话题等，用这种融洽的谈话形式拉近与孩子的距离。

10. "快来，来做个游戏吧！"

陪孩子玩，这是在传达"我爱你"的信息

有这样一个情景：一个六七岁的孩子抱着爸爸的腿说："爸爸，和我玩一会儿吧！"爸爸不耐烦地说："去找你妈！"孩子来妈妈面前，拽着妈妈的衣襟说："妈妈，和我玩一会儿吧！"妈妈说："妈妈正忙着做饭呢！你不想吃饭了？"孩子听了，小声嘟囔着什么，沮丧地看起了电视。

有些人评论说，现在的孩子是自言自语的一代，因为没人和他们说话，他们要么选择自言自语，要么只能选择电视、手机作为伙伴。而一些电视节目、移动网络等过早地使他们接触到了成人的世界，使其快乐的童年在逐渐消失。

所以，我们应该反省一下，自己在生活中有没有如此冷漠地对待过孩子，导致他迷恋于网络游戏和电视节目等，变得越来越不爱表达。

一位妈妈就曾遇到类似的情况，但是她却没有拒绝孩子的请求。

周末，妈妈正在厨房里包饺子，6岁的儿子走到厨房，说："妈妈，你能陪我玩一会儿吗？"妈妈温柔地问："你想玩什么？"

儿子高兴地说："捉迷藏。"

妈妈温柔地说道："捉迷藏恐怕不行，你和妈妈一起捏小刺猬吧！"

捏小刺猬？这个对儿子来说可是个新鲜的游戏，于是就接受了妈妈的提议。于是，两个人在厨房里忙乎起来。

妈妈一边耐心地教他步骤，一边告诉他："把剁碎的油条当刺猬的胃，粉条做它的肠子，豆腐干做它的肝。"接着，妈妈在面刺猬的背上用剪刀剪出刺，

用黑豆贴出眼睛，第一个小"刺猬"就这样诞生了。

儿子看着它，喜悦之情溢于言表。在妈妈的指导下，他也捏起来。

很快，一个又一个"刺猬"接踵而至，厨房里不时传出一片欢声笑语。

细心的父母能够体察到孩子因为缺少玩伴的寂寞，而仔细观察孩子的游戏过程就会发现，他把整个身心都融入游戏之中，相当专注，并在其中体验着成功带来的喜悦。实际上，父母就是孩子的第一玩伴，何不陪孩子一起做游戏，让喜悦的表情多展现在他的脸上呢？

游戏是孩子放松的一种方式，也是学习的一种手段，孩子的能力会在玩中慢慢表现出来。

一位父亲曾讲述过跟8岁的儿子下围棋的经历：

"受我的影响，儿子喜欢下围棋，几乎每天都拉着我和他一起下，每次我都欣然接受他的邀请。一段时间，妻子希望借着儿子的兴趣，送他去学习班学习。可是我拒绝了，我的理由是'孩子只是在玩，你非要让玩变成学习，成为他的压力吗？'最后我没有送儿子去学习班，而是带着他'玩'围棋，还买了几本书让他参考，儿子的围棋水平进步非常快。"

当孩子产生某方面的兴趣时，一些父母希望把他的这个兴趣当成特长来培养，就盲目送他参加学习班。这种想法也无可非议，但如果父母对孩子的期待过高，甚至对孩子所谓的兴趣产生了功利心，一心希望他在该特长方面能有更大的成绩，最好是成名成家，以至于孩子本该有的自由玩耍时间都被剥夺，从而对这个兴趣产生厌烦、厌恶感，那就另当别论了。可见，这个过程中，父母的态度起关键性的作用。

父母和孩子玩很重要，但什么时候该让孩子尽兴地玩，不用附加太多的"条款"？什么时候要启发他在玩中灵活地思考，培养他举一反三的能力？怎么玩儿才能融入孩子的游戏之中，向他传达"我爱你"的信息？这才是和孩子一起玩的真正学问。

在游戏中，父母应该注意以下几点，才能有效地和孩子沟通。

● **真正做孩子玩中的参与者**

贪玩是孩子的天性，有些父母很了解这一点，所以他们非常有意识地参与孩子的游戏，陪他一起玩儿，但有的父母并没有意识到这一点。

5岁的女儿要求妈妈一起玩，每次妈妈都试着参与其中。

一次，妈妈在看报纸，女儿说："妈妈，我们玩过家家，你当坏人，我当警察。"妈妈说："好。"妈妈说完并没有行动，仍坐着看报纸。

女儿大声说："你快跑啊，警察都来了。"妈妈边看报纸边说："我已……女儿说："那怎么玩啊？妈妈一点也不配合。"说完，转身就离开了。

像这位妈妈，虽然表面上没有拒绝孩子的请求，参与了她的游戏，但实质上却是在敷衍她。孩子是能够察觉出来的，如果一而再，再而三这样，那孩子也就不愿意再和父母一起玩儿了。

因此，在参与孩子游戏的过程中，父母一定要专心一些，试着让自己保持一颗童心，积极配合孩子。当真正走进孩子的游戏中后，父母就会惊讶于孩子的出色表现，进而慢慢赏识他各种各样的"花招"了。

● **不要忽略游戏中的细节**

父母只有真正参与到孩子的游戏中，让孩子把父母当成游戏中的一员，才能在游戏中达到亲子沟通的目的。但一些父母反映，真正参与到孩子的游戏中很难，不论在生活中，还是游戏中，自己总被当作大人来看。其实，存在这样的问题是因为父母忽略了游戏中的一些细节。

在孩子的游戏中，父母要改变角色，即变指导者为合作者，不要试图控制孩子，教他如何玩，而是认真与孩子探讨游戏中的规则和细节，并严格遵守。当他在这些问题上较真的时候，那么他就已经把父母当成他游戏的伙伴了。

同时，父母还要注意身高的差距，因为父母的身高优势会有居高临下的控制感，也容易让孩子有压迫感。所以，在游戏过程中，父母要尽量采用蹲、坐、跪等姿势，与孩子平视，从而让他有平等的感觉。

● 在游戏中巧妙地"让"孩子

一些父母对参与孩子游戏时该不该"让"产生了意见分歧。有的父母认为，玩游戏是为了让孩子高兴，故意输掉比赛可以增加他的信心。也有父母认为，"让"是对孩子的过度保护，是不可取的，只有让他明白胜负的代价，他才能在以后的生活中，做到能屈能伸，宠辱不惊。

以上这两种说法都很有道理，其实关键问题不在于该不该"让"，而在于怎么"让"。

父母不要为了让孩子获胜改变游戏规则。如果故意改变游戏规则让孩子赢，会让他觉得赢要比公平竞争更重要；相反，让他输掉几局游戏，尽管开始孩子可能接受不了，会不愿意甚至会哭闹，但跟他讲明"胜败乃兵家常事"的道理之后，他就会慢慢理解，长远来看，这样做才更有助于他学会如何大度地比赛。

所以说，如果和孩子一起下棋，父母可以最初放低水平，让他赢几次，增加他玩的信心。但随着孩子下棋技能不断提高，父母也要逐步加大孩子获胜的难度，不要轻易地让他赢。

● 爸爸要每天陪孩子玩 10 分钟

在一个家庭中，爸爸可能是最忙的人，每天早出晚归，有时下班回来后，孩子早已入睡。这就意味着孩子失去了和爸爸交流的宝贵时间，爸爸也失去了和孩子交流感情的机会。即使爸爸给孩子买再多的礼物，给他再多的零花钱，也难以代替亲子间感情的沟通。其实，只要爸爸能每天（尽可能保证）都抽出时间和孩子玩上 10 分钟，他就能体会到爸爸的爱。

爸爸和 9 岁的儿子一起上楼梯。爸爸问："李叔叔住二楼，我们住四楼，每一次，我们走过的路程是李叔叔的几倍？"儿子毫不犹豫地回答："2 倍。"

爸爸笑着摇摇头，这时，儿子恍然大悟，说："不对，是 3 倍，因为一楼不用爬楼梯。"那天，儿子的数学作业做得特别认真。

此后，爸爸每天都会抽出时间和儿子一起玩数学游戏，有时儿子也会出题考爸爸，偶尔也会把爸爸难倒。

"用 8 根火柴怎样拼出 4 个三角形和 2 个正方形？"

"从 1 到 100 的所有偶数比奇数大多少？"

"……"

爸爸思索了好长时间，最后房间里传来阵阵欢笑声。

每位父母都希望家里常伴这种温馨的场面，那么就多抽出时间来陪孩子一起做游戏吧！爸爸可以利用每天晚睡前、晚饭后的时间和孩子下棋、给孩子讲故事，周末也可以和他一起打球或参加户外运动，增加和孩子在一起的愉快时光。

 沟通箴言 ⊙

对于孩子来说，生活中的任何事情都可以是游戏。因此，父母做家务的时候，不妨让孩子参与进来，由此培养他的独立能力。同时，要理解孩子在游戏中的表现，即使他提出一些幼稚的建议，父母也不能用自己的生活经验马上反驳他，应该让他尝试，然后再给他讲解相应的知识，这样他既学会了知识，也得到了尊重。此外，爸爸也要多加入孩子的游戏，和他沟通情感。

第二章　说话先放下架子，才能真正树立权威

9 种让父母树立良好形象的沟通技巧

很多父母为了显示自己做父母的"威信"，就想对孩子说什么就说什么，想怎样说就怎样说，想怎样处置孩子就怎样处置，还端做父母的架子……以为这样就有"威信"了，孩子就信服了。殊不知，这样做恰恰不会树立威信，反而会有损自己在孩子心中的威严。那么，父母在生活中怎样说才能树立威信呢？这也是每一位为人父母者应该清楚的重要课题。

11. "你爸爸（妈妈）这么辛苦都是为了这个家！"

夫妻要互相表扬，而非互相"拆台"

由于每个人成长的背景和经历有所不同，所以人与人很难有观点完全一致的时候，即使是长久生活在一起的夫妻，也总会因各种各样的事情而产生分歧。虽说夫妻之间有分歧是很正常的现象，但处理分歧的方式却又各自不同，值得注意的是，夫妻之间即使有再大的分歧，也不要在孩子面前互相拆台。

孩子年龄尚小，是非对错的分辨能力比较弱，很容易受到父母观点的左右。俗话说"清官难断家务事"，年幼的孩子更无法成为父母观点谁对谁错的衡量砝码。

来看这样一个案例：

爸爸和妈妈又吵架了，爸爸一气之下连早饭都没吃就摔门而去。妈妈和12岁的儿子一起吃早饭。

"你爸爸呀，一点也不顾咱这个家。你说，他心里有咱娘俩吗？除了回来吃饭睡觉，什么时候陪咱俩出去玩过？他倒好，在外面吃香的喝辣的，回来就二郎腿一翘什么也不干，连你的学习也不管……"刚开始吃饭，妈妈就开始没玩没了地向孩子抱怨起来。

"你说，他算个称职的爸爸吗？哪回开家长会不是我去的？自从你上学他去过你们学校吗？你说……"

"妈，我吃饱了。"不等妈妈说完，早已听够了妈妈发牢骚的孩子随便吃了两口，背起书包就上学去了。

"唉，这孩子，连话也不让我说完。"妈妈叹了一口气。

孩子来到学校开始上课，但妈妈的话却还在他的脑海里，像留声机一样一遍又一遍地响着。他不由地想：爸爸真的像妈妈说的那样吗？他开始从小时候起回想，回想关于爸爸的记忆……老师的讲课声已经进不到他的耳朵里，他揣测着妈妈的话……

妈妈的牢骚虽然听来很烦，也许孩子根本不愿意去听，但是听多了还是会对孩子看到影响，"最好趁爸爸不怕，这是爸爸不怕。"这是孩子最不愿意面对的问题。因为在他的心里，爸爸和妈妈同样重要，都是他最亲近的、最值得信赖的人。

夫妻之间相互的拆台和抱怨，并不能让孩子更爱其中某一个人，也不会让他觉得哪一个更有威信，只会让他的内心产生矛盾和不解，因而上课时不能集中精力听讲，严重影响学习。

虽然说，天下好像没有哪一位父母不爱自己的孩子，但不得不说父母的爱虽然伟大，有时却往往不够理智，有时也会在对孩子教育的方式上产生分歧

爸爸和妈妈都很爱 7 岁的女儿，但他们爱的方式却有所不同。爸爸是个感性的人，他喜欢看女儿开心，所以凡是女儿有所要求他都尽量满足。女儿常常和爸爸撒娇，她上楼梯时常常故意喊累，让爸爸背她上去。

妈妈觉得不能这样娇惯女儿，于是便呵斥她说："下来，你都多大了还要爸爸背你上楼？"不等女儿说话，爸爸总是毫不在乎地说："没事，我背我宝贝女儿高兴着呢！"然后回头问女儿说："是吧，宝贝儿！瞧你妈，她不背你，还不让爸爸背你。"

其实妈妈是想培养孩子的独立性，不想她太过依赖，可是孩子的爸爸却总是事事都要为女儿做好，生怕她吃一点苦。因此，夫妻二人在女儿的教育问题上产生了分歧，而且女儿常说"妈妈没有爸爸好"，这让妈妈感到很伤心，

她和丈夫之间的感情也因此受到了影响。

每个家庭都是一个整体，只有爸爸好、妈妈好，孩子才能更好，这就是老祖宗说的"家和万事兴"的道理。

父母在教育孩子的时候要尽量达成一致，不要和孩子说类似"你爸不疼你""你妈不够爱你"之类的话，也不要把双方的分歧暴露在孩子面前。

不少初为人父母的人往往容易忽略这一点，在认为自己的教育观点正确时，就毫无顾忌地在孩子面前反驳对方。殊不知，这样会影响到孩子对父母的看法，导致他和爸爸或者妈妈感情疏远。

那么，人与人总会有观点不一致的时候，当夫妻之间意见相左的时候，应该怎样做才不会影响到孩子呢？

● 尽量发现对方的优点，体谅对方的辛苦

在孩子面前，即使对方有做得不对的地方，也不要当着孩子的面说，要互相表扬，为对方树立威信。当然，互相表扬的前提是要能真正地发现对方的优点，不能只是做给孩子看。孩子也许年龄小，但能分得清真假，如果父母只是做戏给他看，并不真的相互欣赏，那么他从父母那学到的便不是人与人之间的赏识和关爱，而是虚情假意。

所以，这就需要夫妻双方尽量去发现对方的长处，体谅对方的辛苦，要想到千万万人之中成为夫妻是一种难得的缘分，不要为了谁付出多一点，谁付出少一点点而斤斤计较，也不要为了谁的理更正一些而争吵。

老人们常说，"家不是讲理的地方"，那不是因为家人不讲理，而是因为家是一个充满情意的地方，如果处处"讲理"——争个你对我错，会伤了情分，会伤了彼此或者老人和孩子的心。

如果夫妻双方都能互相体谅，抱怨之心就很难再有了，家庭的氛围就会和谐、温馨，孩子也就能得以健康快乐成长。

● 双方要经常静下来一起交流、沟通

对同一件事，不同的人总会有不同的看法，有意见并不是问题，问题是双方没有及时地沟通和交流，从而让意见变成了误会，而误会发展成了矛盾。

当矛盾上升到一定级别时，双方便很难再心平气和地坐下来进行交流了，这时争吵便会不可避免地发生，甚至最终发展到离婚这等不可收拾的地步。

所以，夫妻双方无论是对生活还是对孩子的教育方式有分歧时，一定要及时进行沟通，不让意见堆积成矛盾，更不能让矛盾扩大化。通过沟通，尽量做到双方意见互相调和，若是双方的意愿能达成一致，对孩子的教育则更为有利。

● 不要在孩子面前抱怨对方

自己评理。可事实上，如果父母经常向孩子说自己另一半的坏话，就会让孩子感到迷茫。

但是，孩子总有长大的时候，等他能够明辨是非，学会理性地看待自己的家庭问题时，他就会认为父母不该向自己说对方的坏话，不该把他心中的埋怨带给自己，不该让自己的童年多一层本不该有的灰色阴影。

夫妻二人总在孩子面前互相拆台，等于把自己心里的怨气灌输给了孩子。当孩子无法承受这种矛盾时，他便会寻找另一种方式来发泄情绪，也许会变得叛逆，也许会封闭自己，不再喜欢与人交流。无论如何，一个心中装满怨气的孩子，都很难再用那颗沉重的心去承载属于自己的幸福了。

所以，为了孩子心灵的健康成长，父母应该把自己的矛盾限于两人之间，不要影响到孩子。

● 告诉孩子，你的爸爸（妈妈）很棒

美国前总统奥巴马3岁多时，他的爸爸和妈妈安·邓纳姆就离婚了。此后，老奥巴马带着另一个女子去了肯尼亚老家工作，奥巴马从小就跟着妈妈生活。

妈妈安一边带奥巴马，一边求学，生活十分拮据。自他们离婚后直到1982年老奥巴马遭遇车祸去世，奥巴马只见过爸爸一次，并且老奥巴马也没有支付过抚养费。尽管妈妈没有提出过要抚养费，但这个爸爸毕竟没有尽过自己的责任。

在很多人看来，安也许有很多理由对老奥巴马愤怒和埋怨，然而她却从

未表现过对老奥巴马的愤怒，也从未在儿子面前说过爸爸的坏话。每当和儿子提起他的爸爸，安总是说："你的爸爸十分聪明，而且还很幽默，他擅长乐器，并且有一副好嗓子……"

安和奥巴马说起的都是老奥巴马的优点，这种教育方式也收到了很好的效果，后来奥巴马继承了爸爸的这些优点，成为一个优秀的人。

这就给我们一个提醒：**如果夫妻双方能在孩子面前互相表扬对方，孩子就会不由地生出这样的想法："我以后也要像爸爸（妈妈）一样！"因而，他会努力学习父母的优点，并逐渐让自己变得更加优秀。**

当然，父母可以时常这样说："你爸爸（妈妈）这么辛苦都是为了这个家！"孩子便会懂得，爸爸（妈妈）很辛苦，他（她）的付出都是为了我和这个家。孩子会因此而生起感恩之心，并从爸爸（妈妈）那学会为了家庭而努力奉献的精神。

沟通箴言 ⊙

夫妻双方若经常在孩子面前互相"拆台"，这种怨气最终会聚集于孩子身上，起到负面的影响；而双方若能经常互相表扬，这种正向的力量最终也会体现在孩子身上，让他更加积极进步。教育，就是对孩子的言传身教，所以父母在孩子面前说什么，做什么，都会影响到孩子的成长。因此，父母在孩子面前要多互相表扬，不要诋毁和埋怨。

12. "答应你的事，妈妈（爸爸）一定会做到！"

说到做到，兑现对孩子的承诺

常常看到一些年幼的孩子学着古装电视剧里人物的语气说："君子一言，驷马难追！"这句话说起来很顺口，但孩子却往往不能理解话中的深意。"君子"是人们对有德行之人的尊称，这句话的意思是一个有德行的人要言出必行。

毋庸置疑，"一诺千金"是中华民族的传统美德。父母若想孩子能够传承这一美德，就应该从自身做起，做信守承诺的父母。

古代著名思想家、教育家孔子有位得意门生叫曾参（即宗圣曾子）。

一天，曾参的妻子要到集市上去，可是儿子哭闹不止也要跟着去。为了让儿子听话，曾妻就哄儿子说："乖儿子，不要哭了。你要是听话，娘从集市回来就给你杀猪炖肉吃。"儿子听说有肉吃，果然马上不哭了，乖乖待在家里等着娘回来。

曾妻从集市上回来，只见曾参拿着绳子正在捆绑猪，旁边还放着一把明晃晃的尖刀，他正准备杀猪呢！曾妻一见就慌了，急忙制止曾参说："我刚才是为了哄孩子才这样说的，并不是真的要杀猪啊！你怎么还当真了呢？"

曾参语重心长地对妻子说："你要知道孩子是不能欺骗的。孩子尚且幼小，什么都不懂，只会学着父母的样子做事，听父母的教诲。今天你若是骗了孩子，就等于让他学会了说谎和骗人。再说，今天你若欺骗孩子，孩子就会觉得母亲的话是不可信的，以后你再教育他，他也不会相信了，这样对孩子的教育

就变得困难了。你说，这猪是不是该杀呀？"

听了丈夫曾参的一席话，曾妻后悔自己不该用假话哄骗儿子，可是既然自己已经说了要给孩子杀猪炖肉吃，就要说到做到，取信于孩子。于是，她也挽起袖子和丈夫一起磨刀杀猪，并为儿子炖了一锅肉。儿子一边高兴地吃肉，一边向父母投去了信任的目光。

曾子杀猪示信的故事一直流传至今，其教育意义不仅仅在于做人要一诺千金，更重要的是父母要通过自己诚实守信的行为来培养孩子信守诺言的意识。诚实守信是一个非常重要的品质，正如曾子所认为的那样，孩子的心灵是非常纯洁的，他的一言一行都会受父母影响。

父母如果不能信守对孩子的承诺，欺骗了孩子，孩子就会认为人是可以欺骗的，转而他就会去欺骗别人，乃至于欺骗父母。另外，父母若是欺骗了孩子，还会影响到父母在孩子心中的威信，这样，他对于父母的教诲也就听不进去了。

所以，当我们向孩子承诺某件事后，就一定要做到。即使暂时条件不允许，也要这样告诉孩子："我答应你的××事，虽然现在由于××原因，我还没有做到。但是你要相信，妈妈（爸爸）答应你的事一定会做到！"

在曾子杀猪之后的一天晚上，他的儿子刚睡下，突然又起来拿起一把竹简就往外跑。曾子问他去做什么，儿子说："这是我从朋友那借来的书简，说好了今天要还的，我不能言而无信。"看着儿子远去的背影，曾参露出了欣慰的笑容。

看来，曾子言而有信的举动在孩子心中烙下了深刻的记忆，也在无形中成就了孩子的诚信品质。

今天的社会需要诚信，比如交友、经商、为政等，所以，我们对孩子也要进行诚信教育，亲子之间也应该以诚信为本。如果父母和孩子之间也能以诚相待、信守诺言，对孩子的教育就会变得简单多了。

在日常生活中，对于孩子的要求，父母往往无法一一满足，而且孩子的要求也并不都是很合理的，那么，父母应该答应孩子的哪些要求呢？又该怎么去履行自己对孩子的承诺呢？

● 不要轻易向孩子许诺

面对孩子，父母应该做到言而有信，但前提是孩子提出的要求必须是合理的。所以，父母在向孩子许诺时，一定要注意把握原则和分寸，不能轻易〔……〕不该答应的事情一定要坚持原则。

比如，孩子完全可以自己独立完成的事情，就不要答应帮他去做。〔……〕于穿衣、吃饭、做力所能及的家务活等，这些都是孩子可以独立完成的，父母如果答应孩子为之代劳，不但起不到"言而有信"的教育效果，还会让孩子变得懒惰和过于依赖父母。

另外，也不要因一时高兴而对孩子说："无论你要什么，爸爸都会答应你，说吧！"因为往往这时，孩子往往会随心所欲，提出一些不合理的要求，而父母一旦兑现这个承诺，孩子就会得寸进尺。所以，父母不要轻易对孩子许诺，对于孩子的不合理要求，更是应该拒绝。

● 不要用谎言去哄孩子听话

6岁的男孩在和妈妈逛商场时看到一把玩具手枪。

"妈妈，我要那个枪。"男孩说。

"你不是有一把玩具手枪了吗？咱们回家玩家里那个吧！"妈妈说。

"不，我就要那个，我不要家里的那把了。"说着，男孩赖在地上不肯走，非要妈妈给他买那把手枪。

"那把手枪真小，我们家门口的那个玩具店里有一把冲锋枪，比这个神气多了。你跟妈妈回家，我们去买冲锋枪。"妈妈哄男孩说。

一听到冲锋枪，男孩立即不要手枪了，跟着妈妈乖乖回家。

回到家，男孩又要冲锋枪，妈妈说："我得给你做好吃的，等你吃完饭，妈妈就带你去。"吃晚饭，男孩暂时忘了冲锋枪的事，妈妈也就没再提，当然也没去家门口的文具店买。

每当男孩不听话时，妈妈总会编一个吸引孩子的谎言来让他安静下来。

可是渐渐地，男孩却越来越难哄，遇到一点小事都要妈妈哄半天。

惯用哄骗的方式来让孩子听话的父母，往往会发现孩子会越来越"不听话"，他会一次比一次任性和纠缠不休，最后父母再说什么，他都不相信了。所以，即使孩子要赖，父母也应该尽量坚持从正面去说服、暗示、积极引导等方法教育孩子，而不应该去哄骗孩子。

■ 答应孩子的事要去做，并力争做到

如果父母答应孩子的事情没有做，孩子也会学着说话不算数。当父母要求他努力学习或提高成绩时，他也许会一次次地对父母说："我这次没有考好，下次一定会考出好成绩。"但他却总也不努力，一次又一次地让父母失望。

当父母为此而寒心时，也许应该思考一下，孩子这种轻诺寡信的行为是如何产生的呢？自己是否曾食言于孩子呢？所以，对于已经许下的诺言，一定要尽力去做，争取做到，而不是不做，不是去敷衍孩子。

● 当诺言不能兑现时，也应积极应对

父母答应孩子的事情，有时也会因为种种原因而不能兑现，这时应怎么办呢？如果承认自己食言，会不会导致自己失去在孩子心中的威信？

女孩的爸爸是一家大公司的总经理，因工作需要时常会出差，可是还有一周就是女孩 8 岁生日了，爸爸答应她，无论多忙都会赶回来给她过生日。

可是生日这天，爸爸还是因工作没能及时赶回来。当晚 10 点多爸爸才到机场，回到家时都已经快 12 点了，女孩已经睡着了。看着女儿熟睡中的小脸，爸爸很内疚。他拿出送给女儿的生日礼物放在她的枕旁，并附上一张小纸条："我最爱的女儿：爸爸很抱歉没有及时赶回来给你过生日，先要向你说声'对不起'。我知道你一定很失望，爸爸没有信守承诺，可是爸爸真的很爱你，送你的礼物希望你能喜欢！同时也请你原谅爸爸，好吗？"

第二天早晨，女孩醒来看到了生日礼物和纸条，高兴地跑出房间喊道："妈妈，妈妈！爸爸没有忘记我的生日，你瞧，他送我礼物了。"

当父母因工作等原因而没有兑现对孩子的承诺时，孩子就会委屈，就会失望不已。这时候，父母不要因为自己是长辈，就轻描淡写地一带而过，而

是应该向孩子表达歉意，并说明食言的原因，并尽量做出弥补。这样，不但不会让自己失去在孩子心中的威信，还会让孩子更加尊敬父母。同时，他也会学着父母的样子去做一个坦诚的人。

 沟通箴言 ⊙

当父母能够说到做到，信守对孩子的承诺时，孩子才会对父母产生充分的信任感，才会愿意把自己的心里话告诉父母。父母是孩子的模仿对象，其一言一行都会让孩子受到潜移默化的影响，所以要给孩子做最好的榜样。只有信守承诺的父母才能在孩子心目中树立起威信，同样也能有效避免因孩子说谎而让自己头疼的情形发生。

13. "我虽然是你爸爸（妈妈），但不会端架子骂你！"

不用"权威"的口吻指责孩子

"我是孩子的爸爸（妈妈），难道生他养他，疼爱他，却连教训他几句的权利都没有？"不少父母就是抱着这样的心态，去教育自己的子女。虽说，天下没有不爱孩子的父母，但父母对孩子爱的方式却又千差万别，有时候是理性正向的爱，有时候是想当然的负向的溺爱，所以教育的效果也有所不同。

其实，孩子确实应该听父母的话，接受父母的教诲，俗话说，"亲恩深似海，毕生难报尽"，每一位父母对孩子都有养育之恩，这是不可否认的。但既然是爱孩子，为什么不选择一种让他容易接受的方式去教育他呢？

事实上，孩子的年龄虽小但他也有自尊心，也希望得到别人的尊重，并十分在乎父母对自己的态度。父母和孩子说话的语气、相处的方式，都会影响孩子性格的形成。

在父母的批评指责中长大的孩子，对事情往往会吹毛求疵，对人也容易尖酸刻薄；经常受到他人嘲笑和奚落的孩子，做事情往往会缩头缩脑、自卑怯懦；而常常受到父母的鼓励和包容的孩子，大都能学会体谅别人，学会知足感恩……

有一位妈妈是一家大型企业的主管，管理 300 多人，她工作作风严谨，在员工中很有威严。

可这位妈妈在教育孩子方面却很鲁莽。她有一个11岁的女儿，聪明伶俐，但就是不喜欢学习，经常用手机上网聊天、玩游戏。有一次，她看见女儿玩手机时，突然过去强行把手机没收，并把女儿狠狠地数落了一顿。不过，她严厉的教育方式并没有让女儿变乖，虽然女儿不再玩手机了，但每天回家看见妈妈就像见了仇人似的，对她不理不问。

为了让女儿变好，这位妈妈特地去请教一位教育专家，并就孩子的问题多次进行沟通。

有一次，她请这位教育专家吃饭。饭桌上，她特地为这位来自南方的教育专家点了口味清淡的南方菜。当教育专家喝完茶后，她也马上将茶水倒满。整个用餐过程中，她时刻观察着教育专家的需要，没有丝毫怠慢。

最后，教育专家对这位妈妈说："我教你一个教育孩子的秘诀。如果你对孩子能像现在对我一样，不把你的'工作作风'用到孩子的教育上，再把你的'大架子'收敛住，你们之间就能进行良好的沟通，不会再产生其他问题了。"她听完后，若有所思。

生活中，类似于这位妈妈强硬做派的父母有很多。他们也很爱孩子，知道孩子也应该受到尊重，但却总是喜欢端着做父母的架子（上司的姿态）去训斥孩子。最终，也许能暂时改变孩子的某些缺点，但却疏远了和孩子之间的感情，甚至引起孩子的逆反心理。

父母和孩子之间没有不可化解的矛盾，若遇到问题，一定要及时沟通，而沟通一定要建立在互相尊重的基础上。不能仅仅是孩子尊重父母，父母高高在上地对孩子发号施令。父母也要尊重孩子，看到孩子内心的需要，关注他的情绪变化，试着用孩子易于接受的方式来让他听取自己的意见。

那么，在生活中，父母应该如何与孩子更好地沟通呢？

● 请放下做父母的架子，别再高高在上

有个13岁男孩，他在家总是不爱说话，一说话就会顶撞父母，这让父母很苦恼。可他在同龄人面前却很开朗，经常和同学有说有笑。父母不明白，

他为什么在家和在外判若两人呢？

男孩的父亲找到了孩子的老师，老师在分析对比了男孩在家和在外面的表现后，对这位父亲说："孩子之所以在家里非常叛逆，主要是因为他和父母之间不能很好地沟通，产生了隔阂，而这种隔阂往往是父母造成的。"

这位父亲惊讶地说："怎么可能呢？我和他妈妈都很关心他，对他的生活和学习也照顾得无微不至。难道我们做得还不够吗？"

老师笑着说："其实不是不够，也可能是做得太多，或者关心的方式不对。与孩子沟通，最重要的是要放下父母的架子，不能把自己凌驾于孩子之上，不管自己说的对不对，都要求孩子全部接受。这样，孩子会不服气，也会因此而不尊重父母。"

听了老师的话，父亲点点头说："这点我们还真没想到。原来教育孩子首先要放下做父母的架子啊，看来我们真的做错了。"

从此以后，男孩的父母改变了对他的态度。而随着父母的改变，男孩也渐渐喜欢和父母交流了。

许多父母认为让孩子吃好穿好，监督他学习好，就已经很关心他了，可孩子还是会不听话，他到底有什么不满足的呢？可见，要放下做父母的架子，是很多父母都没有想到的。其实，如果不能与孩子进行良好的沟通，父母对孩子付出再多都不能起到良好的教育效果。因为，父母不了解孩子在想什么，也不知道问题出在哪里，所以也就无法"对症下药"。

父母不要以为孩子还小，就把自己的意志强加于他，如果他的自尊心受到伤害，就会和父母对立起来。所以，父母只有放下架子，才能和孩子建立起真正融洽的亲子关系。

● **不要质问孩子"你怎么不听我的话？"**

"你怎么不听我的话？"当父母说出这句话时，其重点便是在强调"你应该听我的话！"孩子不听话时，千万不要以这种"霸道"的语气去质问孩子为什么不听自己的话，而是应该思考"他为什么不听我的话？""是不是我说的不对？""用什么办法才能让孩子听话呢？"……这才是解决问题的思路，而不是去制造亲子之间的矛盾。

孩子虽小，但他也拥有独立的自我意志，不能把他当作可以任由自己支配的附属品。他有时也许会不听父母的意见，那说明他和父母没有达成共识，还需要进一步沟通。父母若是强制孩子听自己的意见，会引起他的反感，他反而更想挣脱父母的束缚去实现自己的想法。

所以，孩子不听自己的意见时，父母应该问他："你是怎样认为的呢？你想要怎么做？"在了解了孩子的想法后，父母也许会发现孩子的想法并非全无道理。这时，可以进一步帮他分析他的想法有哪些可行之处，有哪些不足之处，这样孩子就进一步学会如何周密地思考问题，不会轻易、鲁莽地做事了。

● 当孩子犯错时，用赞美的方式来缓和批评的字句

当孩子受到批评时心情会很差，如果父母的语气过于尖锐，还会让孩子感到愤怒，表现出自我防卫的态度，因此而变得更不愿意合作。

可是，当父母发现孩子有不当的行为时，对其批评又是必要的。怎样批评孩子才不会引发亲子之间的冲突呢？这就需要父母表达自己的意见时要尽量婉转温和，这类似于我们平时吃药，裹着糖衣的药会更容易吃下去。同样的道理，批评孩子时态度温和一点，他或许更容易听得进去。

一个11岁的女孩总是喜欢在吃饭时唱歌，父亲以一种赞赏的语气说："你的歌声真的很好听，可是餐桌上不适合唱歌。吃完饭就可以尽情地唱啦！"女孩就不好意思地做个鬼脸，不再唱了。

有个男孩很喜欢踢足球，回到家在客厅里也踢球，母亲语气平和地对他说："你的球踢得很棒，只不过足球应该在足球场上踢哦！"男孩听了母亲的话，从此不在客厅踢球。

当孩子做出不适当的行为时，父母可以先赞美他的某些优点，然后再提出自己的意见，这样孩子就会更容易听取意见，而不再对立了。

● 试着站在孩子的角度去理解孩子

面对同一件事，不同的人总会有不同的看法，父母和孩子之间也常常会

有意见和分歧。为了便于沟通，父母在教育孩子的时候，也应该试着站在孩子的角度去考虑问题，不要常以成人的观点去要求孩子。否则，会让孩子觉得父母不理解自己，因而产生沟通障碍。

因此，在教育孩子、跟他沟通的时候，父母要考虑孩子的年龄特点和思维方式，这样孩子才会更容易接受自己的建议。

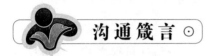

沟通箴言 ⊙

当父母放下架子与孩子交流，就会发现孩子的真实想法，同时也容易找到教育的契机。如果父母总以"权威"去压制孩子，反而会激起孩子的愤怒，引发他的叛逆情绪。所以，在教育孩子的时候应该少批评多鼓励，和孩子平等交流才会起到良好的沟通、教育效果。

14. "我应该让你知道，妈妈（爸爸）下岗了！"

向孩子敞开心扉，让他知道父母的情况

人常说："不如意事常有八九，可与人言只有二三。"人生之路从来都不是坦途，一个家庭也可能会遭遇意外的变故，如失业、经济拮据、婚姻破裂、不幸的疾病或亲人离世……许多父母都会尽力不让孩子知道家庭中的不幸，以为只有这样才能保护他幼小而脆弱的心灵，维持他内心对生活的美好印象。

事实上，在孩子懂事以后，如果不把家庭中的重大事情如实相告，不但起不到保护孩子心灵的作用，还会让他因此而产生被轻视的感觉。

有一位爸爸下岗了，但因为怕家人担心，所以就没有和家人说。于是他每天还会像往常一样按时出门、回家。不过，他白天是出去找工作，如果提前回来，他就在附近的广场上散步，一直到往常下班的时间才回家。

一天，他刚一回家，8岁的女儿就悄悄问他："爸爸，你是不是没有工作了？"这让他感到很惊讶，但他还是说："当然不是了，爸爸不是天天早晨都要去上班吗？最近工作很忙啊！"听了爸爸的话，女儿满腹狐疑地走开了。

几天后，爸爸发现女儿似乎不怎么和他说话了。他很纳闷，不知道女儿为什么会这样。后来，他从邻居口中得知，前几天女儿的学校组织孩子们去广场游玩，她在无意中看到了在广场上闲逛的爸爸。女儿还和同学说："爸爸骗我，都不和我说实话，我不想理他了。"

由于爸爸没有和女儿说实话，而让谎言给女儿造成了伤害。也许在孩子

看来，爸爸是否有工作并不是最重要的，重要的是"我们是一家人，有事情应该告诉我"。而爸爸的谎言等于拒绝了女儿对自己的关心，因此伤到了女儿的心。

孩子虽然年幼，但并非什么都不懂，当他想要了解家中的事情时，说明他开始对家庭关心，并希望为这个家尽一份力。如果父母刻意地对孩子隐瞒家中的事情，一旦被他发现，他便会有种在家中被孤立的感觉，因而会变得不信任父母。

而且，当他发现父母对自己有所隐瞒的时候，也许会根据自己所掌握的蛛丝马迹去猜测事情的"真相"。如果父母不对孩子告以真实详情，他反而会把事情想得更糟糕，甚至会产生巨大的心理压力。

所以，当孩子向父母询问"您最近是不是有什么事？为什么总是不高兴呢？"时，父母就应该考虑是否该和孩子谈谈。如果父母总是搪塞他说："没什么。"就等于拒绝了孩子对自己的关心，同时也关闭了与孩子沟通的大门。

有时父母会抱怨说："这孩子什么都不肯对我说，真是搞不懂他在想什么！跟孩子沟通怎么就那么难呢？"继而也许还会责备孩子不肯向父母坦露心扉。但父母是否想过，自己有没有向孩子坦露心扉了呢？要求孩子做到的事情，自己是否带头去做了呢？

若父母不肯向孩子坦露自己的心声，却要求孩子向自己"交代"一切，这种沟通是不对等的，很可能会造成亲子间的沟通障碍。

所以，父母应该让孩子了解家庭中的情况，即使遇到重大的变故，也要委婉地告诉孩子真相……

● 重新认识孩子被轻视了的承受力

父母对孩子隐瞒某些事实当然是有原因的，就是考虑到孩子的心理可能比较脆弱，会承受不了。但孩子从母体脱离的那一瞬间，就已经进入了一个真实的社会环境。不管父母如何小心呵护，他也不可能永远生活在真空中。

从那一刻起，他就要面对冬天的严寒、夏天的酷暑，生活中善与恶、美与丑。

而且，孩子的承受力也并不像父母想象的那么脆弱，若是一味地迎合孩子，不让他经受挫折，反而会使孩子养成孤傲自私的心态，而一旦受挫便容易触发极端的行为。所以，父母有必要重新认识孩子的承受力，要知道一个人的承受能力其实是随着生活的锻炼而增长的，让孩子了解生活的真相，他反而会变得越来越坚强。

● **要让孩子了解父母的工作情况**

有的父母认为孩子只要学习好就可以了，没有必要知道太多的事情。但是，当父母发现孩子不知节俭、奢侈浪费的时候却又指责他说："你怎么一点都不体谅我呢？你知道爸爸挣钱有多不容易吗？"孩子当然不知道，因为他并不了解工作具体是怎样一回事。

所以，父母应明确告诉孩子自己从事的职业、工作细节……也可以和孩子聊聊自己的工作经历，让他知道人在社会中是如何创业、如何谋生的。

当然，如果父母不幸下岗了，也可以告诉孩子实情，让他了解工作对一个人乃至家庭的重要性。不必担心孩子会因此而为自己担忧，他也是家庭中的一员，虽然年龄还小，但有必要为这个家庭分忧，这样也能培养他对家庭的责任心。

所以，当父母下岗后不妨告诉孩子说："爸爸（妈妈）下岗了，以后要另谋出路。这段时间你要学会节约，节省家里的开支。"此后，孩子就会因为理解父母的辛苦而变得越来越懂事了。

● **应该与孩子分享自己的喜怒哀乐**

"爸爸，为什么你今天看起来很不高兴？"7岁的小女儿问爸爸。

"宝贝儿，爸爸没有不高兴，只是今天工作有点累，能给我倒杯水吗？"爸爸说。

"好的。"女儿端来了水，放在桌旁，"爸爸，要我帮你捶捶背吗？"女儿懂事地问。

"好的，谢谢乖女儿。"爸爸欣慰地说。

虽然在孩子看来父母很强大，足以让自己信任和依赖，但父母也会有疲惫和情绪低落的时候。这时，如果孩子察觉到父母的情绪，并询问时，父母不妨和孩子分享自己的情感。

常常与父母进行情感交流的孩子，会更善于表达自己的感受，同时也更易于理解他人的感受。所以说，让孩子了解父母的心情和感受，无论是对父母还是对孩子都是明智之举。

● **若婚姻出状况，也应该告知孩子**

有个女孩在读初三的时候，爸爸妈妈的婚姻再也无法维持表面的平和，他们终于选择了离婚。但考虑到女孩即将中考，父母并没有把这件事告诉她。而且，每个周末爸爸都会在女孩回家之前来到家里，以让这个家看上去还和往常一样。

女孩考取重点高中后，爸爸带她去看海。当游轮行驶在蔚蓝的大海上，爸爸字斟句酌地对女孩说："有件事爸爸一直想和你说，我和你的妈妈……"没等爸爸说完，女孩就打断了爸爸的话，她说："爸爸，我都知道，您不用再说了。"

爸爸很诧异地问："知道？知道什么？你怎么知道的？"

女孩望着远处的海，平静地说："有一天我找资料，无意中在书柜里看到了你们的离婚协议书。考虑到你们会怕我学习分心，担心我像其他孩子一样不能接受，所以我就成全了你们的苦心，就当作不知道吧！其实，离婚是你们的私事，我不会干涉的。"看到孩子如此沉得住气，爸爸不禁感到有些震惊，他想，也许是自己低估了孩子。

有的父母在离婚后，会因为怕孩子不能接受这个事实，而不敢告诉孩子自己的婚姻现状。事实上，孩子并不一定如父母想象的那般脆弱。

其实，父母可以让孩子明白，父母与孩子之间有 3 个关系：爸爸妈妈的关系，爸爸和孩子的关系，妈妈和孩子的关系。现在结束的只是爸爸妈妈的关系，而父子关系和母子关系并不会受到影响。爸爸和妈妈还会一如既往地爱他。这样，父母婚姻的不幸就不会给孩子带来压力和恐慌，他就能平静地接受父母离婚的事实了。

这是对能理解婚姻家庭关系的大一点的孩子而言的，对年幼的孩子而言，可能他还理解不了，那就不必过多言语，默默地爱孩子就好。

当然，不到万不得已，夫妻双方还是尽量不要选择走这一步。因为毕竟离婚后，孩子就很难同时享受到他原生家庭带给他的爱。要知道，夫妻关系的好坏在某种程度上决定家庭教育的成败，要尽全力建立美好和谐的夫妻关系，给孩子一个和乐完整的家。永远要记得一句话：世界上最好的家就是爸爸爱妈妈，妈妈爱爸爸！

夫妻关系，是五伦关系（父子有亲、长幼有序、夫妇有别、君臣即上下级有义、朋友有信）的核心。中华传统文化告诉我们，一个家庭中，最重要的关系是夫妻关系，而不是亲子关系。夫妻关系搞好了，亲子关系自然会很好，所以不要本末倒置，一切关注点都在孩子身上，要是因此而破坏了夫妻关系，那就得不偿失了。所以，家庭一定要和，家和才会万事兴，这个"万事"也包括孩子的成长教育。

沟通箴言

父母与孩子的沟通是双向的，当父母向孩子敞开心扉的时候，孩子也会时常把自己的感受告诉父母。当他遇到问题的时候，也会主动向父母询问，并向父母表述自己的感受。这样，父母就不会再觉得和孩子很难沟通，并能通过自己对孩子的了解而因材施教。

15."妈妈（爸爸）说的也不一定对！"

父母谦虚，反而会让孩子更喜爱

当孩子有不懂的问题时总是喜欢去问父母："爸爸，星星为什么会眨眼睛？""阴天的时候太阳去哪儿了？""风是从哪里吹来的？"……孩子的问题总是千奇百怪，父母往往无法一一回答。这时该怎么办呢？告诉孩子自己不懂这个问题，会不会影响自己在孩子心里的形象？

虽然，在孩子看来父母懂很多知识，能教给自己各种各样的生活和学习技能，但父母却不是万能的，有时孩子的问题也会把父母难住。

有一位父亲很喜欢在孩子面前炫耀自己的博学多识。

一天，10岁的儿子在看百科知识问答时问父亲："爸爸，有道题目是：蚊子会不会传播狂犬病？"父亲说："会。"

"真的吗？蚊子也传播狂犬病啊？"儿子问。父亲说："当然了，推理一下，蚊子先咬了狗然后再咬人不就传播狂犬病了吗？听你爸的没错。"

很快，儿子在网上查到答案：蚊子是不能传播狂犬病的。

后来，儿子在多次向父亲请教问题时发现，父亲常常把他想象的答案当作标准答案告诉自己。渐渐地，儿子不喜欢向父亲请教问题了。

这位父亲本来不知道蚊子是否能传播狂犬病，但为了维持面子就将自己"推理"出来的答案告诉了孩子。当孩子发现父亲常常这样做以后，也就失去了对父亲的信任，而不再向他请教问题。可见，父母以不懂装懂的方式来维护自己的威信，实在不是明智之举。

试想，父亲如果没有这样回答，而是坦白地告诉孩子："我不知道蚊子能否传播狂犬病，要不你再查一下资料？"这样，孩子就会自己去寻找答案，会养成自己动脑探究、动手探索问题的好习惯。同时，他也不会因为父亲不懂而小看父亲，反而认为父亲很坦诚，值得敬佩！

有一位母亲，她从小生长在山区没读过多少书。当有一天儿子问她："妈妈，你知道UFO吗？"母亲说："UFO是什么？我从没听说过。"孩子撇撇嘴说："你怎么连这个都不知道啊，就是不明飞行物，是外星人的飞船啊！"

"哦，原来是这个意思。妈妈小时候没好好学习，所以现在才懂得少。你要好好学习，要不然，就会像妈妈这样。"母亲语重心长地说道。"哦，好的，知道了。我会好好学习的。"儿子既小心又恭敬地回应。

从那以后儿子读书更加努力了，而且他没有再嘲笑过自己的母亲什么都不懂，而是经常将自己学到的、听到的有趣的事情讲给母亲听。

父母博学不一定会让孩子更加听自己的话，相反父母若能够坦然地面对自己的不足，并以此为例教育孩子，反而更能启发孩子努力地学习。

当然，这并非提倡父母要不博学才好，而是说，如果不懂装懂或者真的懂很多反而以此来炫耀自己、压制孩子的话，都是不妥当的。所以，如果父母不博学，就坦诚地面对孩子，真实地承认自己的水平，同时也应该通过读书学习来提升自己；如果父母已经很博学了，那就在面对孩子时，注意自己的态度和语音语调，不要让孩子感觉不舒服。

特别要指出的是，父母在回答孩子的问题时，比答案更重要的是对待问题的态度。孔子曾教导后人说："知之为知之，不知为不知，是知也。"意思是说，知道就是知道，不知道就是不知道，这才是求学的正确态度。若父母常常为了一时的面子而将不准确的答案告诉孩子，便会失去在孩子心目中的威信。

当孩子对父母失去信任时，即使父母教他正确的事情，他也会怀疑："妈妈（爸爸）说的真对吗？我真的应该这样做吗？"这样无形中就为父母对孩子的教育带来了阻力。所以，父母不知道自己的解答是否正确时，不妨直接告诉孩子："这个问题我还不了解，等我知道了再告诉你好吗？"或者是"这个问题我是这样认为的。当然妈妈（爸爸）说的也不一定对，你可以自己再求证一下。"

父母对待问题严谨而求实的态度同样会影响到孩子，他会因此而懂得在面对问题时不要轻易作答，而是努力寻求正确的答案。

那么，当孩子向父母请教问题时，父母应该注意什么呢？

● 要谦虚而耐心地为孩子解答疑问

"爸爸，这道题怎么做？"9岁的儿子问道。爸爸还没有看题目，先瞪了儿子一眼："怎么做？你小子上课又没好好听是吧？拿过来，我瞧瞧！"

看过题，爸爸三下五除二写出解题方案："看看，知道为什么这样解吗？"儿子低着头支吾着说："哦。"

"'哦'是知道还是不知道？"爸爸问。"不知道……"儿子说。"不知道？听着！"爸爸给儿子解释了一遍，又问："听懂没？""听懂了。"儿子小心地回应道。

每次儿子向爸爸请教时，爸爸都会很"权威"地将他教训一下，之后再帮他解题。久而久之，每当儿子问爸爸题时心里就会紧张，甚至有时不会也不敢再问了。

其实，孩子有问题并不一定就是课堂上没有认真听讲。由于每个人的理解能力不同，题的难度不一，所以孩子常常会有做不出题的时候。这时，父母一定要耐心地为他解答，引导或提示他解题的思路，而不是把最终的答案直接告诉孩子。要注意的是，千万不要在此时训斥孩子，否则就会导致孩子有问题也不敢问，从而严重影响他的求知欲。

同时，父母在解题时一定要谦虚，不要一副"我说的答案就是对的"的口气，可以问问孩子："你觉得这样解好不好？还有其他思路吗？"这样不仅不会让孩子感到紧张，还能引导他动脑去想。再次强调：帮孩子解题并不是要直接告诉他答案，而是要引导他学会正确的解题思路。所以，父母在为孩子解答问题时一定要谦虚而有耐心，千万不要急躁。

● **和孩子一起探寻问题答案**

父母告诉孩子答案也许可以让他省力很多，但却容易养成孩子的惰性，让他懒得自己思考。所以，当父母对某些问题的答案也拿捏不准时，可以和孩子一起去寻找答案。甚至可以各找各的，比赛看谁能先找到正确答案。

一天，11岁的男孩在报纸上发现一道题，他问爸爸："爸爸，有道题：'假如每3个空啤酒瓶可以换一瓶啤酒，某人买了10瓶啤酒，那么他最多可以喝到多少瓶啤酒？'我想不出来。"

"这个问题，我一时也想不出来。不如我们都算一下吧，看谁能先得出正确答案。"爸爸说。

过了一会儿，爸爸说："他能喝到14瓶。"

"为什么是14瓶？"男孩问。

"我是这样想的，他喝完10瓶后用9个空瓶换来3瓶，然后喝完这3瓶再换到一瓶。这样他就可以喝到10+3+1=14瓶。"爸爸说。

"可是我不这样认为，因为问题问的是最多能喝到几瓶。所以，他可以用10个空瓶中的9个换到3瓶啤酒，这时他有4个空瓶，然后拿其中的3瓶再换一瓶，喝完后他有2个空瓶。如果这时他能向老板借一个空瓶，就凑够了3个空瓶并换到一瓶啤酒，把这瓶喝完后将空瓶还给老板就可以了。这样他就能喝到10+3+1+1=15瓶。"男孩说。

后来，他们在第二天的报纸上找到了公布的答案，正确答案果然是15瓶。爸爸夸男孩说："你可真行，果真被你说对了。"

在爸爸的引导下，男孩越来越爱动脑思考，他不再一遇到问题就问爸爸，而是更喜欢和爸爸一起探讨。在学校遇到难题时，他也往往能最先得出答案，同学们说："你的脑筋怎么转得这么快？"男孩自豪地说："多亏了我有个好爸爸，他总是和我一起探讨问题。"

父母不要以为只要孩子向自己提问，自己就有责任帮他找出正确答案。如果父母能和孩子一起去寻找解题的思路，会让他的思维得到锻炼。同时，也会拉近亲子间的感情，孩子会因此而更喜欢和父母交流。

● 父母也可以向孩子学习

孩子往往更喜欢新事物和新知识，如在电脑方面，有的父母也许就不如孩子精通。当发现自己某些方面不如孩子时，父母不妨放下架子去向孩子学习。不要不好意思，如果父母真的能做到这一点，孩子反而会更加尊重父母，并且觉得父母很顺应时代，从而消除了两代人之间所谓的"代沟"。

● 鼓励孩子自己去探索问题的答案

随着孩子知识的增加，他的问题也会越来越难回答，当父母觉得自己真的已经回答不了孩子的问题时，就可以鼓励他勇于自己去探索、寻求问题答案。这样一方面可以培养孩子的探索精神，另一方面也能锻炼他在生活或学习中独立面对问题的能力。

沟通箴言

父母最需要传授给孩子的并非知识，而是求知的态度和方法。若父母能够谦虚地为孩子解答问题，并不断学习新知，无形中也给孩子做出了好榜样。孩子会因此明白，即使博学也不应该骄傲，即使年龄不断增长也不应停止学习，因为父母求知的精神早已刻在了他心里。

16. "这次是妈妈（爸爸）错了！"

敢于向孩子承认错误，孩子会感觉父母更伟大

　　美国著名心理学家罗达·邓尼说："父母错了，或违背自己许下的诺言时，如果能向孩子说一声对不起，可以帮助孩子建立自尊，同时能培养孩子尊重他人的习惯。"

　　说是如此说，但真要让父母放下架子去向孩子承认错误，并还要说上一句"对不起"，恐怕也不是很容易的一件事。

　　许多父母都将自己放在权威的位置上，无论对错，权威是不能被动摇的。在这样的父母认知中，自己即使错了也不能低头，也要借题对孩子进行一番教育，以显示父母的威严。

　　8 岁的女儿在母亲的影响下也十分喜欢看书。

　　有一天，母亲下班回到家，就发现原来放在书房的书都被搬到了客厅里，而且书摊得很乱，女儿正坐在书堆里看得津津有味。

　　母亲一下子生气了，因为之前她告诉过女儿，看完的书要放回原处，不要一次拿许多本，更不能把书乱堆。但很显然，女儿这几条哪条都没做到。母亲生气地吼道："你怎么这么不听话？把书堆成这个样子，我平常怎么教你的？"女儿先是一愣，她刚要反驳，母亲却下了个命令："半个小时内你给我收拾好，不然看我怎么收拾你！"女儿听到这里忽然也生起气来，她大声说："不是我弄的，我回来的时候书就在这里了。"但气头上的母亲却认为女儿在撒谎，于是她更生气了，狠狠地训斥了女儿一顿，女儿委屈地哭了

起来。

后来，女儿的外公回来了，他对自己的女儿说："今天新做好的书柜运来了，我和你妈帮你把书都拿到客厅了。书柜刚擦完土，等晾干了我再把你的书搬回去。"

这时，这位母亲才知道事情的原委，她开始后悔自己刚才的行为。于是，她连忙跑到女儿的房间去道歉："我错怪你了，书是你外公搬出去的。不过，我回家的时候只看见你了，你外公又没在，所以我才以为是你弄的。"哪知道，女儿听到母亲这样说，竟然没有接受她的道歉。

母亲知道是自己的面子在作怪，她放不下身为母亲的威严。但她转念又一想：平时教育孩子都要勇于承认，知错就改，到了自己这里怎么能光说不做呢？不行，必须得改。

于是，母亲重新对女儿说道："妈妈不了解情况就批评你是不对的，我向你道歉。我接受教训，以后一定不再犯同样的错误。"看着女儿的脸开始阴转晴，母亲趁势说："那你现在要不要帮着妈妈一起整理书籍？"女儿想了想，点了点头……

试想，若是母亲不去向女儿承认错误，那么女儿也许会从母亲那里学会这种对待错误的态度。以后当她犯了错误时，恐怕也不会去承认了。

《论语》说："君子之过也，如日月之食焉也：过也，人皆见之；更也，人皆仰之。"意思是说，君子所犯的过错，就像日食和月食一样。犯了过错，天下人都看得清楚；改正了，人人都心存敬仰。

父母勇敢地向孩子承认错误，并积极努力地改正错误，这在孩子看来，也并不是一件丢脸的事情。这恰能让他看到父母诚实的好品德，他将会以父母为榜样，并最终学会知错就改。

过而能改，善莫大焉。那我们怎样做才能让孩子感受到伟大呢？

● 放下架子，敢于自我反省

其实，自我反省本来是一个让自己能得到进步的过程，这对于任何人来说都应该是一件好事。但是，反省这件事放在有些父母身上，却显得很困难。因为，向孩子承认错误，跟孩子道歉，父母很难放下架子，他会觉得这是件很丢脸的事情。而且，认为也没那个必要。一个小孩子，向他道歉又有什么意义呢？

说得直白一些，这样的父母其实就是太顾及面子，而且还是虚无的面子。要知道，父母在孩子面前承认错误，并进行自我反省，这也是对孩子的一种赏识和尊重。

● 要以郑重的态度承认错误

孩子有时候会很在意父母承认错误的态度，如果父母表现不出真诚来，反而会加深误解，所以他可能不会轻易接受，还有可能向父母"学习"，也变得不真诚起来。

父母要能勇敢地承认自己的错误，并勇敢地自我反省，发自内心地对孩子说一声"对不起"。这样大大方方的态度，恐怕要比轻描淡写地来一句"抱歉"，或者想方设法地为自己找个理由，效果要好得多。所以，父母要抱有一种郑重的态度，不要觉得承认错误不符合身份，对孩子真诚一点，不掩饰地承认自己的不足、失误等，才是最有面子的事情。

● 不要借题发挥去批评孩子

家里来了客人，寒暄过后，客人起身道别。妈妈和7岁的儿子一起把客人送到门外。儿子手扒在门框上探着头对客人说："阿姨再见！"妈妈与客人道完别，随手就关上了房门。结果儿子的手还没收回来，一下子被挤到了，儿子立刻疼得大哭起来。

妈妈连忙蹲下身子，一边哄着儿子说："没事儿，别哭，都怪我没看见！"一边看着他的手。接着，话锋一转："你看看你，谁让你把手放那里了？你不知道门关上会挤到吗？跟你说多少次了，你怎么就记不住？"儿子听到妈妈这样说，一下子哭得更加厉害了……

借题发挥，不知道是不是父母有这样的认知，无论自己犯错大小，无论自己是不是要向孩子道歉，这"借机教育"是必不可少的。许多父母不但自我批评很少，甚至最后还以批评孩子告终。在孩子看来，父母这根本就不是在承认错误，而是在变相地批评教育他而已。

如果父母总是借题发挥，那是不会取得好的教育效果的，会给孩子带来负面影响。首先，他会不信任父母；再者，倘若孩子"学习借鉴"了父母的做法，以后也不再虚心承认自己的错误，甚至养成爱撒谎、无原则、破坏规矩的毛病，到最后他还会不听从父母教导，到那时候，父母将追悔莫及。所以，父母要就事论事，不要借题发挥去批评孩子。

● 向孩子道歉也要主旨明确

为什么犯错？错在哪里了？在父母向孩子道歉的时候，这些问题都要能说得清楚明白。否则，对孩子含糊其辞，日久天长，他也会学会父母的这种道歉方式，再面对其他人，他也就不可能真诚对待了。

一位父亲骑车接上小学的孩子放学回家，路过十字路口的时候，虽然红灯，但父亲依然骑车闯了过去。孩子在车后座上说："爸爸，红灯停，绿灯才能行呢！我们老师都教我们了，你不也这样教我的吗？"父亲一下子觉得羞愧不已。

在下一个路口的时候，依然是一个红灯，父亲下了车子，转头对孩子说："你说的对！我刚才没遵守交通规则，没听从你的劝告，我向你道歉！"孩子听后调皮地拍了拍父亲的胳膊说："下次要注意啊！"父子二人都笑了……

道歉的主旨明确，这会让孩子对一些错误行为记忆深刻。当他看到连父母都能承认错误的时候，他也就同时记住了什么是不该做的。这也有助于提高孩子的道德认识。

● 向孩子道歉也要有的放矢

父母之所以要向孩子道歉，是要父母通过这一行为，让孩子感受到最起码的尊重，让他学会一些为人处世的道理。同时，也是要让孩子在父母的身教之中，培养出良好的品德。父母的道歉，绝对不能是对孩子的取悦与讨好。

首先父母要选对道歉的时机，不要因为孩子的情绪强烈就轻易向他道歉，同时也不要带着抵触情绪去向孩子承认错误，更不能为了让孩子能高兴起来就刻意自我否定，甚至贬低自己。否则，父母的威信就会彻底扫地，也会失去在孩子心中的地位。

同时，父母的道歉一定是要有针对性，不要什么都向孩子道歉，比如孩子喝水烫着了，父母也要说："对不起，我没给你晾凉。"这样一来，父母的道歉就变成了溺爱，失去了道歉的真正意义。

● 要不要向孩子道歉值得商榷

一般来说，父母应该勇敢地向孩子道歉，好像没有什么不妥。因为很多教育专家也是这么提倡和建议的，包括前文的论述也似乎是这样的态度。尽管如此，我想，在要不要向孩子道歉这件事上还是有必要再深究一下的。

当错怪孩子、失信于孩子、伤害孩子等情形发生时，适当的、及时的、诚恳的道歉是必要的，但不要把道歉当成自己以后继续犯错误的"挡箭牌"，当歉道得多了，也就没什么正面价值了，因为无论是道歉方的父母还是接受道歉的孩子，都不再看重已毫无力度的"对不起"这三个字。

父母总归还是父母，如果因为一点小事（如早上没及时叫孩子起床、晚餐准备不及时等）办得不妥当就向孩子道歉的话，只会让孩子感觉"父母欠我的"——对，是"你欠他的"，如此他反而会变本加厉，认为父母有各种"不合格"的地方，他还能心平气和地生活、学习与成长吗？亲子关系还会正常存续吗？而如果父母也认为自己亏欠了孩子，试图去补偿他，就更会助长孩子的"债主"心态，他会认为大家都欠他的，都应该对他好、补偿他点什么。再严重一些，孩子甚至会认为全社会都欠他……终将一发不可收拾，那就真把孩子给害了。

可见，对于向孩子道歉这件事，还是要分情况，不是所有的不妥都需要向孩子道歉，也不是所有的道歉都会发挥积极作用。

沟通箴言 ⊙

儒家经典《孝经》的"谏诤章"中有这样一句话："父有诤子，则身不陷于不义。"意思是说，父母有一个可以劝谏、指正自己错误的孩子，就不会使自己陷入不仁不义的境地。因此，父母应该允许孩子指出自己的错误，更要勇于承认并改正，正所谓："人非圣贤，孰能无过？过而能改，善莫大焉。"当父母勇于承认错误、改正错误时，相信孩子也会效仿父母对待错误的正确态度。但至于要不要向孩子道歉，还是需要变通来看的，如果事无巨细、不分轻重缓急地就向孩子道歉，反而可能起到反向作用。

17. "我希望你能……"

用"我语句"表达，保持冷静，不做愤怒的父母

成长过程中的孩子会犯各种各样的错误，会"不小心"惹到父母，让父母头疼不已。无论是打碎花瓶、翻乱报纸，还是调皮贪玩、不愿读书，从生活到学习，用有的父母的话来说就是："他总是给我找事儿！""他总得给我找点事儿！"……

面对孩子的"找事儿"，有的父母就会难以控制自己的情绪，于是一些威胁性的话语在暴怒的情绪下就被吼了出来。而很多时候，这些话在孩子听来颇具有攻击性，他的反应也就多为恐惧、受伤、愤怒，甚至防卫、反抗。这样一来，事情的发展就会变得不可收拾。

现在，许多父母对孩子发火，恐怕都与学习脱不了干系，有两个关于学习的小事例，不妨来看一下。

事例一：眼看着孩子要上6年级了，但他的学习成绩却并不能令父母满意。于是，妈妈为他制订了一个"提高成绩，赶超先进"的学习计划，要求他数学、语文每次考试都必须在90分以上。但期中考试结束后，孩子的成绩却依然是80多分，不见长进。妈妈立刻发怒了，吼道："你是猪脑子吗？人家学就能会，你就这么笨！气死我了！"

事例二：一个小学4年级的男孩在课外读物上看到了一道题，对于他来说，这道题确实有点难了，他解答不出来。于是，好学的男孩第二天将问题带到

了学校，他去询问老师，老师看了半天之后却说："这么简单的题都做不出来，回家问你爸去！"男孩放学回家后就去问爸爸说："这题我不会，老师让我问您。"爸爸一听立刻满脸阴云密布："你不好好学习，还来出我的洋相！"说完，就扬起了巴掌……

类似这些现象在家庭教育中并不少见。许多父母不会控制自己的情绪，当孩子学习成绩不好，父母就非打即骂，那样难道他的成绩就能上去吗？

其实孩子是不可能做到完美无缺的，无论学习还是生活，他的缺点、错误总是会有。父母又何必跟孩子那么斤斤计较？冲他大声吼叫，竭尽全力地表达父母的愤怒，或者贬低、辱骂他，让他看清楚父母的威严，这有什么用呢？父母不停地说"你必须"，但为什么要"必须"？

父母强硬的威胁要求，孩子不一定愿意接受的。而且随着年龄的增长，当他开始拥有自己的想法之后，若是父母依然"愤怒不已"地指出他的错误，他的叛逆心就会骤升，他有可能反而会和父母对着干，在错误的道路上越走越远。

曾经有父母似乎很骄傲地说："我家孩子特怕我，只要我生气了一瞪眼，他就再也不敢说话了。我一说'你不能玩'，他立刻就乖乖地回来看书。"不知道你看到这句话是引起了共鸣，还是有一些别样的想法。

让孩子害怕，难道真的是件值得骄傲的事吗？我们有没有想过，孩子的怕其实也是一种逃避，甚至是一种反抗？也许现在孩子小，我们用这种简单的表达愤怒的方式，就能让他有惧意；但是当他长到足够强壮的时候，他的反抗方式恐怕就不是我们能简单应付得了的了。

与其愤怒，不如冷静解决问题，做理智的人，那父母应该怎么做呢？

● 要保持冷静宽容的心态

孩子哪里就真的"十恶不赦"了？父母其实没必要如对待仇人一样地去冲着他发火。而且，父母一定要考虑到这重要的一点：如果孩子真的"坏透了"，那么与父母自身的教育是不是有很大的关系呢？

因此，当孩子出状况的时候，父母的火要能压一压。假如立刻火冒三丈，只会让怒气冲昏了头脑，所有事情都将无从考虑，真正解决问题的方法也会被怒火烧尽。对孩子，要宽容一些，尽量控制自己的怒气，转而去冷静思考一下，找一找问题的根源。

其实很少有人能天生就善于控制自己的感情，但所有人又都知道"对症下药"才能"药到病除"。所以，父母要尽量锻炼自己，努力去保持良好心态。毕竟，给孩子看"病"也要静心，冷静宽容的心态，才能让父母寻找到迅速有效纠正孩子问题的良方。

● 不要对着孩子喊叫、辱骂

有人说："一味地挖苦、贬低，会导致孩子反抗，反对父母，反对学校，或者反对整个世界。"这是非常有道理的。

9岁的男孩玩电脑的时候，不小心把爸爸的重要文件给删除了。爸爸知道后，当时就火冒三丈，想也没想地就破口大骂："你个败家的玩意儿！干什么都不行！"

男孩看着爸爸眼睛都冒火了，感觉害怕极了。

爸爸一边摔着鼠标，一边冲他继续吼："别让我看见你！你给我滚！"

男孩一听，更加恐惧了，他飞快地跑出了家门……

谁知道这个被骂的孩子跑出家门后，又会干出什么样的事情来呢？

不得不承认，父母在很多时候的确是知道的比孩子多，是非判断能力也比孩子强，又是长辈，但这并不代表孩子出了问题父母就可以"尽情"地向他释放自己的怒气，以"清晰"表达自己的不满，试图去"震慑"孩子。

其实，父母对着孩子喊叫甚至辱骂，有时候却恰恰让他感觉不到父母的权威，他反而会认为父母对他已经无计可施了，只能用愤怒来表达了，是一种无能的表现。父母若是给孩子留下了一个无能的印象，那么他可能就不会再听从父母的教导。而且，孩子也许会模仿父母的做法，这将会影响他与别人的正常交往，也会影响到他未来对自己子女的教育。

有句话说："你说话的音量，就是你的教养。"无论对孩子还是对成人来说，这句话都还是挺有道理的。因为每个人都需要有好的教养。所以，对孩子说话，

我们还是要保持冷静，不要"高八度""没教养"。

● **学会正确使用"我语句"**

所谓"我语句"，就是父母对孩子说的话开头要尽量用"我"字，不要用"你"字。因为，以一般人的习惯来看，被人说"你必须去做……"或者"你应该去做……"的话，心里恐怕都有被命令的感觉。但如果有人说"我希望你能……"，那这就是对听话人的一种期望，听话人从心里也更容易接受一些。

而对于孩子来说，父母的"我语句"所表达的意思就是在告诉他，他的行为给父母带来了什么样的感觉。所以，父母不要总对孩子说"你的房间像个猪窝，赶快打扫"，或者"你怎么总欺负人"，将这些话改成"我希望你能打扫你的房间，我们都应该保持房间的整洁"，以及"我不愿意看到你欺负别人，我希望你做个好孩子"……类似这样的说话方式，会减轻话语中的威胁感，孩子也更乐于接受。

另外，父母说话时要尽量使用坦诚、尊重、温和的语句，即使是"我语句"，若是话语依然严厉，诸如"我讨厌你的样子"之类的话，对教育孩子也是起不到作用的，所以要尽量避免。

● **学会转移怒气，化解矛盾**

生气发怒，是每个人不可避免的情感表露。父母也不是圣人，生气发怒更是人之常情。不过，对待孩子的问题，父母如果总是用生气发怒来解决的话，也许不但不能使冲突被化解，还有可能使之被加深。

因此，面对孩子不能令人满意的行为举动，父母就需要学着安抚自己想要吼叫的心，也就是要学会控制情绪，通过各种方式来转移怒气，并最终化解矛盾。比如，先不去碰触问题，离开现场去做一些别的事情；或者听听音乐，默念数字1234……；或者自己一个人静一静，什么也不想，平复下情绪，等等。

还有一种简单、迅速地控制情绪的方法，就是深呼吸。当情绪出现时，先试着来几次深呼吸，每次深呼吸，都要深深地吸一口气，然后再缓缓地将气体从嘴里吐出来。不要只做一次，要多做几次，这样做多少可以让胸中那股憋闷之气被慢慢地吐出一些，因为孩子的问题而变得狂跳不已的心，也能恢复平稳的跳动。如此反复几次深呼吸后，不冷静的情绪就能被慢慢地压制住，从而重新掌握对自己情绪的掌控权，保证再出现在男孩面前的自己，是一个已经恢复冷静的人。而在接下来的与孩子的对话过程中，也同样需要尽量保持住对情绪的压制，这样才可能将这个对话以及以后的教育继续有效地进行下去。

另外，也可以尝试使用幽默方法来化解矛盾，无论什么事情，父母要努力换个角度去想，用夸张的方式来开开玩笑，让孩子在笑声中认识到自己的错误。在大家情绪都缓和下来之后，父母再去引导孩子自省，并改正错误。

和孩子说话要保持冷静，父母就要学会控制情绪，免于愤怒。但控制情绪，也并不是要父母就要压抑或掩饰自己，而是要父母应该尽量避免因不良情绪而产生的不适当的教养行为。所以，这就更需要父母要以冷静的态度去处理问题，以更好地对孩子开展教育。

18.“不行，妈妈（爸爸）是认真的！”

说“不”时的态度要严肃

在某些时候，对孩子说“不”，也是父母教育孩子的一种好方法。

六一儿童节，10岁的女儿参加了学校的演出，她要给大家表演一段芭蕾舞。但粗心的女儿却忘了带舞鞋，眼瞅着她的节目时间快要到了。于是，女儿急忙给母亲拨电话，要母亲帮她把舞鞋送过来。谁知道，母亲却说：“不，我不会帮你送的。”女儿急得快要哭了，但母亲依然不同意，只说“我不会给你送去的”。接着，母亲很平静地对女儿说：“妈妈是认真的，肯定不给你送。但你可以调换节目顺序，然后自己回来拿。”

最终，女儿跟老师商量，调换了节目顺序，自己跑回家拿来了舞鞋。

事后，女儿很不理解地问母亲：“当时你明明就闲在家里没有别的事情，为什么不帮我送舞鞋呢？”

母亲心平气和地说：“帮你送鞋，我完全可以做到，没问题。但是，今天我帮你送鞋，明天你就有可能忘记带书包。如果我一直都帮你送，你会留下这样的印象：只要你忘记了，我就会帮你送去。这样你将会养成丢三落四的毛病。如果将来你进入了社会，你再忘记了东西谁还会如我这样肯帮你送呢？”

女儿顿时明白了母亲的良苦用心。

不溺爱孩子，培养孩子的自理能力与独立意识，正是这位母亲的用意。

孩子有需求的时候，就会对父母有要求。无论那个要求是不是合理，他都希望父母能够满足自己。但其实，孩子的要求有时候是无理的，比如他会愿意待在朋友的家里不愿意走，不管时间有多晚；他的要求有时候也会是贪图物质享受，比如他看着别的同学穿名牌衣服，也不管自家经济情况如何，一定要买；他的要求有时候会破坏家庭中固有的规矩，比如他会边看电视边做作业，学习不专心；宁可无聊得没事做，也不参与家务劳动；他的要求甚至是自私的，他只会考虑自己，只为自己能得利益，等等。

孩子的这些要求，都是父母应该坚决拒绝的。父母不要觉得拒绝了孩子也许会让他受委屈，因为这根本不是委屈。如果以上的那些要求父母也满足了他，那么他就会变得自私、贪婪、无礼，这对于他的性格养成是极为不利的。

因此，该同意的父母要信守承诺，而该拒绝的要坚决说"不"。父母解决类似事情的态度与方法，将会成为孩子正确的学习榜样。

要让孩子知道，自己是在很认真地拒绝他，那父母具体该如何做呢？

● 该说"不"的时候要坚决说"不"

孩子自小就会提出各种各样的要求，有的要求是合理的，可以满足他；但有的要求则就是不能接受的，这时父母就可以反对，不满足他。而面对反对、不被满足的声音，孩子的第一个杀手锏可能就是"哭闹"。

有一个孩子小时候一遇到妈妈说"不可以"的事情的时候，就会赖在地上不起来，不是大声哭，就是满地打滚。但妈妈却从来都不管他，而且也不许旁边的人管。孩子哭闹一阵后发现没人理他，只好自己爬起来。慢慢地，孩子也改掉了遇事就赖在地上哭闹的毛病。

这位母亲的做法是值得赞赏的。当已经对孩子说了"不"，就要能"狠心"对他的眼泪"视而不见"，对他的哭声"充耳不闻"，坚持自己的原则，这样才能帮他从小养成良好的习惯。

● 父母要说到做到，绝不动摇

其实大多数孩子都能判断出父母是不是真的在说"不"，所以这就要求父母一定要说到做到，一旦对孩子的某些不合理要求说了"不"，就要坚持到底，绝不动摇。

夏天天很热，7岁的女孩午饭后想吃冰激凌，但妈妈怕她刚吃完饭就吃冰的东西会坏肚子，于是就说："不可以。"女孩却说："隔壁小静的妈妈都不管她，她什么时候吃都可以的。"但妈妈却依然平静地说："听到我的话了吗？我说'不可以'。""妈妈，我就吃一根。"女孩最后继续努力争取，但妈妈还是摇头："不行。"最终，女孩只得放弃。

要让孩子有这样的感觉：父母说的话，应该是"说一不二"的，一旦决定了，就不去更改；一旦已经说"不"，就不会再受其他影响而变成"可"。否则，孩子就会利用各种装可怜的方式去改变父母的初衷，若是父母心软顺了他的意思，他就会变本加厉。以后的日子里，一旦他的要求被父母否定、驳回，他就会采取各种方式来让父母改变主意。

而这也有后患。因为父母言行不一致，将可能使孩子弄不清楚什么东西是可以要的，什么东西是不能要的。他甚至也会混淆该做的事情与不该做的事情，这将会影响到他是非观念的形成，变得不明是非，不辨事理。

● 让孩子明白说"不"的原因

父母不同意孩子去做某一件事，如果只是一味地说"不"，但却不告诉他为什么不行，这样一味拒绝势必会引起他的怀疑与反感。所以，对孩子说了"不"之后，还要让他明白为什么要拒绝他。孩子只有明白了说"不"的原因，才能心甘情愿接受父母的建议，才能心服口服。

而且，明白原因的孩子在今后的生活中也许也会注意，对于一些不必要、不合理的要求，他就会自觉地不去向父母提出。这也能使孩子养成体恤父母并进一步孝敬父母的好习惯、好品格。

● 注意说"不"的语气与方式

6岁的女孩和妈妈到公园玩，公园里鲜花盛开，女孩非常喜欢。于是她问妈妈："我可以摘一朵花吗？"妈妈摇摇头说："不可以。"

女孩央求道："我只摘一朵。"妈妈蹲下身子搂了女孩指着花对她说："你看，这些花开在这里多漂亮，那是因为它在生长。如果你把它摘走了，不但别人看不到了，而且失去了养分来源，花也会凋谢的。你看，妈妈给你照个相好不好？这样我们就能把花留住了。"

"好啊！"女孩使劲点点头，她和花的笑脸被妈妈收进了手机里……

如果父母总用强硬的态度对孩子说"不"的话，听得多了，他就很容易产生逆反心理。还可能会养成和父母对着干的毛病，父母让他干什么，他偏不干什么。而若是父母换一种态度，温柔地拒绝孩了，让他从父母的眼光、语气、动作中感受到关爱，这将会让他很容易就变得顺从，也更容易听进父母的劝告与教育。

当然，父母对孩子说"不"的方式也不单是那么一种，可以根据孩子的年龄特点，进行一些小游戏，让孩子在愉悦的心情中自然接受父母的拒绝。

● **不要随便就对孩子说"不"**

有时候，孩子的要求也是合理的，父母只要仔细考虑一下就能明白他提出这样要求的原因，以及他想要达到的目的。对于孩子合理的要求，要尽量去满足他。否则，孩子就会搞不清楚究竟哪些事情是他可以做的，哪些要求是他可以提的。他甚至会认为"反正我说的都不对，我说什么父母都不会同意，那我也就没必要那么听话了"。一旦孩子产生这样的想法，父母无论再对他进行怎样的教育都不会起到好的效果了。

所以，要会判断孩子提的要求是否真的合理，给他解释的权利，明白他心中所想，综合考虑所有情况后，再决定是不是有必要对孩子说"不"。

父母也要注意一点：不要在外人面前粗暴地拒绝孩子。否则就会伤及他的自尊，他可能会变得更加倔强、任性。由此可见，对孩子说"不"也是一门学问，要综合考虑孩子和自己的立场、情感，要让自己的教育能为孩子所接受，让他能从父母的教育中得到成长。

19. "沉默是金，无声胜有声"

必要时请沉默，这是一种无声的"说"

原苏联教育家苏霍姆林斯基曾经写过这样一个故事：

一个叫柯里亚的孩子参加一次考试，他坐在课桌前，正当他把两手伸到袖筒里要取出答案作弊的时候，忽然他发现老师看着自己，他的目光与老师的目光碰了个正着。

但老师却急忙将目光移开了，而且还从主考人的桌边站了起来，并沉默地走到了窗前。柯里亚呆住了，等他上前应考的时候，那位老师却离开了教室，直到他答完，老师才又回到了教室里。

从那以后，柯里亚再也没有舞弊过。如果同学中有人偷偷提示他时，他也会立刻想起老师默默走到窗前时的情景。

这就是"柯里亚现象"，是一个很典型的沉默教育的事例，可见适当地运用沉默要比直接训斥的效果好许多。

无论是孩子犯了错误，还是他出现了某些不恰当的行为，或者他的内心有一些莫名其妙的想法，父母都可以尝试采取沉默的方式来应对。因为沉默给了人一定的思考时间，在这段时间内，孩子就会反省自己的所作所为，也许反而使父母更容易与之沟通。

8岁的儿子在屋子里跑来跑去，不小心打碎了爸爸最喜欢的烟灰缸。爸爸很生气，但却压下了火气，没有立刻教训他。后来，儿子自己也感觉做错了，于是开始一个劲儿地跟爸爸说好话，并在他身边转来转去。可爸爸却照常做自己的事，并没有提及儿子的错误。

儿子认为只要哄爸爸开心，事情就过去了。但爸爸的态度虽然很温和，说的话却还是很少。后来，儿子实在熬不住了，干脆跑到爸爸面前，小声说："爸爸，我错了。我不该打碎你的烟灰缸。以后我再也不在家里乱跑了。"

听到儿子这话，爸爸这才轻松地笑了起来，他告诉儿子："错了就承认，并努力改正，这才是好孩子。如果以为能蒙混过去，就不承认、不改正，那就没有人愿意和他做好朋友了。"

从那以后，儿子吸取了教训，他无论做错了什么，都能坦然地面对，并能诚恳地承认和改正。

"此时无声胜有声"，有声的教育是直接的，是透彻地向孩子点出来，对他讲道理，让他加深记忆；而无声的教育却是含蓄的，尽管不说话，但父母的眼神、表情却会被孩子看进眼里，有时候将会引起他的共鸣。

沉默教育也是一种智慧，这种让孩子自己不断反省的教育方式，可以提高他的是非观念，并能帮他纠正一些不良习惯。我们的这种沉默教育，可以让孩子学会自尊自爱。而这也维护了作为父母的形象，更促进了亲子间的良好沟通。

沉默不代表置之不理，父母对孩子保持沉默其实也是一种不错的沟通方式，那么具体该如何做呢？

● 学着控制自己的情绪

父母要知道，保持沉默，不仅仅是让孩子去思考自己行为的不当之处，同时也是让父母有思考的时间。父母要考虑孩子做出这些行为的原因，还要反思自己之前的教育方式，并要根据孩子当前的状态来为未来的教育做一个更好的计划。

但是，生气、失望，这些情绪每个人都可能会有。面对孩子一些不尽如人意的表现，父母有时候也会控制不住自己的情绪。但若是情绪失控的话，沉默也就无从说起。所以，父母可以通过各种方式，比如多看一些教育类书籍，或是参考前面讲过的情绪控制法等，来提高自身的教育素养和修为，并培养自己沉稳宽容的心态。同时，也要时常站在孩子的角度去看待问题，体会他的心理。这样才能更好地对其运用沉默教育。

● **尝试忽略孩子的某些行为**

孩子在成长过程中有时候会有一些怪异行为，尤其是年幼的孩子，他可能会模仿他人说脏话、恶作剧。不过，这并不是孩子品质恶劣，只是他受到了外界的影响。但如果父母总是严令禁止他这样做的话，有的孩子反而会变本加厉，因为父母的激烈反应勾起了他更加强烈的好奇心。

有个4岁半正上幼儿园中班的男孩，最近有了一个坏毛病：向人吐口水。有时候，在家吃饭他也会对着爸爸妈妈吐。一开始，妈妈总是呵斥他，但男孩却觉得非常好玩，屡教不改。

一天，吃完晚饭，一家人坐在沙发上看电视。男孩玩心又来了，他不停地对着爸爸妈妈吐口水。但这次，爸爸妈妈却并没有理他，该干什么干什么，只是拿纸巾擦干净身上的口水。儿子吐了一会儿发现还是没人理他，就不再吐了，转而玩起了玩具。

后来连着几天，父母都没多理睬儿子的这个恶作剧，但之后儿子的这个坏毛病竟然也再没犯过。

其实，孩子做出这些出格的行为，本意不过是要引起父母或他人的注意，他会觉得那样很有趣。一旦他发现自己的行为无人理睬，他也就觉得没多大意思了，自然不会再继续那种行为。所以，父母的沉默是应对他这种行为的良方。

● **用沉默引导孩子反省**

9岁的男孩在楼道里踢球，打碎了邻居家的玻璃。男孩的妈妈刚一下班，就接到了邻居的"投诉"。妈妈只好再三跟邻居道歉，并且赔偿人家。

回到家，妈妈转身就进了厨房，忙活了起来。男孩故意在厨房转悠了一下，但妈妈还是没理他，只说："你出去吧，我要做饭。"

男孩惊讶地看着妈妈，因为这要是在以前，妈妈一定会打他一顿的，但今天妈妈只是冲他摆了摆手，让他出去。

过了一会儿，男孩又进来了。他站在一边看着妈妈切菜，又过了一会儿才小声说："妈妈，我错了。"

妈妈停下了切菜的动作，扭头看着他，表情柔和了许多，并问道："你哪里错了？"

"我不该在楼道里踢球，还打坏了叔叔家的玻璃。我以后改。"

妈妈听后，捏起菜板上的一小片黄瓜塞进了男孩嘴里，说："知错就改才是好孩子！妈妈期待看到你的改变！"

美国教育家塞勒·塞维若说："犯错之后，每个人都会或多或少地有沮丧和后悔的心理，对于性格好强的孩子来说，与其喋喋不休地数落其错误，倒不如保持沉默，给他们认识错误的空间。"

大多数的孩子做错了事，内心也是很担心的，他也害怕父母会责备他。但如果我们真的责备他了，他却反而有一种"如释重负"的感觉，批评、责骂什么的，他也就感觉很无所谓了；相反，若是我们保持了沉默，这种安静的场景反而会让孩子感觉到紧张，有一个词叫"心虚"，无论是谁，做错了事心里都会感觉不自在，孩子也一样，这样他就会反省自己的错误。

● 不要将沉默变成放纵

有的父母可能会这样说："我沉默了，那不就等于不再追究孩子的行为了吗？这不就是放纵吗？他要是没有反思怎么办？"这种担心可以理解。

这里所说的"沉默教育"也是有一定条件的，沉默只是言语上的沉默，但是表情、动作等，一样可以传达父母的不悦，让孩子明显感受到这些信息，也可能激发起他的自省心理。另外，如果孩子依然没有认识到错误，父母可以在过后和他讲道理，让他明白他的行为所产生的后果，引导他反省。

总之，父母不能将沉默教育变成放纵，不能只是对他的不恰当行为或者错误视而不见，之后也不闻不问，不再对其进行教育。父母要学会结合各种有效的方式，让沉默教育能发挥其应有的作用。

 沟通箴言 ⊙

　　有位老师曾经这样说："该省则省，无声胜过有声；当省不省，有声不如无声。"因此，沉默教育并不是消极的，而是积极的。因为，如果父母总是用训斥来对待孩子，他就会在生理和心理方面产生适应，就会变得麻木。而且，训斥的言词也会伤害到他的自尊。但适度的沉默却能引发孩子自我反省、自我批评，这种教育方式比训斥的效果会更好。

第三章　把话说到点子上，孩子才会爱上学习

——11 种培养孩子自主学习的沟通技巧

孩子的学习，是每一位做父母最为关心的。但是，往往很多时候，孩子对父母的"关心"并不领情，甚至会和父母对着干。究其原因，就是因为父母没有把握好让孩子爱上学习的关键因素。其实很多时候，父母懂得恰当地"说"就能让孩子喜欢学习，爱上学习。

20."妈妈（爸爸）有问题请教你！"

放低姿态，适时地向孩子"请教"学习

在很多人的认知中，孩子都是弱小的，他需要父母和老师教育，需要从长辈们那里学习知识。这一点已经在一些父母的思想中根深蒂固。很多父母或多或少地喜欢讲究权威，"在孩子面前要有威严"恐怕是大多数父母都认同的观点。而且，有的父母还会有这样的想法："我吃的盐比他吃的面还多，我还用请教他？"

有位先生的杂货店开在繁华的街道边，再加上他经营有道，小店生意一直很红火。而且，经常有外国顾客来光顾。但他上学时学的英语基本都忘光了，就连最简单的英语对话也做不到，所以在与外国友人的交流中经常造成误会。他开始犯了愁。

11 岁的儿子看到了爸爸的难处，于是说："爸爸，要不我教您一些简单的对话吧？我们已经都学过了。"他一听，眼睛立刻瞪了起来："你？你给我好好学习去！老子不用你教！你看你要是不好好学，将来就跟你爸我这样！小孩子凑什么热闹！"儿子噘了噘嘴，只得拿着书回了自己的房间。

这位先生因为和外国顾客交流困难，无法接待他们，许多生意自然也就无法做成，多少还是有一些遗憾的。

其实想想，若是他能虚心向儿子请教几句，一般简单的交流还是可以的，那么他也许就能和外国顾客做成生意，他的苦恼也就随之解决了。看到这里，我们有没有也替他感到遗憾呢？

　　如果父母总是认为，自己走过的桥比孩子走过的路还长，自己吃过的盐比孩子吃过的饭还多的话，那父母就等于放弃了被孩子影响的权利。实际上，这是一种很令人遗憾的行为。要知道，处于今天这个信息智能发展日新月异的新时代，家庭成员之间完全可以做到相互影响，孩子在某些方面很可能比父母强，这也是家庭教育的广义概念。

　　因为和父母相比，尽管孩子的知识储备很少，但他有好奇心，想象力丰富，求知欲望强烈，学习能力高，他可以用全新的眼光看这个世界，以极快的速度融入这个信息时代，孩子的这种优秀品质，是已经成人的父母很少有的。同父母相比，孩子的确没什么阅历，但他率真、纯净，不拘泥于思维定式，诚实得让成人惭愧……这样的孩子，难道不值得父母向他学习吗？

　　举一个最简单的例子，过马路的时候，"红灯停、绿灯行"，这是大家不用思考就能说出来的交通守则。但你可以站在路边上去看，有些父母却不能做到父母一边说着"孩子你要遵守交通规则"，但一边自己却要么骑车载人，要么急切地闯过红灯。这样一来，父母还能教孩子什么呢？率真的孩子就会问了："妈妈，您为什么还闯红灯？"他也会问："爸爸，您不是说骑自行车不能载人吗？"父母又该如何回答呢？

　　而且，今天是个飞速发展的时代，新鲜的事物如潮涌一般地接踵而至。互联网+、人工智能+、大数据、区块链等，在父母还对其懵懂的时候，孩子可能早已经熟练掌握。他对这些事物的接受能力之强，接受速度之快，是大脑里装了太多事情的父母所不能比及的。

　　孔子说："三人行，必有我师焉。"所谓老师，不就是在某些方面比自己强，需要自己去虚心向其请教的人吗？既然孩子有比父母强的地方，父母为什么不能去向他请教呢？难道年龄小、阅历少能成为拒绝向他请教的理由吗？因此父母需要反思，需要放下思想的小包袱，需要以一颗诚恳的心去面对孩子。

　　放低姿态，向孩子学习，其实并不是什么难事。不妨参考以下建议：

● **父母要还原自己的童心**

孟子说："大人先生者不失赤子之心。"什么是"赤子之心"？赤子之心就是指具有婴儿一样的纯洁无瑕的心。孩子的心智尚未经历太多的岁月，他还未被世俗所扭曲，所以他拥有最宝贵的善良品质。

父母还原自己的童心，就是要让自己也回归那种纯净自然，就是要让自己蹲下身子来和孩子说话，就是要让自己能理解他的思想，并与他做最为亲近坦诚的交流。还原童心，就能重新激发起对知识的渴望；还原童心，还能让父母找回童年的快乐；还原童心，更能增进亲子间的感情，拉近父母与孩子的距离……

要向孩子学习他天性的美好与善良，父母就是先要让自己变成孩子，放低姿态，让自己久已失去的童心重新复活。只有这样的态度，父母才能真正从思想上愿意向孩子学习，并真正付诸行动。

● **多多欣赏孩子的优点**

长久以来，一些父母都自我感觉良好，正是这种不知道哪里来的"超级自信"，才使他们看不到孩子的闪光之处，在他们眼中，孩子多是"错误一大堆，不教育不成器"的。但是，人总是会有优点的，孩子也不例外，他长于别人的地方就该是值得所有人学习的。

台湾著名女作家罗兰上小学 6 年级的时候，算术不好，有些知识点老师无论怎样给她讲，她都听不懂。老师甚至还单独给她开小灶，她依然没什么长进，她觉得自己当时真的就是一个笨学生。

当她惴惴不安地将 48 分的算术成绩单拿给父亲看的时候，父亲却说："你的理解力不行，但记忆力却很好，现在不要忙，等你长大一点，理解力会慢慢增强的。"

父亲的话果然没错。等罗兰到了高中，她的数学课已经很优秀了。

相信这样一位能看得到女儿优点的父亲，也一定能够放下架子去向她学习的。欣赏孩子的优点，就等同于认可他、信任他，这也会让孩子有被尊重的感觉，也会让他变得更自信、更努力。

任何人都不是完美无缺的，正在成长的孩子缺点自然也少不了，但父母若是只看到孩子的缺点并且经常为此而训斥他，在这样的情况下，向孩子学习简直就是不可能的。父母只有善于发现孩子的闪光点，才有可能会去向他学习。

当然，这个"多多欣赏"也要有个限度，不能随便就夸大了孩子的某些优点，一个最基本的原则应该是"实事求是"。

● **一定要有真心实意的态度**

成人有时候总是有一些所谓的自尊，"开口求人"在有些人看来简直比登天都难，更何况是有求于自己的孩子。于是，有些人尽管知道要向孩子请教，但总显得不那么诚心，还是欠点"火候"。再次强调，向孩子求教，一定要有真心实意的态度。

若是父母能够发自内心地对孩子说一句"我要向你请教"或者"我应该向你学习"，孩子就会觉得自己的想法或行为得到了肯定。连父母都要向自己学习，对于孩子来说，这将是一种莫大的鼓舞。他能从父母的态度中感受到自身的价值与意义，他会觉得"原来我也有值得大人学习的地方"。这样一来，孩子就能建立并巩固自信心，这也有助于他自身的成长。

● **"向孩子学习"要有具体的内容**

"向孩子学习"，绝不能是父母一时兴起的泛泛而谈，父母要能从孩子的优点中，发现值得自己学习的地方，并要有具体的学习内容。

父母切记，不要只是口头表达，却没有实际行动；也不要只说学习，却并没有什么具体的学习内容。比如，孩子在公车上为老人让座，父母可以表扬他："你做得很对！很尊敬老人。我应该向你学习。"那么，孩子就能明白，尊敬老人是值得肯定的好行为，这种想法会一直留在他的心里。否则若是父母只说空话，就会让孩子感觉父母在敷衍他，感觉父母很虚伪，也有可能会让孩子养成"说到不做到"的坏习惯。

当然，虽然是明确向孩子学习的内容与目的，但父母也同样可以在这个过程中指导教育孩子，引导他向积极的方向成长与发展。

● 不能什么都向孩子学习

孩子毕竟是孩子，尽管他有着许多值得父母欣赏与好好学习的地方，但这也并不代表父母什么都要听从于他，更不代表完全跟随他的意愿。所以，父母还是要把握一个度，不能什么都向他学习，否则可能也会导致孩子"心理膨胀"。

孩子终究还是在成长之中，对于他表现好的方面，父母可以以他为榜样，并向他学习；但他的某些缺点，父母也要能准确地指出，并帮助他改正；而对于他的错误，父母更要坚决予以否定，还要通过教育指导，让他重新回到正确的成长道路上来。

处于这个伟大的变革时代中，家庭成员之间相互学习、共同成长应该得到提倡。孩子向父母学习，天经地义，前提是父母给孩子做好榜样；父母向孩子学习也一种智慧，因为在很多方面，孩子都已经超越父母。所以，向孩子学习，跟他一起成长，会让父母变得更理性、更睿智。这需要父母拥有一双慧眼，多看到孩子的优点，通过向他学习来帮助他发扬长处，这将会使孩子成长得更好、更快，亲子沟通也会更顺畅、更有效。

21."不要老说自己笨！小心真的变笨哦！"

别给孩子贴上"笨"的"标签"

如果妈妈这样说："你笨死了！"

如果爸爸这样说："你笨得无可救药了！"

那么孩子就有可能真会这样想："嗯，是的。我可能真的就很笨。"

有时候，父母的话在孩子听来都是真的，他会深信不疑。若是父母一直向他灌输一个"他很笨"的观念，那么无论他原本有多聪明，到头来他的聪明才智也有很可能会被抹杀掉，因为父母的话已经摧毁了孩子的信心。

一位母亲带着9岁的女儿来到一家儿童心理咨询机构，母亲对咨询师说："这孩子总是不认真学习，又贪玩，成绩又差，笨得要死。你给她测测智商看是多少，我也好心里有个数。"说着，母亲把身后的女儿推了过去。

咨询师测量完成后亲切地问她："告诉叔叔，为什么你不用心学习呢？"小女孩愣了一会儿才说："我笨呗。"咨询师惊讶地问："你怎么知道你笨呢？"小女孩非常小声说："妈妈总说我笨，还总当着别人面说。"咨询师一下子明白了原因。

等得焦急的母亲忍不住问道："我的孩子到底有多笨啊？"咨询师却摇了摇头说："您女儿的智商是130，若是再高点就成超常儿了。可你总给她戴一顶'低能儿'的帽子，她自然就觉得自己笨了。"这位母亲听后，惊讶地张大了嘴巴，久久没有说话……

不知道有多少孩子，会像这个小女孩那样，被父母制作的"笨"标签、"低能"帽子压得喘不过气来。那些孩子也许和这个小女孩一样，智商根本不低，但父母却因为他学习不认真或其他什么原因就说他笨，那孩子就真如父母所愿了——真的笨给父母看。

父母期望孩子能有出息、出人头地，这都是人之常情，可以理解。但是，孩子的成长发展不尽相同，不是所有孩子都是神童，父母不要用高而统一的标准来要求孩子。更何况，孩子对自我的认知与判断，一部分是来自于父母的态度的，而且这一部分在孩子的心目中还占有很大的分量。若是父母只因为孩子接受能力差一些，或者理解速度比别人慢一些，就直接一口断定孩子笨的话，那随着时间的推移，他就可能真变笨了，这就是父母"心想事成"的力量。

再来看一个相反的例子。

有个孩子在小学时数学差得出奇，一次考试得了 29 分，再一次考试是 40 分。爸爸却并没有骂他，反而说："你与上一次考试相比进步了 11 分啊！这是个了不起的飞跃，所以，只要你努力，一定会慢慢赶上来的，爸爸相信你！"后来，这个孩子在爸爸的鼓励下渐渐地对数学产生了兴趣，成绩也越来越好。

有个对联："说你行，你就行，不行也行；说不行，就不行，行也不行。"就是在讲这个简单的道理，不给孩子贴"笨"标签，多给予他希望，这就能让孩子积极发挥自己的才能，而且还有可能会激发出他的潜能。这才是正确的教子方法。

不说孩子笨，让孩子也不说自己笨，父母可以参考以下建议：

● **要知道孩子的实力在哪里**

板凳宽，扁担长，各有优点。所以，孩子在哪些方面有优势？孩子的实力到底有多少？这些都需要父母通过认真观察来全面掌握，并让孩子也要了解自己的真实水平。

无论一个人的学习能力是强还是弱，只要能在自己的基础水平上有所进步，就是好样的，就该是值得表扬的。而且，清楚自己的实力，并能努力求

取进步的人，我们也称他"有自知之明""有进取心"。若是父母能用这样的态度去对待孩子，那何愁他不会努力学习呢？

● 帮助孩子建立正确的自我形象

要帮助孩子建立正确的自我形象，就要多看到孩子的优点，甚至可以放大他的优点，多给他一些正面的评价。同时，父母也不要忽略或否定孩子的消极情绪，否则就会影响他的自我判断。

当然，最重要的，是要父母能挖掘出孩子的特质，看得到他品行上优点、学习上的优点，并鼓励他继续发扬优点，还可以让他以优点带动缺点。而且，父母也不要帮助孩子下结论，否则孩子依然无法正确认识自己。

孩子只有能建立起一个正确的自我形象，他才能有信心去继续努力，他才有可能在学习上取得更大的成绩。

● 给孩子一个积极的期望

1968 年的一天，美国心理学家罗森塔尔和福德一起来到了一所小学，他们从 1~6 年级每个年级的班级中选出 3 个班，在这些学生中进行了一次"发展测验"。然后，他们将一份名单交给了老师，并用赞美的口吻说："这些学生将可能有良好的发展。"

8 个月后，两位心理学家再一次来到这所学校进行复试。结果，名单上学生的成绩都有了显著的进步，而且他们的性格也都非常开朗，都有很强的求知欲望，也敢于发表自己的不同见解，和老师的关系也非常融洽。

其实，心理学家提供给老师的名单只是随机抽取的，但面对这份名单的老师却对这些学生有了积极的期待，学生受到了老师的影响，因此也就变得更加自信，他们就不知不觉地更加努力学习，结果就有了飞速的进步。

这就是心理学上著名的"罗森塔尔效应"，也被称为"期待效应"或"皮格马利翁效应"。这个效应告诉我们："对一个人传递积极的期望，就会使他进步得更快，发展得更好。反之，向一个人传递消极的期望则会使人自暴自弃，放弃努力。"

所以，父母要能以一个积极的态度去期望孩子，给予孩子最起码的信任，相信他可以尽自己的努力去学习，并能学有所成。那么孩子在父母的积极期望下，就非常有可能如那名单上的学生那样，获得长足的进步。

● **多在学习方面真诚地鼓励孩子**

鼓励会让人有被肯定、被认可的感觉，鼓励可以让人坚定信念。一个孩子若是生活在父母、老师的鼓励中，那么他的内心就会充满无限希望，他也能更快地接近为人处世、读书学习等方面的成功，并创造更多的奇迹。所以，父母要多鼓励孩子，鼓励他摆脱自卑心理，鼓励他勇敢战胜学习上的困难。

但是，父母在鼓励孩子的时候要慎用"虚假鼓励"。所谓虚假鼓励，是指父母说的话，听起来好像是鼓励但实际却并不是鼓励，比如"你看你只要努力你就能成功，知道你以前的错误了吧""如果你再加把劲，你还能进步更多，千万别再像以前那样了""你终于进步了，我还以为你一直笨下去呢"，等等。这类话语并不是父母完全的鼓励，里面或多或少都会包含有责备的成分。在孩子看来，这就好比是父母送了他一份礼物，但最终却又将礼物收了回去，孩子的心情就会变得沮丧，这将不利于他未来的学习。

● **别让孩子因期望而产生压力**

尽管父母的积极期望与鼓励，有可能会让孩子建立起正确的自我形象，从而使他能继续努力。但是，有时候父母的这些期望也有可能会让孩子产生压力，尤其是当这些期望过于殷切的时候。

所以，父母的积极期望要给得恰到好处，不要总是去提醒孩子，说"我们非常信任你""对你有很高的期待""相信你一定能成功"之类的话，这样的话若是说得太多，孩子就会不自觉地开始焦虑，他会强迫自己必须去达到父母的目标，若是达不到，他就会变得悲观失望。这样将使他变得更为焦虑，如此往复，就会恶性循环，孩子最终也许会因为期望而失败。

"笨标签"贴上了就不好揭下来，所以父母不要轻易去给孩子贴这个标签。

鼓励、积极的期望、适当的期待，这才是让孩子能建立信心，并不断努力的因素。学习需要努力，父母要让孩子相信，他的勤奋一定可以换来好成绩，世界上并没有"笨"孩子。

22."妈妈（爸爸）的奖励很特别哦！"

不对孩子进行物质"诱惑"，换种方式奖励孩子

　　如果去动物园或海洋馆参观，许多人都会去看动物表演。比如说海豚表演，当海豚按照驯养员的要求做好一个动作之后，驯养员都会从随身的小桶或口袋里摸出食物给它，以示奖励。

　　于是，有一些父母就开始效仿这样的方法，将其运用到激励孩子的学习上。只要孩子学得好就给一些物质甚至金钱的奖励，并且经常对他许下这样的"诺言"："如果你能考高分，我就给你买……"

　　一位母亲为了让上小学4年级的儿子好好学习，就给他制定了一个奖励制度：平时小考若是能考到90分以上，就奖励10元钱；若是大考能进前10名，就奖励50元钱；若是能考到前5名，就奖励100元钱。

　　开始的时候，这个奖励制度对儿子有很强的吸引力。他每天放学回家就钻进房间认真写作业、温习功课，几次考试下来成绩也都不错。母亲也实现承诺，给了儿子奖励。但时间一长，母亲就发现儿子学习的热情远不及开始时候那么高涨了，学习变得敷衍，而且还出现了厌学的情绪。母亲只得加大奖励的"筹码"，但仍然未见什么成效，她一下子犯了愁……

　　其实，许多父母都会有这位母亲这样的经历，对于孩子的学习动辄就给金钱、物质奖励，开始的确很奏效，但慢慢地就会出现不尽如人意的结果。于是，父母就会如这位母亲一样陷入苦恼之中。

再举一个例子：今天很多孩子不勤快、不爱劳动，父母为此头疼不已，于是就有家庭教育书籍"出招"了：给孩子钱，洗碗给2元，扫地给3元，洗衣服给5元……这样，一方面可以调动孩子劳动的积极性，让他变勤快、爱劳动；另一方面，也可以从小培养孩子的理财能力，真是一举两得。

结果真是这样吗？一位母亲使用了这样的方法，结果孩子真的勤快了，这位母亲非常高兴，以为真的找到了治孩子懒惰的"灵丹妙药"。几天后，这位母亲洗完衣服后对孩子说："妈妈很累了，好孩子，你把这些衣服拿到衣架上晾一下，妈妈给你5元钱。"可是，孩子却随口讲出这样一句话："今天我也很累，这个钱我不赚了。"这位母亲顿时就愣住了。

可见，这位母亲的"灵丹妙药"有效期太短，还有副作用。

有效期太短，还有副作用的教育方法，就不是彻底的、没有流弊的教育方法。实际上，用这样的方法教育孩子，是没有真实效果的，甚至还会害了孩子。当父母用这样的方法对孩子进行教育的时候，教育方法"有效"的欣喜感觉还没有享受一会儿，烦恼就会随之而来。

很多教育观念看似正确，实际上却是对为人父母者的误导。用物质刺激孩子学习，短期看似有效，时间稍微一长绝对有害，副作用巨大，会增强孩子的金钱、物质欲望，最终，他的欲望就会成为一个填不满的"无底洞"，他会堕入其中，难以自拔。

美国心理学家爱德华·德西研究发现，"一个人进行一项愉快活动的时候，如果对他提供外部的物质奖励，反而有可能减少他对这项活动的兴趣。"

德西曾经做过一个实验：他让一些学生解答妙趣横生的智力题。最开始，所有的学生答对题了都没有奖励。而后，他将学生分成了两组，一组学生每答对一道题就奖励1美元，另一组则不奖励。在两组学生休息或自由活动的时间里，德西发现，有奖励组的学生只在拿奖励的时候很卖力地解答，而无奖励组的学生却热衷于去寻找答案。也就是说，有奖励组的学生对解答这些智力题的兴趣在减少，而无奖励刺激的学生却依然兴趣浓厚。

德西认为：奖励刺激容易引发人的外部动机，其特点是持续时间比较短；而内部动机则是对所从事的事情本身的兴趣，它的持续时间会很长。

由此可见，物质奖励对于人的兴趣发展来说，并没有起到什么好处，反而会磨灭掉人的兴趣。父母从心理学家德西这里应该得到启示，用金钱或物质去刺激孩子学习，是不可能激发起孩子的学习兴趣的，相反，还有可能会使孩子对物质利益过分追求，将学习作为与金钱物质作交换的筹码，从而失去学习的真正目的和意义。

尤其是当孩子本身对学习有一定兴趣的时候，父母的物质奖励还有可能会弄巧成拙，使孩子盲目追逐物质，从而使得欲望提升而学习的积极主动性降低，并逐渐失去学习的热情。

那么，不用物质或金钱奖励，父母又该怎样激励孩子爱上学习呢？

● 弄清楚孩子为什么不爱学习

有的父母一看到孩子学习成绩不好了，就只是一味地说："你必须努力，你只要能考出好成绩，我就奖励你。"然后就是罗列出要么是红包、要么是网游、要么是丰厚物质的"奖品"名单。

但父母要注意的是，孩子究竟为什么不爱学习呢？他是真的只单纯地需要有人刺激一下他才会努力吗？还是说他其实是在学习上有问题需要解决？父母不问原因，只是给孩子金钱、物质奖励，这样激发孩子学习的做法，没有对症下药，当然也不会产生好效果。

所以，当看到孩子学习成绩不好或开始下降的时候，父母不要直接用奖励，尤其是金钱、物质奖励去刺激他。首先要弄清楚孩子的学习究竟出了怎样的问题，是学习上偷懒了？还是没有听懂老师的讲解？还是他对知识的理解有偏差？在明了这些问题之后，应该针对病症帮助孩子解决问题，一旦他"茅塞顿开"，即使父母没有奖励，他也能自觉地努力学习。

● 培养孩子良好的学习习惯

教育家叶圣陶先生说："好习惯养成了，一辈子受用；坏习惯养成了，一辈子吃它的亏。"孩子的学习也一样，拥有良好学习习惯的孩子，父母就

用不着挖空心思地非要用什么奖励去刺激他学习了，他会自觉地投入知识的海洋，并且还会学有所成。

有一个女孩是某省高考理科状元，当时广受关注。有人问及她的母亲有什么教育经验的时候，母亲说："这要归功于女儿从小养成的效率高、时间观念强的学习态度。"

在这个女孩很小的时候，母亲就开始培养她独立看书、学习的习惯，并且还告诉她一个道理：做任何事情都要认真做完之后，才能去做其他事情。正如《弟子规》所指出的，"此未终，彼勿起"。这样，女孩从小就养成了自觉、独立的学习习惯。她也非常重视课堂效率，几乎不会将难题带回家里解决。学习效率高和时间观念强，正是她最终取得成功的关键。

通过这个女孩的例子，父母应该多多思考，与其在后来不停地用奖励来交换孩子的好好学习，倒不如最开始就培养他自己能认真学习的好习惯。

● **可以给孩子一些精神奖励**

其实若是孩子真的学得好，父母也可以适当地给孩子一些精神奖励。比如，当孩子取得好成绩的时候，父母的真心夸奖将会使他产生荣誉感，从而更加努力学习；肯定孩子的每一次进步，对于低年级的孩子来说，还可以为他准备小红花、微笑、拥抱、亲吻，或是对他的成就竖起大拇指；若是孩子一段时间都表现得很好，就可以说："我们给你准备了特别的奖励，以表扬你的良好表现。"这个特别奖励，可以带他去看有意义的电影、给他做一顿他爱吃的饭菜，或者进行一次说走就走的旅行放松身心，等等。

父母的这些精神奖励，都会让孩子感觉好好学习是一件乐事，取得好成绩也是一件乐事，他就能继续发扬刻苦精神，也会继续努力学习。

● **精神奖励也要讲求"度"**

精神奖励也是一种暗示心理，父母对孩子的这种暗示，会让孩子感觉愉快。但是，这样的奖励也是有一个适度原则的。

应该掌握好给予奖励的标准和次数，若是标准太高，孩子就会觉得自己的努力看不到成效，他的学习兴趣也会慢慢减少；若是标准太低，他又会很容易就能得到奖励，这就失去了奖励的作用。而若是奖励的次数太多，这有可能会让人自我膨胀，这将会导致孩子变得骄傲自满，他会觉得自己已经足够优秀了，所以不需要任何努力了；但若是次数太少，他又会觉得自己是不是没有进步，他也可能会失去继续努力的动力。

可见，在运用精神奖励时，也要根据孩子的实际情况来定，既要能肯定孩子学习的成果，又能让孩子不断前进，一定要把握好这个度。

● **千万不要忘记奖励美德**

今天的家庭教育存在"重智育、轻德育"的现象，这势必会让孩子成为高分低能、心理不健康，甚至人格不健全的人。所以，父母在鼓励孩子好好学习的同时，也千万不能忽视对他的品德教育。

上3年级的男孩在学期期末时，被评为班上的"劳动标兵"。回家后他高兴地将这一消息告诉了妈妈，满以为妈妈会表扬他，谁想妈妈竟然一撇嘴说："现在谁像你这么傻？真寒碜！什么时候你得了'学习标兵'，我才高兴呢！"听了妈妈的话，男孩兴奋的表情迅速消失了，他卷了奖状默默地走回了自己的房间……

这位妈妈的做法就是典型的"重智育、轻德育"，是会有后患的。其实她完全可以说："真好！妈妈为你感到骄傲！妈妈相信你只要努力，也会被评为'学习标兵'的，妈妈很看好你哦！加油！"对孩子美德的称赞，也会促使他将美德继续发扬下去的。与此同时，再真诚地向孩子表达自己的期许，孩子也会有所思考，并付诸行动的。

只有拥有良好品德的人，他的努力学习才是有价值的，将来他才有可能成为对社会国家有用的人才。否则，一个没有德行的人，即使他学得再多、学得再好，他也不会对社会国家做有益的贡献。所以，重视孩子学习的同时，更要重视他的品德。

如果把孩子比作家庭或学校生产出来的产品的话，大致可以分为四种：合格品、次品、废品和危险品。如果说德才兼备是"合格品"的话，有德无才就是"次品"，以此类推，无德无才是"废品"，无德有才是"毒品"或者说是"危险品"。从这可以看出，如果一个孩子没有才能，至少他不会危害社会，但是，如果孩子没有德行而有才能的话，他所体现出的价值往往是负面多过正面的，正如那些高科技犯罪一定比小偷小摸的危害性大很多。所以，一个孩子掌握的知识再多，学历再高，如果没有德行，那就是"毒品"。

记得以前听过一个强调健康重要的说法：你的妻子是0、孩子是0、票子是0、房子是0、车子是0、位子是0、面子是0……如果前面没有健康这个1做保证，那一切都是0，有健康做保证，才是真正的财富——1000000000……以前对这个说法我也曾深信不疑，但现在，我倒是非常想在这个大大的数字前面再加上一个 ±（＋代表有德行，－代表没有德行）。怎么讲？如果一个人非常健康、非常强壮，但没有德行，他对社会的危害会比那个身体不健康也没德行的人更大。是不是这个道理呢？

沟通箴言 ⊙

中华民族历来都重视教育孩子不仅要学会知识，更注重教会孩子如何做人。而家庭教育的职责就是为孩子的道德修养打基础，学校教育才是知识与技能的教育。父母一定要重视对孩子的德行教育，把孩子培养成德才兼备的人。即使是奖励孩子，也应该向精神、德行等层面偏移。要知道，金钱、物质等奖励，只会让孩子为了得到奖励，而去被动学习，还会增长孩子的物欲；但恰当的精神奖励，却能让孩子从内心爱上学习。所以，要用好奖励这门艺术，让它不仅仅激励孩子的学习，还要激励他不断发扬良好的品德。

23."会玩儿，也是好事儿！"

爱玩是孩子的天性，允许他玩

在孩子还未上小学时，他是在玩中学知识的，他会觉得很快乐。而孩子一旦上了小学，开始了系统的知识学习，他就再也不能在玩中学习了。难道是有人给做了这样一个规定吗？说孩子上了小学后，就不能再玩耍，必须要一本正经地坐下来抱着书一个字一个字地读下去？

10岁的儿子很聪明，但就是很贪玩。妈妈知道孩子爱玩，但她还是要求孩子必须学习要好。于是，每天儿子玩的时候就想：玩完了会不会被妈妈骂？今天的作业还没写完；而到了学习的时候，儿子又想：昨天和同学一起玩的那个坦克模型真有意思，要是今天也能玩就好了。于是，儿子玩的时候不能尽兴，学的时候也是干耗时间而没有效率，玩不好也学不好。妈妈看到这种情况，很是着急……

其实，这就是孩子不会玩也不会学的后果，再加上妈妈单单对学习的强调，才使得他既没玩高兴也没在学习上有什么作为。因此，关键还是父母要积极改进教育方式，提高孩子的学习兴趣。

众所周知，兴趣是学习的原动力，但现在太多的孩子却对学习失去了兴趣。父母总是说孩子："整天就知道玩，一提学习就没精神了。"但父母有没有想过，孩子为什么会一提学习就泄气？有的父母就会说了："那还用说？就是没有学习精神，太贪玩。不好好管管是不行的。"这样的说法是有待商榷的！

孩子其实很单纯，对他不喜欢的事物他都会表现出厌倦，而对他感兴趣

的事物，即使没有任何人去督促他，他也会很自觉地去努力研究、努力做好，甚至还会废寝忘食。

想必许多父母都看到过这样的场景：当孩子喜欢打篮球的时候，他恨不得将所有时间都用来打篮球，不厌其烦地一遍又一遍把球扔来扔去，也不管天气多热，也不管出了多少汗。为什么？就是因为他对打篮球感兴趣。假如孩子对学习也有如打篮球这么有兴趣，那父母何愁他学习不好呢？

但爱玩的孩子就一定不好吗？他就一定没有什么前途可言吗？当然不是！微软公司创始人之一比尔·盖茨的起步，是从计算机编程开始的，而他对计算机的热爱则是从上中学期间编写游戏程序开始的。看起来，比尔·盖茨最初在做的事情是编程，但其实他编程的目的就是自己动手编写游戏，这个目的简单而又明确，就是"玩"。他就这样玩出了名堂，玩出了一家在个人计算与商业计算软件、服务和互联网技术方面都是全球领导者的微软公司。

可见，会玩也是一件好事，因为会玩的孩子非常有可能在他玩的那个领域做出成就来，所以父母就不要再粗暴地干涉或禁止孩子的玩耍了吧！

让孩子既要学习，又要会玩儿，父母应该怎么做呢？

● **不要动辄就训斥孩子"爱玩"**

孩子玩的时候，没准儿就是在开发他的天赋，也没准儿就是在发展他的兴趣。父母又不能读透孩子的思想，又如何知道孩子的"玩"只是傻玩儿呢？

所以，不要动辄就训斥孩子爱玩，要有一双会细致观察的眼睛，要看得到他行为的真正目的。可以和孩子多交流，了解他的想法，了解他行为的真正意图，适当时候给予帮助和引导，让他在玩的同时也能够学到知识。

● **别给孩子的学习规定硬性指标**

有的父母喜欢对孩子说："你一定要好好学习，一定要考个好成绩，将来你才能有出息。"要不就是直接给孩子定一个目标，让孩子必须达到某一个高度："你期末考试语文数学必须考98分以上。"……父母的期望都是好的，但若是总用这样的期望来教育孩子，就会给他带来极大的压力。

什么是压力？孩子不喜欢的事，让他做1分钟，他也不愿意，这就是压力；他喜欢做的事，让他做上一天，他也乐意，这就不是压力。就孩子学习这件事而言，当父母让他为了某个目的而去学习的时候，他对它的兴趣就会大大减少。在孩子看来，这样的学习就是一件苦差事，学习好比在做苦役，自然压力无比巨大。而且，他还有可能将学习理解为"为达到某种目的的手段"，一旦目的达到了，那么学习也就不再重要了。这样一来，他将彻底曲解学习的根本意义。比如，有的孩子在高中刻苦读书，考上大学后彻底混日子；有的孩子拿到父母期待的大学毕业证后，就把毕业证送给父母，自己什么也不干了，啃老……原因就在这里。

所以，若想要孩子将玩的劲头用在学习上，就最好不给他的学习规定什么硬性指标，什么考到第几名，什么要考多少分……只要孩子努力了，进步了，今天比昨天好，明天比今天好，一步一个脚印，不也很好吗？

● **给孩子一个宽松的学习环境**

一个人无论做什么事情，只要是在心情放松的状态下，一般都会做得比较好。其实孩子的学习也是一样的。

有一些父母，总是在猛抓孩子的学习，恨不得一分一秒都不放过。他们会在孩子身边"死死地"盯着他学习，他们也会时刻"惦记"着他是不是英语单词还没背、数学练习还没写……他们甚至觉得孩子不能有玩耍的时间，"有那工夫多算两道题多好""多写篇作文多好"……在这样紧张的环境下，孩子都被压得透不过气来，最后直接导致他对学习排斥，甚至产生厌学情绪。

所以，要尽量让孩子在宽松的环境下学习，不要监视着他写作业，不要总询问他有关学习的事情，让他自己合理安排学习与玩耍的时间。不是所有人都能成长为爱迪生，也不是所有人将来都必须要做爱因斯坦。让孩子能自由地吸收知识，让他能拥有快乐幸福的人生，这才是最重要的。

● **不要剥夺孩子玩耍的权利**

有个上5年级的男孩，妈妈在他小时候就教育他要认真学习，不能把时间浪费在玩耍上。在妈妈的教导下，这个男孩的学习成绩果然很优秀。

但有一天，男孩却对妈妈说："我不想上学了，在学校里我一个朋友都没有。"妈妈惊讶地说："你可以去找同学们呀。"但男孩摇了摇头说："他们不是打乒乓球就是下跳棋，但是我都不会。我去了他们都觉得我玩不好。"妈妈听后，沉默了，她也发现，最近儿子变得越来越内向，甚至没有一点男子汉的风度了，这究竟是怎么回事呢？

心理学家研究认为，游戏是为儿童提供充分刺激的最有效的活动。这位妈妈在孩子小的时候剥夺了他玩耍的权利，很多常见的游戏、运动他都不会，这才是导致他没有朋友、不能和同学正常交往的直接原因。

所以，父母要吸取这个教训，在孩子应该玩的时候，放手让他去玩。

孩子可以从玩耍中学到许多东西，创造力、应对能力、合作能力，等等；玩耍中孩子还能锻炼身体，促进大脑和身体的发育；最重要的是，玩耍可以给孩子的童年留下快乐的回忆。如果孩子小的时候缺失了这项活动，那么他的损失将是不可估量的。

● **可以从玩中培养孩子的自信**

孩子一旦拥有了自信心，他再面对一些事情的时候，就会显得轻松许多。而对于父母来说，教育孩子的一项重要任务并不是要提高他的学习成绩，而是帮助他培养足够的自信心。

曾经有一位父亲对儿子的学习头疼得很，他那 11 岁的儿子爱玩、爱跑，而且跑得还飞快，但就是学习成绩上不去。于是，这位父亲索性将他送到了体校，让他谋求不一样的发展。体校老师一直夸奖这个孩子，说他很有潜力。受到鼓舞的孩子找到了自信，他的学习竟然也奇迹般地越来越好。

所以，我们要能看得到孩子的长处，并且也要让他能了解自己的长处。让孩子懂得，只要努力，他也不会比别人差。

● **不要让孩子肆无忌惮地玩**

允许孩子玩，但也要有度，不能让他肆无忌惮地玩。若是孩子玩儿起了危险游戏，或者涉足了不利于身心健康的领域，他的玩儿就变了味道。

媒体上也不乏类似的报道，说有的孩子因为玩儿网络游戏，感觉杀人很刺激，于是现实中他也拿了刀去砍人；有的孩子觉得偶尔"玩玩儿"毒品也没什么，于是把自己"玩儿"进了监狱，甚至"玩儿"上了人生的末路……

所以，我们要让孩子"玩儿"对方向，要让他的玩儿与学习相辅相成。孩子只有会玩儿也会学，他才可能有所成就。

 **沟通箴言** ⊙

父母对孩子的教育也不一定非要那么严肃，孩子自己的学习也不一定非要那么刻板。只要孩子能朝着正确的方向去"玩儿"，他也一样能"玩儿"出名堂。父母要用宽容的态度去对待孩子"爱玩儿"这件事，要让他能在轻松中既学到知识，又感受到快乐，还不迷失方向，有节有度。

24. "哇！这真是一个奇特的想法！"

允许孩子在想象的空间自由地游走

所谓想象，就是人在外界现实刺激的影响下，在头脑中对记忆的表象进行加工改造，从而形成和创造新形象的心理过程。

我们每个人所能亲身经历的事情都是有限的，但每个人恐怕都会有想象。因为借助于想象，我们就可以理解世界上的许多事情；借助于想象，也能了解古今中外的丰富知识；而且通过想象，我们还能进行许多创造性的活动。

作为孩子来说，他的想象力更是让人惊奇，想象空间也是一种无限大的状态。在他的头脑中，世界上没有不可能存在的事物，世界上没有做不成的事情。拥有丰富想象力的孩子，其思维也会是跳跃而灵活的。

鲁迅先生说："孩子是可以敬服的，他常常想到星月以上的境界，想到地面下的情境，想到花卉的用处，想到昆虫的语言，他想飞上天空，他想潜入蚁穴。"孩子值得敬服，一点都不假。

德国剧作家歌德小的时候，母亲经常讲故事给他听。但她讲故事的方式很是特别，她从来都不把故事完整地讲完，而是讲到一些地方就停下来。这时候母亲就会问歌德："你认为下面的故事该如何发展呢？"

小歌德根据之前听到的半个故事，自由地展开想象，将故事续说下去。尽管很多时候，歌德的续说都会和原来的故事大相径庭，甚至故事的发展还会有别于世界上固有的一些规律，但母亲却从来都不会嘲笑他的想象，反而说："真是奇特的想法啊！""想得不错！"并鼓励他继续说下去。久而久之，歌德的想象力变得越来越丰富。

很显然，母亲培养歌德的方法，和我们现在许多父母的方法都有所不同。不可否认，歌德后来能成为举世闻名的剧作家、诗人，与母亲对他想象力的培养是分不开的。而现在的父母大多会将一个故事完整地说给孩子，怎样就是怎样，他只要记住就好了。但这样一来，孩子的头脑中就会被塞满许多约定俗成的东西，他的想象力也许就会被束缚。

其实，孩子大多具有丰富的想象力，而且想象力在学习的过程中也会起到十分重要的作用。就拿孩子读书来说，孩子在看到书上的图画、文字的同时，也就是在与书进行沟通，在这个过程中，他就会将图画、文字编织成的故事通过想象，转化为头脑中的场景。借助想象，他还能体会故事中人物的心理与感受。

爱因斯坦说："想象比知识更重要，因为知识是有限的，而想象力概括着世界上的一切并推动着进步。想象才是知识进化的源泉。"其实，孩子无论进行哪一种学习，想象力都是必不可少的。他需要通过想象力来将教科书中的图形、文字转变为自己可理解的知识。而且，想象能力也是构成创新能力的重要要素，现实生活中的许多发明创造，就是从想象开始的。因此，父母对孩子想象力的呵护与培养，就显得尤为重要。

那么，父母应该怎样保护和培养孩子的想象力呢？

● 不嘲笑孩子想象得不合常理、幼稚与简单

孩子的想象大多天马行空，他会认为汽车不仅可以在地上跑，而且也能在水里游、天上飞；他也会认为石头、家具也有生命，它们也同样有情感。每个孩子的想象空间，都是一个完全与众不同的世界。

孩子的想象有时候也会幼稚、简单，在他的认知里，某些事情不过就是"简单的起因、简单的经过、简单的结果"这样一个过程。他不会去考虑许多额外的因素，也不会去深究某些不好理解的东西。

而面对孩子这样的想象，父母千万不要去嘲笑他，更不能讽刺或者强硬地去纠正他。否则，不仅会伤害到孩子的感情，还会阻碍他想象力的发展。

一位母亲曾经讲过这样一个故事：

女儿上4年级了，有一次，老师让写一篇关于庆祝香港回归祖国的作文。女儿冥思苦想了许久，终于完成了作文。她在文中写道："一百多年前的一天，英国人开着军舰闯进了我们的香港。他们有洋枪、大炮，但我们没有。所以我们打不过他们，他们就蛮横地要求我们把香港让出去，我们只好照办。一百多年后，我们有枪又有炮，比英国人厉害多了，我们再也不怕他们了。他们一看打不过我们，只好把香港又还给了我们。"

但是，我看完文章后却觉得她写得不算好，在我看来，香港回归祖国这么重要的事情，怎么能被女儿描述成这个样子呢？于是，我要求她重新写，而且还搬来了许多书籍让她参考。但我却发现，女儿被我这么一批评，竟然非常难过……

其实这个孩子的作文中充满了幼稚与想象，一个不过10岁孩子的认知里，某些事情不就是这么简单吗？而且，孩子幼稚的想象中，往往充满了可贵的、原始的创新精神和独立的思维品格。但这位母亲却不允许孩子幼稚，轻易地就否定了孩子的想法，女儿受到打击也是不可避免的。而且，母亲这样的做法，还有可能会扼杀孩子的创造精神。

● 扩大孩子的知识面，拓宽他的眼界

唐代诗人杜甫说："读书破万卷，下笔如有神。"结果，杜甫写出了数百首脍炙人口的著名诗篇；美国发明家爱迪生从11岁起就阅读了百科全书和牛顿的许多著作，后来做出了1000多项科学发明。由此可见，扩大知识面，有助于培养一个人的想象力。

想象多是在头脑中改造旧事物、创造新事物。而简单来说，头脑中的"旧事物"越多，可改造的也就越多。换句话说，就是孩子的知识面越宽，他的眼界也就越宽，他的想象也就会更加丰富。

可以通过各种方式来帮助孩子扩大知识面，比如增加他的阅读量和阅读

范围，多为孩子买不同种类的课外读物，让他通过书来了解更多的知识；或者可以带他去参观博物馆、科技馆等，让他用眼睛"记"住更多的东西，等等。父母只要有心，就能帮助孩子扩大知识面。

● 适当地引导孩子去想象

6岁的女孩跟着妈妈学折纸，当折好一只小兔子之后，她把它贴到了纸上。妈妈趁势说："小兔子生活在哪里呀？你看看我们是不是也能给小兔子画上它爱吃的东西？"

女孩听后，拿起笔就在纸上画出了一片绿草地，草地上还有两根大胡萝卜。她说："小兔子最喜欢吃胡萝卜啦！"

妈妈笑着点头说："对呀！不过，小兔子自己会不会很孤单呢？"

女孩一听也点头："嗯……我要给它找个朋友。"说完，她拿起笔又在纸折的小兔子旁边画上了许多小兔子。女孩一边画还一边给妈妈编了一个小故事出来……

有时候，孩子的想象力也需要父母的引导，就像这位妈妈对女儿的引导这样。如此一来，孩子想象的空间就会更为广阔。而在这个过程中，父母要注意的是，不要"反客为主"。一定要引导孩子自己去想象，不要代替孩子去想象，否则他的想象力将不会得到提升。

● 帮助孩子结合实际去想象

在生活中，父母可以让孩子根据一些实际事物去展开想象。通过向孩子提一些"开放性"的问题，引导他用多种答案来回答。比如，遇到路上堵车，可以问一下孩子："如果你是道路设计师，怎样设计道路才能有效解决交通拥堵问题呢？"以此来让孩子展开想象。

在这个过程中，父母要注意，事物总是有其两面性的，所以孩子的想象也可能不会只侧重于好的、正向的一面，要允许孩子有更发散的思维想象，有更新奇、更全面的想法。而且，即使孩子的想法并不"高大上"或"不令人满意"，父母也不要讽刺他的想法，要始终抱有鼓励的态度。

● 可以用各种方法来训练孩子想象

训练孩子想象，方法也不是唯一的，可以灵活多样。比如，鼓励孩子自己讲故事，在这个过程中，孩子要想象故事的人物、情节，想象人物的心理感受，这是一种很好的锻炼，他的表达能力与想象力都能有所发展；或者让孩子用画笔来表达，画画也是可以表现孩子想象力的一种方式；还可以让孩子多接触大自然、多动手参加一些劳动实验等活动……

通过类似这些训练方法，孩子的想象力都可以得到不同程度的提高。在这一过程中，父母也不要忘了结合孩子的兴趣去培养，这将使他能够充分表现自己的想象力和创造力。

沟通箴言 ⊙

孩子奇妙的想法可以说层出不穷，父母要做的是保护他的这些新奇想法，并且在合适的时机下进行有效的引导与培养，以提升孩子的想象力。想象力强的孩子，他的思维将更加活跃，这也有助于他的学习成长。而且想象力对于他未来的发展，也起着不可替代的作用。所以，为人父母者一定要重视培养孩子的想象力，多用正向的言语鼓励他。

25. "这没什么，只要努力下次一定能考好！"

学会抚慰考试失利的孩子

要想检验孩子知识掌握水平，考试是一种常见的考查方式。可以说，孩子从进入小学开始，大大小小的考试就会接踵而至，而考试成绩也就成为许多父母内心最为关注的。孩子如果考了高分，父母可能会问："还有更高的吗？"孩子若是考了低分，父母可能又会大发雷霆，斥责孩子，甚至还会打骂、惩罚。

小学4年级期末考试，有个男孩的数学只考了55分。爸爸一看这个分数，心里也是非常着急，也想冲着男孩发一顿火。但是，当他看到男孩怯怯的眼神时，还是压住了自己的火气。

冷静之后，爸爸和男孩坐到一起看试卷，帮助他分析考试失利的原因。通过对试卷的分析，爸爸发现男孩有的做错的题的确是他对知识理解不透彻，有的题并不是他不会做，而是因为他粗心。找到问题所在之后，爸爸一面提醒男孩马虎粗心所带来的后果，一面给他把未理解的问题都讲解清楚。

在后来的学习中，男孩慢慢改正了粗心的毛病，再遇到问题，他除了找老师询问，也不时地向爸爸求教，直到弄懂为止，成绩也慢慢地提高了。

细细分析一下这个男孩的情况，可以发现他成绩的提高并不是爸爸有多么高的教育水平，而是爸爸在他考试失利的时候并没有对他大发雷霆之怒，反而帮助他寻找失误的原因。这样一来，孩子的心理也会慢慢放松，再去解决学习上的问题也就容易了许多。

试想，若是当时爸爸冲男孩大发脾气，那么本来就紧张的孩子可能会更加紧张，他对考试的态度就会发生改变，甚至他对学习的态度也会发生改变，那么之后他的成绩也就很难提高了。

其实，胜败乃兵家常事，考试失利，是每个孩子都可能遇到的，相信许多父母小的时候也遇到过。而父母生硬严苛的态度，甚至对孩子非打即骂、非吼即叫，这样的行为只能让孩子产生失望的情绪和逆反的心理。而且，孩子有可能会变得惧怕考试，他的考试成绩也就自然不会提高。如此时间一长，他可能就会对自己失去信心，从而形成恶性循环。

相反，若是父母能够理解孩子考试失败的心理，理解他的感受，不去吼他、责骂或惩罚他，只是给予他鼓励，并帮助他分析未能考好的原因。父母这样的态度就会使孩子能正视自己的不足，他会积极改正，并由此激发出求知欲和上进心。学习成绩自然也就能越来越好。

考试失利，孩子自己也会感觉很难过，那么，父母应该如何安慰他呢？

● 以平常心对待孩子的分数

考试得高分，说明孩子的知识掌握得比较好，这是应该的，父母没必要因为高分而过于兴奋，孩子要成长必须学习知识，这是一件必然的事；考试得低分，也不一定是孩子没有学会知识，考低分的原因有许多，所以要先分析原因，而不要先对孩子大加斥责。

有个男孩升入3年级后的第一次语文测验只考了70分，妈妈训斥说："考这么点分还一副无所谓的样子，也不觉得丢人！"爸爸下班回家后，一看家里的气氛不对，询问妻子才得知情况。于是他对妻子说："你先不用那么生气，这样也无济于事嘛。我去跟孩子谈谈好了。"

说完，爸爸走进儿子的房间，笑着对他说："你妈妈这样说也是为你好。不过，这也不是什么大事呀！你想，千里马还有失蹄的时候呢！但话说回来，你的考分的确有点低。我们先吃饭，吃完饭我和你一起找原因。"本来还拧着的儿子，听爸爸这么一说，态度立刻缓和了下来。吃完饭后，男孩立即回到房间，摊开书本和卷子，自己先开始分析失分原因了……

父母的态度会在很大程度上影响孩子学习的态度。因此，父母要尽量用平常心态对待孩子的分数，高分和低分，都只是暂时的，都是对过去学习的一种检验。而且，分数也不应该成为检验孩子学习好坏的唯一标准。当父母的认知、态度和行为有所改变了，孩子的学习状态和成果也就不一样了。要相信孩子，鼓励孩子，正确引导孩子。

● **帮助孩子分析失利的主要原因**

一个人肚子疼，若是他不寻找原因去对症下药，只是一味地对着肚子说："你别疼了！"这样的"治疗方法"不但不会起到治疗作用，恐怕还会让所有人都笑掉大牙。

面对考试失利的孩子，有的父母也在犯类似的错误。

期末考试，5 年级俩男孩 A 和 B 成绩都很不理想，都有一科没及格。

回到家后，A 的妈妈狠狠地骂了他一顿，并说："下次你再考这么点分数，看我不揍你！这个假期你哪儿也别去，就在家给我好好学！"

而 B 的爸爸却说："我知道你很难过，其实我也是。所以，我们一起来找原因，你经过努力，下次一定可以进步。"

结果，下学期的期中考试，A 的成绩不但没进步，反而又后退了几名，而 B 的成绩却如鱼跃龙门样地提高了许多。

孩子考试失败，也是有一定原因的。所以，父母也不要如 A 的妈妈那样不问缘由地就直接打骂，训斥孩子说："下次你必须给我考好！"找不到孩子失利的原因，下次他依旧会犯同样的错误，成绩依旧得不到提高，这是恶性循环。而且当孩子考试失利的时候，他也会有失落的情绪，也会有自责的心理。对于这样的孩子，父母就更不要去责骂他了，这时候他最需要的是鼓励，同时父母还要像 B 的爸爸那样帮他找到失利原因，让他能够"东山再起"。

在帮助孩子寻找失利原因的时候，父母也要有一个平和的心态。无论是什么样的原因，个别知识点没掌握也好，粗心大意也好，作答时的原则性错误也好……要让孩子能够记住这个教训，并且还要告诫他：不能在同一个地

方跌倒，要能迎头赶上。孩子只要不跟父母老师对立，只要在这些弱项上努力，一定会取得进步的。

● **要让孩子感受到父母的爱**

面对孩子的低分，有的父母可能会说："我着急啊！他考那么点的分数，将来可怎么办啊？"还有的父母可能会说："我也不想打他，也舍不得啊！可是他就是不争气，你能有什么办法？不狠点心能行吗？"

谁都希望自己的孩子能够出人头地，能够学有所成。当看到孩子糟糕的成绩时，父母也是由爱而生怒。恨铁不成钢，是父母此时最普遍的心态。

但父母完全可以换一种态度来表达自己的爱，不要用狂风暴雨似的言语，也不要用冷若冰霜的态度，一定要让孩子感受到父母给他的鼓励与温暖。因为，来自父母的爱将会是他前进道路上最大的动力。

● **抚慰孩子同样要有"度"**

有的父母可能会走入误区，对孩子的考试失利，他的确不去打骂批评了，但表达的爱却又有些过分了。比如，有的父母会将"你没问题"挂在嘴边，也不去帮助孩子寻找失利原因，只是告诉孩子没问题，找不到真正解决问题的办法，他以后的考试又怎么可能没问题呢？还比如，有的父母并不是给予孩子鼓励，反而是说："考试出的题一定有问题，你是最棒的！"这样的态度其实比打骂还要危险，这样就变成了溺爱，而不是鼓励了。

所以，抚慰考试失利的孩子时，父母也要把握一个"度"。只有合理恰当的指引与鼓励，才能使孩子真正找对原因，纠正错误，扭转失败的局面。

● **要引导孩子全面发展**

考试成绩重要，但一纸分数却并不能代表孩子的所有能力。父母帮助孩子寻找考试失利的原因，帮助他下次取得好成绩的同时，也不要忘了培养孩子的其他能力。而且，更不要忘了培养孩子的良好的品德。

欲求学，先要会做人；欲成才，就要能力全。所以，我们和孩子都不要眼睛只盯着分数，一定不能忽略品德和能力的综合培养。考分毕竟只是一时检验知识水平的手段，盲目追求分数，将对孩子的身心发展不利，只有全面发展才能成就他的美好前程。

沟通箴言 ⊙

　　考试失利是每个孩子在学生阶段都有可能发生的情况，面对这种情况，父母的态度将有可能决定孩子能否从失利中重新站起来，能否继续前进，并在以后的学习中取得好成绩。所以，父母要把握好自己面对孩子时的态度、言辞表达、肢体动作等，还要学会抚慰考试失利的孩子，要让他能在父母的关爱中不断完善自己。

26. "孩子，去做你喜欢的事吧！"

尊重孩子的兴趣和爱好，让他自动自发地学习

　　教育家苏霍姆林斯基说："不能把小孩子的精神世界变成单纯学习知识。如果我们力求使儿童的全部精神力量都专注到功课上去，他的生活就会变得不堪忍受。他不仅应该是一个学生，而且首先应该是一个有多方面兴趣、要求和愿望的人。"

　　每个人都会有自己的兴趣和爱好，孩子也是如此，这是别人不应勉强也不能勉强的事情。

　　有个男孩从上 4 年级开始，就特别喜欢踢足球，还进了学校的足球队。妈妈很是不愿意，她对儿子说："小学开始你就不专心学习，光想着踢球那怎么行啊？"儿子却摆摆手说："妈，你不用担心，我会保证踢球学习两不误的。"但妈妈却并不相信他的话，她认为学生就应该一心扑在学习上，成绩优秀才是最重要的，其他的都无所谓。

　　妈妈开始制止儿子继续踢足球，她甚至跑到学校让老师将儿子的名字从足球队里去除掉。不仅如此，她也限制了儿子出去玩的时间，每天都陪在儿子身边，盯着他学习。

　　时间久了，妈妈却发现儿子对学习的兴趣越来越小。而且，据老师反映，儿子在学校上课的时候，总是看着窗外的操场，也不再专心听讲，学习成绩逐渐地退步不说，对其他各项活动也不再感兴趣。

面对孩子惨不忍睹的学习成绩和越来越散漫的状态，妈妈着急却也疑惑："明明已经不再让他踢球了，为什么学习不但没进步反而还退步了呢？"

孩子绝对不是学习的机器，他的个人兴趣若是能得到良好的发展，这也能成为他好好学习的动力。所以，父母要以这位妈妈为戒，如果也同样认识不到这一点，就会扼杀了孩子的兴趣，最终导致他的学习没有成效。

其实，孩子有兴趣和爱好应该是一件好事，无论是怎样的兴趣，只要是积极健康的，都会成为他成长道路上最好的"老师"。因为，兴趣可以使一个人的智能得到最大限度、最持久的发挥。

父母不能将学习成绩与分数当成是孩子的全部。而且，孩子只有在做自己感兴趣的事情时，才会全力以赴；若是父母剥夺了他的个人兴趣，强迫他做别的事情，这反而会引起他的逆反心理，甚至与父母直接发生冲突。

而拥有良好兴趣爱好的孩子，他的思维才能更加灵活，他的学习也就更加高效，他的眼界会更加开阔，知识也就学得更多。

我们应该认清这一点，如果不尊重孩子的个人兴趣，对其忽视甚至强行干预，不仅会影响到他的学习，也同样会对他的内心造成伤害。而且，我们强迫孩子改变原有的兴趣爱好或者要他一心只顾学习，这有可能抹杀他的发展潜能，更会对他的人生发展产生阻碍。

所以，为了孩子能健康成长，我们应该充分尊重孩子良好的个人兴趣，并帮助和引导他的兴趣向着积极的方向发展，促使他有更大的进步，让他能拥有一个多彩而美好的未来。

作为父母，我们应该如何尊重孩子的兴趣呢？
● **善于发现孩子的兴趣和爱好**

有人喜欢运动，有人热爱读书，有人偏好音乐，有人也许就愿意冥想……人的兴趣爱好各式各样，想想自己，是不是也或多或少地有自己的爱好呢？所以，将心比心，父母首先要对孩子有兴趣爱好这件事抱有一个宽容的态度，然后通过细心观察，发现他的兴趣爱好。

要知道，孩子反反复复做的事情，往往有可能就是他感兴趣的事情。另外，父母也要多与孩子进行沟通交流，站在与他平等的立场上，了解他的想法。多问一问孩子的喜好，也可以从他的回答或对话中发现他的兴趣所在。

● **不随便干涉孩子的爱好和兴趣**

曾有这样几个事例：一个5岁男孩，因为妈妈逼他学弹琴而把自己的手指弄断；一名准大学女生，因高考志愿被妈妈指定，交涉无果，跳楼自杀；一位留学生，拿到毕业证和学位证后，把它们交给了父母，之后选择自杀，因为他认为那是给父母学的，他自己并不喜欢，现在任务已经完成，所以结束生命；有个90后女生大学毕业在外企工作已经4年，当年是父母帮她选的金融专业，但她的理想是做一名优秀的外科医生，于是2018年她选择再次高考，最终考上了四川大学华西临床医学院临床医学（八年制）专业……

这些事例，值得父母好好反思。这里说的"干涉"，大多是指两种情况：一种是彻底阻止孩子的兴趣继续发展，只让他专心学习，不能有任何兴趣；而另一种，则是要他放弃自己的兴趣，转而发展父母喜欢和期望的兴趣，美其名曰"为了你好"。当然，这两种干涉都是不正确的。

孩子拥有自己的兴趣，正是他思维活跃的表现，父母的横加干涉，会使他的活跃性被抹杀，甚至有可能会使他思维匮乏。

每个人都有自己喜欢做的事情，孩子也一样。不喜欢的事情，无论是学习还是别的什么"兴趣"，他都很难认真去做。毕竟，父母选定的兴趣是父母喜欢的，父母选定的兴趣是所谓的"升学需要"的，哪里还称得上是孩子的兴趣呢？父母这样做，反而是在给孩子的个性发展设立障碍。

● **让孩子的爱好与兴趣向健康的方向发展**

尽管说父母不要去"干涉"孩子的兴趣和爱好，但这也并不是绝对的。对于孩子良好的兴趣爱好、有益于他学习和成长的兴趣爱好，父母不要去干涉，要任其自由发展，并且还要创造条件帮助他发展；而孩子的某些兴趣，也许是因为他好奇，也许是因为他盲目跟风，比如吸烟喝酒、泡吧打游戏……这些兴趣对于孩子的成长是非常不利的，甚至还有可能会给社会或他人带来恶劣的影响，所以父母要坚决制止孩子的这些"兴趣爱好"。

因此，父母在尊重孩子个人兴趣的同时，也不要忘了去培养与引导他的兴趣向健康进步的方向发展。可话又说回来，这种培养也应当是指导性的，父母不要将自己的意愿与决定强加给孩子。

● **开发孩子的兴趣"潜能"**

孩子对某些事物感兴趣，他将某种行为活动当成爱好，这往往都蕴含着他在这方面的潜力。所以，父母可以对其加强培养，以此来挖掘出他的潜力，让他的兴趣得到最大的发展，使他有可能在某些方面有所作为。

有个9岁男孩非常喜欢钻研，他经常把家里的闹钟、MP4、智能手机等物件拆掉，然后再重新组装起来。有一次，他把爸爸最喜欢的一台电子座钟给拆了。爸爸知道后不但不生气，反而称赞了他的动手能力，并鼓励他自己再重新组装回去。爸爸的鼓励使男孩更坚定了自己的兴趣。后来，男孩做的科技小发明，还在大型科技竞赛中获得了一等奖。

肯定孩子的兴趣，支持与鼓励他，并给予他相应的帮助，这是让孩子的能力能有更好发展的绝对条件。所以，父母应该像这个男孩的爸爸那样，对于孩子的兴趣给予鼓励与支持，让他的兴趣得以发展，从而提高他的科学探索精神。

● **提醒孩子不要"顾此失彼"忘了学习**

尽管父母是要尊重孩子的个人兴趣的，也要允许孩子有发展他爱好的权利的，但是，父母也要注意提醒他，不能顾此失彼而丢了学习。要让孩子知道，发展个人兴趣，是为了能让思维变得灵活，眼界变得开阔，而这些也同时是为了能让他好好学习。不能只顾兴趣，而抛弃了对科学文化知识的学习，没有这方面的学习积累，兴趣的发展也就无从谈起。

孩子的个人兴趣与爱好，与他的未来成长有着很大的关系。父母需要尊

重孩子的兴趣和爱好，引导其积极、健康地发展。同时，父母也要提醒孩子，科学文化知识的学习也是必不可少的，要让孩子的学习在兴趣、爱好的带动下，成为一种自动自发而又高效的行为。

27. "你很勤奋，我很开心"

夸奖孩子勤奋胜过夸奖他聪明

　　夸奖孩子，也是讲求原则的：要夸奖孩子的勤奋与努力，而不是夸奖他的聪明。因为这样的夸奖，能让孩子从小形成勤奋努力比聪明更重要的观念，而不至于陷入"我很聪明"的陷阱，做事仅凭小聪明而不再勤奋、刻苦和努力。

　　遗憾的是，现在有许多父母，却是很注重去夸奖孩子的聪明。幼儿园的时候，孩子会背诗了，父母就会说："我的孩子多聪明！这么快就会背诗了。"上小学的时候，孩子考试有了好成绩，父母也会说："我的孩子就是聪明！经常考100分。"其实，这样的夸奖，却并不一定能起到促进孩子学习的效果。

　　一位妈妈就曾经遇到过这样的情况。

　　她有一个10岁的儿子。一天，她从一本书上看到了"赏识教育"的方法，于是，她便按照上面说的开始"赏识"儿子。对于儿子的学习，她总是"鼓励"说："儿子，其实你挺聪明的。只要你好好学，你一定会学好的。"开始儿子听到这话的时候，还觉得很有劲。但时间长了，儿子却觉得妈妈说的话很假，因为他的考试成绩从来没有像妈妈说得那么好过。

　　又一次考试，儿子的成绩依然只是中等水平，当他回家后把成绩册拿给妈妈看时，妈妈却还如以往一样说："你挺聪明的，只要努力……"

　　"妈妈！"儿子突然打断了妈妈的话，"我不聪明，要不我怎么考不出好成绩呢？"

妈妈听到儿子的这句话，突然愣住了……

的确，就如这位妈妈所了解的，现在"赏识教育"很是流行，很多父母都学会了赏识孩子。但也有一部分父母却奇怪地发现，他们对孩子的赏识却没起到任何作用，有时候甚至会起到反作用。其实，这些父母都是只注重了"赏"，却忽略了"识"。

赏识教育，应该是"先识而后赏"的，我们必须先要看得到孩子的努力，看得到孩子的勤奋，知晓孩子努力的成果，以及他确切的优点。对孩子的勤奋赏识，才能让他明确自己进步的方向。

事实上，像"聪明"这样的空泛的夸奖，夸的都是孩子的先天资质。长期接受这样夸奖的孩子，就有可能会将"聪明"当成自己的固有资本，从而不再去积极努力地完善自我。

而且，这样的表扬因为没有确切的目标，如果长时间如此表扬，也很容易让孩子认为父母是虚伪的。这种没有实际内容的夸奖在他看来，就是父母对他不重视的表现。如此一来，也将不利于亲子间的交流沟通。

所以，若想要孩子有更大的进步与发展，我们对待孩子的奋斗成果，一定要夸奖他的努力，一定要赏识他的勤奋，这才是正确的激励方法。

孩子都愿意听人夸奖，但夸奖也必须夸对地方，具体应该如何做呢？

● **不要过分强调孩子的先天优势**

生来就漂亮的孩子，得益于父母的遗传；高大壮实的孩子，同样与父母的体格脱不开干系；而看上去明显聪明的孩子，也取决于父母的良好基因，可以说这些都是孩子的先天优势，这些与他实际的个人表现是完全没有关系的。

有人曾做过这样一组实验：

实验人员将一些孩子分成两组，他们对其中一组孩子说："你们能答对8道题，你们真聪明啊！"而他们对另一组的孩子却说："你们答对了8道题，可见你们确实付出了很大的努力。"

接着，实验人员给这些孩子两种任务让他们自己选择。这两种任务一种是完成任务的时候可能会出现一些差错，但是最终却能从任务中学到新知识；另一种是所有人都有把握能够做得非常好的。

结果，被夸奖聪明的孩子中，有70%的孩子选择了第二种，因为他们不想冒风险出差错；而被夸奖付出努力的孩子中，有90%则选择了第一种，他们想要继续挑战自己。

总是被夸奖聪明的孩子会得出错误的结论：他们把取得好成绩与脑子聪明画等号，而一旦受到挫折，就很可能断定自己并不聪明，随后也失去了学习的兴趣。而被夸奖努力的孩子，则会很愿意接受新挑战，因为他会一直努力下去，那么他就有可能战胜一些看似"不可能"战胜的困难。

夸奖孩子聪明，在思想还不成熟的孩子看来，他会认为聪明是自己的一种本领。一旦孩子有了这样的认知，他有可能就会将其当成骄傲的资本，甚至他还会去嘲笑原本并不太聪明的孩子，这样一来孩子的健康人格形成将受到影响。所以，在孩子小的时候，不要过分强调他的天生优势，要让孩子能有一个平和的心态。

● 对孩子的夸奖要发自内心

父母的夸奖，尤其是夸奖孩子的勤奋，一定要能发自内心，只有真诚的夸奖之声才能打动孩子的心，才能使他有所感触。

有位妈妈经常打骂儿子，忽然有一天她对正在吃饭的儿子说："儿子太好了！你真棒！你是最聪明的！"儿子听后却说："妈，你今天没事吧？梦话睡觉的时候再说。"

还有一位妈妈经常夸奖女儿画画好看，而且每次都是女儿刚拿出画来，她就立刻不假思索地说："啊！我女儿画得真漂亮！"但后来，妈妈再这样说的时候，女儿却不高兴了："是，在你眼里什么都好看，你到底仔细看了没有？"

类似这两位妈妈做的事情，许多父母可能也做过。对孩子的夸奖总是突然就冒出来，而且内容还经常没有什么实际意义，这样的夸奖自然起不到"赏识教育"的效果。试想，若是第一位妈妈再多与孩子沟通一下，不以打骂来

解决问题，而是多发现孩子的点滴长处，然后再去夸奖他，该有多好；第二位妈妈如果能仔细欣赏孩子的画，用中肯的态度去对待，夸奖的同时也给出小小的建议，也很好。这样发自内心的夸奖、有诚意的夸奖，才是孩子最想要的，也是他最需要的。

● 鼓励孩子将好行为继续保持下去

类似于勤奋、努力这样的良好行为状态或特质，是值得长久保持下去的。比如，对于孩子来说，不只是当学生的时候需要勤奋、努力，就算将来进入社会，勤奋、努力依然是事业成功不可缺的基石。而且，孩子若能将一些良好的行为状态或特质保持一生，那也会对他的人生发展产生非常积极的影响。

而父母对孩子的夸奖是为了激励，激励则是为了让他能够更进一步。所以，当父母夸奖了孩子之后，也要仔细观察他是否能继续保持之前的努力状态。若孩子就此懈怠，只在父母的表扬中停滞不前，就要及时提醒他继续努力，千万不要只看到一点点成绩就停止前进。让孩子明白，人生应该是一个不断奋斗进取的过程，应该坚持不懈。

● 夸奖也要讲究原则

夸奖孩子也要有原则性，要做到有的放矢。因为，夸奖过多很容易让孩子变得"不经夸"，他会骄傲自满、洋洋自得，不再努力进取；也很容易让他把周围的同学看成是"敌人"，一旦别的同学表现不错，他就有可能产生嫉妒心理；而且一旦他的成绩下滑，他还有可能通过欺骗、撒谎来骗取夸奖……

其实随着成长，孩子的心里也会有一把尺子，他会知道客套话和由衷赞美的区别。所以，父母要多多鼓励他去实践，对他付出努力和奋斗的过程给予称赞，夸奖他的勤奋，这样才能培养孩子不断进取的好品质。

此外，也不能为了夸奖而夸奖，要让孩子知道父母在发自内心地欣赏他，并对他的行为过程予以肯定。

沟通箴言 ⊙

　　作为父母，要能看到孩子的勤奋努力，并且要能真心去表扬他的这些行为。不要简单夸奖孩子的聪明，否则不利于他在主观上付出努力；也不要随意就夸奖他，因为没有针对性的夸奖对他也没有激励作用……要将对孩子勤奋的实际表扬，化为激励他继续努力与勤奋的动力，也化为他健康成长的动力，为孩子助力、加油！

28. "妈妈（爸爸）知道你想晚一点写作业！"

让孩子写作业也需要有智慧地"说"

写作业是每个学生每天放学回家的主要学习任务。但许多父母都有这样的感觉：让孩子能够又快又好地将作业做完，真的是一件不容易的事。

因为有的孩子回家后就将作业完全丢到了脑后，一心只顾着玩儿；而有的孩子即使写作业也是磨磨蹭蹭，一会儿喝水，一会儿上厕所，也根本不专心致志，完成作业的效率极低；而还有的孩子写作业需要有父母在一旁陪伴，否则他就不可能完成作业……本来就是一个检验当天学习成果的作业，很多时候却成了父母和孩子都必须要应付的"敌人"。

先来看一位妈妈的故事，也许能给父母一些反思和启示。

傍晚下班后，这位妈妈匆忙地赶回家，她要给上 4 年级的儿子做饭，饭后还要为他辅导功课。吃完晚饭后，她拿出课本、作业本，催促着还赖在电视机前面不愿意走的儿子，让他赶紧做作业。

这时候，她的手机响了，原来是单位领导临时找她有事。她叮嘱了儿子几句，要他一定要做完作业，然后就出门了。直到晚上十点，她才回到家，摇醒已经睡着的儿子问道："作业做完了吗？"儿子迷迷糊糊地点头。

可第二天，班主任老师的电话却打了过来，说儿子的家庭作业完成得很糟糕，这样下去他的学习成绩是很难提高的。母亲一听，心里万分着急，心想：儿子每次写作业都要有父母逼着、陪着、盯着、检查着……否则只要父母一放松，他对作业就马虎了事。为什么会这样呢？

孩子不爱写作业，这让许多父母都头疼不已。而其实，作业在孩子看来，也是一种负担。因为，若是写不完作业，就会"被老师批评""被妈妈骂""被爸爸打"……仔细看一下，这些理由都指向了这样一个方向：孩子好好完成作业，都是为了老师、为了父母。那么，做作业的根本动机在哪里呢？很显然，这些孩子是搞错了学习的动机和方向。

而作业，是老师为了帮助学生巩固当天所学的知识才布置的，大多都有很强的针对性。尽管作业有时候看起来是重复练习、记忆，或是枯燥地抄写，但对于年龄尚小、思维能力有限的孩子来说，反复记忆却是他日后能深刻理解知识的基础。由此可见，做作业对于孩子的学习来说是起到辅助作用的。而且，仅仅是抄写这样简单的事情，孩子都要叫苦不迭，那么将来若遇到更大的"麻烦事"，他又将如何面对呢？

所以，当孩子以不正确的态度对待作业的时候，我们要能及时地帮助他扭转不正确的思想，通过恰当的引导，帮他树立正确的学习态度，让他能自觉主动地将写作业当成一件重要的事情来认真对待。

可见，父母也需要有智慧地让孩子自动去写作业，那么应该怎样做呢？

● **不要因为孩子不写作业就呵斥他**

孩子做事磨蹭的时候，父母习惯性地就去催促他，尤其是当他学习、写作业磨蹭的时候，父母还会呵斥他。而这样的结果，往往可能是孩子越发地磨蹭，做作业更是不情愿，他由此还可能会出现逆反心理。

谁也不愿意被强迫去做不喜欢的事，然而写作业这样的事，尽管孩子不喜欢做，但这却是他必须要做的。所以，父母首先要缓和态度，以平和的口气去教育孩子，多表扬、少批评，至少要让他明白写作业对他的重要性。比如，孩子写作业磨蹭，但父母可以夸奖他穿衣服或收拾书包很迅速，通过这样的表扬来激发他内在的"快"的动力。

● **找到原因，通过具体学习方法帮助孩子**

孩子不愿意写作业，究其原因有许多种。有的孩子是因为偷懒，惰性大；有的孩子也许是因为作业中遇到了难题；有的孩子是因为没有听懂当天的课程而不会做作业题目；还有的孩子是因为没有合理安排才做不完作业；有的还是是因为家庭环境太吵，干扰太多，无心写作业；也有的孩子是因为作业太多或者完成学校布置的作业后还得做父母布置的作业，没有玩儿的时间，所以就"出工不出力"——磨洋工……所以，父母要细心观察，了解孩子不爱写作业或者作业写得慢、完不成的具体原因。

找到具体原因之后，父母才能通过具体的方法帮助孩子解决问题。比如，孩子因为偷懒不愿意写作业，父母可以让他帮忙扫地或者帮着整理房间，通过锻炼，来纠正他爱偷懒的毛病；若是他作业中遇到了难题或没听懂老师讲的内容，父母可以为他提供指导，帮助他解开难题；对于不会合理安排的孩子，父母也可以帮助他建立作业小计划；家庭环境太吵的，父母要帮孩子营造一个安静的写作业环境；如果作业太多，那父母就少布置或不再额外给孩子布置作业……只有找对了孩子不愿意做作业的准确"病症"，才能更好地给予他帮助，并让他最终顺利完成作业。

● **不要代替孩子写作业**

现在孩子的作业，有时候在父母看来会有重复的现象。比如，老师经常会留类似的作业，说要把生字抄写10遍，或者单词抄写10遍，或者类似的数学题要做5道，等等。有的父母觉得这样的作业都是"无意义的作业"，有些生字、单词、题目孩子明明已经会做了，为什么还要浪费时间让他去做呢？干脆父母替他完成这些"无意义"的作业好了。

这种想法是错误的！

其实，写作业是孩子自己的责任。做作业不只是简单地检验孩子的学习成果，或者简单地对孩子智力的锻炼，它同时也是在培养孩子独立做完一件事情的能力，是在培养孩子的耐性和他的责任感。别看只是做作业这么简单的一件事，但里面却包含了如何合理分配时间、如何合理计划作业的完成顺序、如何能有毅力地将作业做完等能力的培养。

若是父母代劳，帮助孩子做完了本应他自己做的事情，他也许会就此形成不负责任的个性，对他各方面的能力培养也会产生不利的影响。

更为重要的是，如果父母代替孩子写作业，这也会让孩子产生一个误解：老师讲的都是错的，是不重要的。这样他就会不再信任老师、尊敬老师，日后当他长大了，他也有可能不会去尊敬领导，更有甚者，他也会不尊敬父母。

● **教孩子学会合理安排时间、计划作业**

所有事情无非就是那么 4 种情况：紧急而重要的、紧急但不重要的、不紧急却重要的、既不紧急也不重要的，一般而言，做事的时候应该按照这个顺序来做，这样才能保证事情按时且保质地完成。但更好的方式是永远做"重要而不紧急的事情"，这样的事可以安排在自己能够掌握的时间内，处理起来就会比较从容，也会更高效。千万不要把这样的事寄托在碎片化时间上。总之，就是要学会合理安排时间，孩子写作业也是同样的道理。

有个女孩已经上 3 年级了，但她做作业却总是磨磨蹭蹭的，爸爸通过查找资料，学习方法，决定帮她改正这个毛病。爸爸首先把时间"化整为零"，将女儿做作业的时间分为几段，在每段时间里她都要认真完成一部分重要作业，每完成一段作业时间就可以休息几分钟。这样一来，女儿不断地完成一个又一个短期目标，她做起作业来既有积极性又有成就感。

如何能让孩子又快又好地完成作业呢？关键就是要让他能够合理地安排时间，并且有计划地完成作业。父母可以帮助孩子先将所有作业都罗列出来，分清楚哪些作业是能轻松完成的，哪些作业需要查阅资料才能完成，哪些是能独立完成的，哪些完成起来有些困难。之后再做一个详细的安排，在一定的时间内将所有作业按照上述"轻重缓急"的标准顺序来完成。一旦孩子学会了合理安排时间、计划作业，他的作业的完成情况就会好许多。

● **让孩子将写作业当成习惯**

写作业这种习惯，是为了帮助孩子达到好的学习效果而形成的一种学习上自动倾向性。这需要父母提醒孩子不断练习，使之逐渐变得稳定。

因此，我们要在孩子小的时候，就对他不断强化作业意识，循序渐进，引导他自己解决学习上的难题。同时，也要注意与老师相配合，当然也可以用榜样力量来影响他。总之，要让孩子将写作业当成自然而然的事情，要让他能自觉地、不断地去学习。

 沟通箴言⊙

作业可以检验孩子独立运用知识，巩固所学技能，激发他产生新的学习欲望，是孩子学习过程中非常重要的一环。父母要有耐心，也要有恒心，要从孩子小的时候起，就培养他积极对待作业的态度，这不仅有利于他当下的学习，也有利于培养他在未来认真做事的好习惯。

29. "孩子，还有比学习更重要的东西。"

学习之外的能力也需要孩子具备

　　现如今，一些父母的眼睛只盯着孩子的学习成绩，而且在很长一段时间里，人们都对这样一句话耳熟能详："学好数理化，走遍天下都不怕。"可事实真的如此吗？真的是只要学好知识就什么都能做好吗？事实证明，如果只知道学习，却不具备为人处世的品行与能力，走到哪里都会遇到障碍。

　　一个女孩从小一直生活在父母的保护之下，除了学习，父母什么都不让她做。都上6年级了，她依然不会自己梳头，不敢自己过马路。爸爸对她说："你是我唯一的女儿，你一个人过马路，我们不放心，万一有车开得很快碰上你怎么办？"

　　在父母的庇护下，女孩只知道一心一意地学习，就连交朋友也被父母控制得很严。按时上学，按时回家，除了学习成绩优秀，她几乎再也不会做别的事情。而这优秀的成绩使她顺利地考上了好大学，她本想在假期做家教，但父母又一次告诉她："我们现在不缺钱，不需要你去打工。假期你可以在家做做家务、看看电视、上上网，或者咱们一家出去旅游，这比做家教安全。"

　　就这样，女孩大学毕业了。她到一家用人单位应聘，在学校一向成绩很好的她做起专业对口的笔试试卷来说自然驾轻就熟。但当招聘人员问她："你对这项工作有什么见解？你将如何做这项工作？你的目标是什么？"女孩一下子涨红了脸，无法回答。因为之前这些问题从来都不需要她去考虑，父母都为她安排好了。招聘人员摇了摇头说："很抱歉！尽管你的业务水平很好，但我们需要的是一专多能的复合人才，不需要一个对工作没有主见的人。"

女孩这时候才后悔不已，她一边埋怨自己，一边埋怨父母："既然你们知道人生之路需要自己走，但为什么不早点让我自己走呢？"

学习并不是孩子唯一能做的事情，自理、自立、社交，经历困难、勇敢挑战、战胜失败，独立解决问题、与人共事，好思想、好品德，等等，哪一个是父母能给予的呢？这些都是需要孩子"亲力亲为"才能掌握啊！

真正的品行与能力，并不是从书本中获得的，也不是靠一纸文凭，或者几个烫金证书能代表的，它需要从实践中去获取。

诺贝尔经济学奖得主，美国经济学家弗里德曼曾说："不要把在学校的时间多少与学问的高低混为一谈。有些人在学校念了很多书也没有什么学问，有些人念书不多，但学问却非同小可。"意思是说，人不要死读书，不要一心只顾了学习，生活中的能力和品格培养，才是一个人成功的关键。

现代社会飞速发展，没有任何能力的人，将会举步维艰；而现代社会的社会化程度也越发强烈，许多工作都需要多方合作才能完成，缺乏对自己和他人能力正确了解的人，缺乏为人处世能力的人，同样也很难取得高成就。

但个人能力的培养也绝对不是一朝一夕的事情，很多能力必须从小就开始培养。由此可见，孩子的成长任务，就不单单是好好学习书本知识那么简单了，他需要学习并掌握的能力品格甚至会决定他的人生。

当孩子长大之后，他面对的就不再是 ABCD 的选择题，不再是简单的死记硬背的知识"应用"，而是一道又一道的生活实践题，他需要展现他各方面的能力。而能力的高低有无，将决定他是否会被这个社会所接纳，他是否能真的靠自己独立生存，并最终走向成功。

对孩子的能力培养，不是等来的，需要立刻就做，不妨参考以下建议：

● 不包揽孩子的一切，让他为自己负责

有句话说："可怜天下父母心。"父母无不希望自己的孩子平安、幸福，也无不对其抱有殷切的期盼，盼望他能出人头地。有的父母将所有的路都替孩子铺好，不让他经受一点挫折，认为这样孩子能走得更快更远；有的父母为孩子准备好一切，让他随取随用，认为这样孩子能省去许多不必要的麻烦；有的父母"帮助"孩子判断好坏，"决定"是非，认为这样孩子就可以不必走弯路……

当然，父母的心是可以理解的。但这种行为，却并不是在帮助孩子成长，反而是在为他的未来之路铺设了看不见的障碍。不能照顾自己的生活、不能好好地与人相处、不能自己做决定、不能独立解决问题与克服困难……孩子在未来势必会遇到这样一个又一个的问题，到那时，父母又该如何帮他解决呢？

所以，父母要放开保护过度的手臂，给孩子发展能力的机会与自由，父母只要在一旁给予指导就好，让他自己经历必要的人生风雨，而不是靠着父母的手臂做支撑才能长大。

● 要让孩子具备基本的生活能力

生活能力，是孩子无论到哪里都能自己照顾自己的保证，是让他能独立生存下去的基本条件。所以，不要溺爱孩子，要从他小时候起就开始培养他良好的生活习惯。如，自己穿衣服、整理房间，自己的东西要自己归置，会做简单的家务，等等。这些事情虽然看似简单，但它们在孩子的成长道路上，却又会发挥巨大的作用，父母绝不能忽视这项能力。有句话说，"会做饭的孩子走到哪里都能活下去"，是非常有道理的。

要告诉孩子："一个人成长道路上，不仅仅需要知识学习，还有比学习更重要的东西，各种能力也需要掌握。"明白这个道理的孩子，就会自觉地去加强自身能力的培养。

● 丰富知识的同时，也要教孩子学以致用

仅仅把知识装进了大脑还不算成功，只有能够将各种知识灵活运用，达

到学以致用的目的，才算真的把知识学到手了。

战国初期，赵国名将赵奢的儿子赵括熟读兵书，对兵法了如指掌。但赵奢认为儿子并不能领兵打仗，因为他没有实战经验。可当秦军攻赵的时候，赵王却还是因懂兵法而被授予了兵权。但打起仗来，赵括却只会照搬兵书，不懂变通。结果40万赵军被秦军围困，全军覆灭，赵括自己也被射死。

这就是历史上有名的"纸上谈兵"的故事。

很长时间以来，人们都知道这个故事是在讲只有书本知识没有实际经验是不行的，但是却依然有许多父母在培养孩子的时候，只注重他的成绩，却忽略了知识的实际应用。

实际上，一个人不仅要通过不断的学习来丰富自己的知识，同时也要培养在实际中运用知识的能力。能力的培养是孩子一生的立身之本。

● 多鼓励孩子，给他以自信心

培养孩子的能力，父母也不要吝啬自己对他的夸奖。当孩子某一方面的能力发展取得进步的时候，父母要及时给予鼓励与肯定，对他做得好的地方多加表扬，对他做的不对的地方帮助他纠正。

父母的鼓励，对孩子能力的发展将起到推动作用。因为鼓励可以激励孩子挖掘出他的潜能，并且使其能力得到最大的发挥。同时，鼓励带给孩子自信，还能进一步培养他的独立意识，使他在生活中能够得到磨炼。因为，父母的认可将会给孩子以更大的勇气，能帮助他从失败中吸取教训，找回信心，变得更具韧性与独立性。这在无形中也培养了孩子的耐挫能力。

在这个过程中，父母不要急躁，孩子不可能做得十全十美，他的能力培养也是急不来的。父母要让孩子用心去体会，多欣赏他，给他以信心、勇气和力量，让他的能力得到最大的发展。

● 提醒孩子，好品德什么时候都不能丢

除了学习，孩子不能忘记能力的培养。但是，无论是学习还是能力培养，我们对孩子的品德教育都应该贯穿始终。只学习知识，而没有好品德，到头来知识的运用有可能会走上歪路；而具备了能力，却品德败坏，那么能力越大，

对社会、对他人的危害也就越大。这一点在前面也强调过。

所以，提醒孩子，要学习知识，培养能力，但最重要的品德无论什么时候都不能丢。在培养能力的同时，要将品德的培养也一并进行。比如，锻炼自理能力，做家务的时候，不要忘记对父母的孝道；锻炼自己的交往能力，与同龄人相处要有悌道；在社会上，要讲诚信公德，等等……孩子应该成为一个有知识、有能力，同时又品德高尚的人。

 **沟通箴言** ⊙

今天的社会是具备高能力、高素养的人的天下，缺乏能力，只知道死读书、背定理公式的人，将会没有用武之地。所以，父母要避免孩子陷入"高分低能"的境地，要让他刻苦努力学习文化知识的同时，也要重视各方面能力、品德的培养，让他能在未来成为一个对社会国家真正有用的人才。

30. "妈妈（爸爸）要做你的榜样！"

榜样就是现身说法，无言的行动胜过一千句"话"

有人曾这样比喻："家庭是孩子的一面旗帜，孩子是家庭的一面镜子。"也有人说："家庭是人生的第一课堂，父母是人生的第一任教师。"这些话无不折射出这样的一个道理：**父母就是孩子最大最好的榜样，父母的行动、思想、品德，会慢慢地渗入孩子的生活中去。**

现在孩子的学习问题是许多父母最为关心的话题，直接对孩子讲道理让他好好学习，可能起的作用不大。这时候，父母的榜样力量就显现出来了。若父母能给他做出一个爱读书、爱学习的榜样来，那么他在榜样力量的影响下就会自觉自主地去学习，而不再好意思随意玩耍。

一位父亲曾经很羞愧地讲过这样一件事：

最近，我发现上 5 年级的儿子总是上网玩游戏，学习不如以前认真了，成绩也下降了。一天晚饭时，我对儿子说："你这几天总玩游戏，你看你小考成绩才刚刚及格。你就不能控制一下自己，不再玩游戏，转而把精力用在学习上吗？"儿子却很无所谓地说："你还说我呢，妈妈说你要参加什么资格考试，你自己不也天天玩手机，没有看书？"我一下子愣住了……

其实，孩子经常会将自己的行为与父母相对照。父母若平时不注意自己的言行举止，孩子就有可能会借由父母的不当行为来为自己的过错开脱。

再来看一位母亲的故事：

夏季的一个傍晚，她带着上 3 年级的女儿到广场散步。忽然发现一直跟在身边的女儿不见了，她慌忙回头正要寻找，却看见女儿正蹲下身子捡起路上的空饮料盒子，随后把它丢进了垃圾箱。

她看着女儿跑到自己身边，问道："为什么要捡那个呢？"女儿很认真地回答："因为之前经常看见妈妈捡地上的垃圾丢进垃圾桶，再说，老师也经常教育我们要爱护环境。"她听后，欣慰地笑了……

身教往往就是这么简单，这位母亲并没有给女儿讲过什么大道理，但女儿幼小的心灵里却记下了母亲的良好品德。也许开始的时候，孩子只是单纯地对父母的好行为进行模仿，但在父母好榜样的影响下，随着时间的推移，他自然也会培养出好品德的。

有一段时间，电视里总在播一则公益广告：

一位妈妈给自己的母亲（也可能是婆婆）洗脚，年幼的孩子看在眼里，立刻也学着妈妈的样子端出一大盆水来说："妈妈，洗脚。"

这段广告有一句画外音："其实，父母是孩子最好的老师。"

可见，一些事不用刻意去教，只要父母做得好，孩子自然也就学会了。

同样的，学习方面也是如此。**著名作家列夫·托尔斯泰曾说过："全部教育，或者说千分之九百九十九的教育都归结到榜样上，归结到父母自己的端正和完善上。"的确如此。充满学习气氛的家庭会给孩子一个良好的环境，所以，父母要做到"教儿教女先教自己""正己而不求于孩子，则无怨"，父母认真学习的样子，也会成为孩子模仿的对象。在家庭良好的环境和父母良好的榜样的双重作用下，孩子就能受到良好的熏陶。**

那父母应该如何做才能为孩子现身说法，为他树立良好的榜样呢？

● **父母要时刻注意自己的言行**

二百年前，美国康涅狄格州有一个叫嘉纳塞·爱德华的人。他很有学问，注重自身修养，十分重视对子女的教育。他的家族至今已经繁衍了 8 代，这些子孙后代中有 1 位副总统、1 位大使、13 位大学校长、103 位大学教授、60

位医生、80多位文学家、20位议员。在长达两个世纪的时间里，这个家族竟没有一个后代因触犯刑法而被拘捕、关押或判刑的！

而与之相反，美国纽约州有一个叫马克斯·莱克的人。他整天不务正业，不仅是一个酒鬼，还是一个赌徒，他对子女自然也是不管不教。他的家庭至今也延续了8代，但是，在他的子孙中，却有7人因杀人被判刑，65人成了盗窃犯，还有234人沦为乞丐，因为嗜酒而残废甚至死亡者，更是超过了400人。

这是鲜明的对比。可见，父母榜样的力量不仅仅会影响下一代，甚至也能影响其后所有的子孙。确实应该引起为人父母者的反思。

平时从来不看书的父母，孩子也不会对读书有多大兴趣；从来不愿意钻研知识的父母，孩子遇到学习上的问题，也不会愿意去多动脑子；自己都不愿意多谈论学习的父母，又怎能指望孩子学业上有所成就呢？

尽管有的父母认为以上的这些言行大多是自己不经意间才表现出来的，但孩子的眼睛就好比是一架照相机，他会真实地记录下父母的一举一动。然后他会按照自己头脑中已存的这些"照片"去模仿，一旦孩子从简单的模仿变为养成不好好学习的习惯，那时候他的学习之路就会越发难走。

所以，父母要时刻注意自己的言行，多培养一些好的行为习惯。要努力树立良好形象，在一点一滴的小事上，给孩子以健康、积极的影响。如，父母工作勤恳扎实、敬业上进，孩子对自己的学习也会认真对待；父母有广泛阅读的好习惯，孩子也就愿意博览群书；父母做平时喜欢逛书店，孩子一定也愿意去徜徉书海，等等。父母要让孩子如入"芝兰之室"，久浸在自身好言行的"芬芳"之中，他也会变得"芬芳"起来。

● 用榜样力量帮助孩子解决不同的问题

孩子在成长的道路上，经常会遇到各种各样的问题，学习上的、生活上的、思想上的，这些问题中，有一些是需要父母给孩子提供直接的帮助，让他能尽快寻找到合适的解决问题的方法；而有一些问题，父母可以借由自身的榜样力量，让孩子自己了解问题的根源所在，从而找到解决的方法。

著名教育家黄炎培先生十分关心子女的成长。一天晚上，黄炎培故意将鸡毛掸子扔在地上，然后对孩子们喊："快过来，爸爸有事要跟你们说！"几个孩子一听都争先恐后地跑过来。但孩子们看见地上的鸡毛掸子不是绕了过去，就是跳了过去，没有一个人弯腰捡起来，他的小女儿竟然还一脚踢飞了它。孩子们的母亲也跟在后面，她一眼就看见了被小女儿踢飞的鸡毛掸子，便走过去捡了起来并将其放回了原处。

这时候，孩子们都问黄炎培："爸爸，什么事啊？"黄炎培严肃地说："有事，就是鸡毛掸子的事。"看着孩子们迷惑的神情，他说道："掸子掉在地上，你们为什么不捡起来呢？但你们的母亲却毫不犹豫地就把它捡起来放回原处。这虽然是小事，但是却反映出来一个大问题。你们的母亲长期操持家务，养成了勤劳的习惯，但你们却从来都依赖大人，这样下去将来如何自立呢？从现在起，你们要学会自己照顾自己，长大了才能踏踏实实地做些事啊！"

从那以后，孩子们都争着帮妈妈做家务，努力学习打理自己的生活。这样一来，他们的学习、生活各方面都进步得很快。

黄炎培从生活细节处开始培养，让孩子以母亲为榜样，培养他们基本的生活自理能力。这就是一个用榜样力量帮助孩子解决问题的例子。在教育孩子好好学习方面，父母也可以参考这个例子，要让孩子自己从父母的言行举止中发现问题，自觉地去向父母这个好榜样学习，从而愿意自主去学习。

● 不要用榜样来压制孩子，也要听听他的意见

说到给孩子树立榜样，有的父母也许会走入一个误区。比如，当孩子对父母的言论行为产生疑惑时，有的父母就会说："我怎么说你就怎么做！""我怎么做你照着学就是了！"孩子的问题并没有被解决，而且还要按照父母的样子去做，久而久之，孩子的疑惑可能会越来越多，他的意见也就越来越多，父母的榜样作用也就显现不出来了，取而代之的可能就是父母的"专制"了。

父母应该与孩子就学习方面的疑问及相关问题多做交流沟通，多了解他内心的想法，要能及时为他答疑解惑，也要能听进他提出来的不同的意见和建议。千万不要用自己所谓的"榜样"来压制孩子，不要让他觉得父母的榜样就是父母的"权威"和高高在上。榜样是让人发自内心地主动去学的，而

不是被命令、被强迫去学的。

所以，父母也要多听听孩子对自己的学习以及未来发展的意见，亲子双方共同解决问题，共同向着积极的人生方向去发展，这样父母和孩子就都能得到进步，同时还能增进亲子关系，让亲子沟通和亲子教育都更有效。

 **沟通箴言** ⊙

有些父母可能会说："我没文化，工作忙，也不懂教育。学校老师不是能教育孩子吗？"这是一种错误的、片面的、推脱责任的想法。要想教育好孩子，家庭教育必不可少。而且，父母自己首先要成为好的模范，否则上行下效，孩子将会深受其害。良好的家庭教育与父母的文化水平高低无关，而与父母是否有良好的品德修养，是否关心孩子的成长有关。

第四章　用语言引导孩子，让他过轻松的生活
——5 种培养孩子良好生活习惯的沟通技巧

学习不是孩子的全部，父母不应该把所有的关注点都放在孩子的学习上，也应该关心他的日常生活，重视培养他的良好生活习惯。只要在日常生活方面给予孩子足够的关心、理解与支持，注意用恰当的语言去引导孩子，亲子关系就会越来越亲密，孩子也更会生活。

31."早起的鸟儿有虫吃！"

让孩子早睡早起，作息有规律

"早睡早起身体好"的道理谁都知道。几乎所有父母在对孩子生活习惯的指导中都不会忽略这点。但是真正执行的时候，往往会遭到孩子的抵触，折腾、耍脾气都是十分常见的。就算孩子在父母的强制下关灯睡觉，他的情绪也相当不好，因为不情愿。

7岁的男孩喜欢看动画片，每天都要看到很晚才睡，第二天早上总是起不来。一天晚上，爸爸想让他学会早睡早起，于是强制熄灯，不让他看动画片。结果男孩闹起了脾气，非吵着要看，爸爸气得打了他。男孩大哭起来。妈妈一边劝爸爸，一边哄他……他折腾了许久，终于睡着了，但已经过了午夜12点了……

如果爸爸坚持这种做法的话，在折腾几天后，男孩可能会服从爸爸。但是，这种强制威压的方式只能暂时解决问题，男孩心里很可能会想："等爸爸不在家的时候，我要……"或者"等我长大了，没人管我，我要……"更麻烦的是，如果父母手段粗暴，对孩子惩罚过重，不但会在孩子心灵上留下阴影，还会使孩子对父母产生畏惧或对抗性情绪，严重影响亲子关系。

至于让孩子早起，倒是相对简单些。在父母反复催促之下，孩子肯定会醒，最后也只能起来。但是孩子很可能会出现"起床气"，如：吃早餐时把餐具弄出很大的响声、对父母说话语气很差、用力摔门……如果父母比较强势，孩子不敢把心中的怨气表现出来，虽然会按时起床，但是却极不情愿，动作磨磨蹭蹭，消极抗议。而这种消极抵抗的方式很可能泛化到生活的其他方面，造成孩子做事时拖沓、敷衍、应付等坏毛病。

那么尝试着对孩子讲道理呢？告诉孩子"早睡早起有利于身体健康"、"要养成良好的生活习惯"等又会如何呢？

有个孩子也喜欢赖床，妈妈每次叫他起床的时候都会说："早睡才能早起，这样生活有规律身体才会好。"孩子每次都说："知道了。"然后继续在床上赖着不起来。

后来爸爸觉得这样教育不起作用，于是对孩子说："你连按时起床都做不到，将来还有什么出息！"然后就将他从床上拽了起来。孩子感觉很委屈，后来他在日记中写道："妈妈像唐僧一样唠叨，爸爸像孙悟空一样爱动手……"

单纯的说教对孩子习惯的养成并没有什么显著作用，反而会让他感到厌烦。而训斥类似惩罚，效果也是暂时性的，不但无法彻底改变孩子的习惯，还会增强他对起床的厌恶情绪。

本来父母是出于对孩子的关心，才会管他，结果他却不明白父母的苦心，反而觉得父母干涉自己，让自己不自由。

那么，怎样劝说孩子才能让他把话听进去并照做呢？

● **要给孩子思考的空间**

有个女孩喜欢用蜡笔画画，每天做完作业总是要画好久。由于睡得晚，每天早上起床都很费劲。妈妈让她早点睡，可是她却舍不得放下画笔。

于是妈妈说："你早上起床的时候很难受对吧？"女孩点点头。

妈妈继续说："妈妈也知道你喜欢画画，可是白天要上学，不按时起床就会迟到。所以，早上起床的时间是不能改的，对吧？"女孩说："嗯。"

"那怎么办呢？"妈妈问。女孩说："妈妈，我知道晚上要早点睡，可是我还是想画画，不想睡那么早。"妈妈又说："可是妈妈每天看到你起床时那么难过，妈妈会心疼的呀！"

女孩低下头，想了一会儿说："我可以早睡一个小时。以后我晚上不看动画片了，先做作业，这样就能省出时间来画画了。"

妈妈抱着女孩称赞道："真是个乖孩子！"

很多时候父母总是希望孩子按照自己说的做，并认为这样教育孩子比较简单。其实，孩子自己也有思考的能力。如果父母不是采取规定孩子必须做什么的方式，而是把问题交给孩子，让他自己思考，就不会发生那么多的冲突。而且孩子自己想出的办法，执行起来也会自觉自愿。

其实，让孩子服从父母的意志并不是好的教育方式，而让孩子学会用自己的意志去做正确的事情才是教育的成功。

就像前面这位妈妈，把情况呈现在孩子面前，让孩子自己去思考该如何做，虽然这种方式和直接命令、劝说的目的相同，都是为了让孩子养成早睡早起的习惯，但是孩子的感受却完全不同。在这种方式中，孩子自己考虑了所有的情况后选择了方案，最后的方案体现的是孩子自己的意志，而不是父母强加给他的，所以孩子会心甘情愿地去执行。这样做不但能缓和亲子关系，还能培养孩子独立思考的能力。

● 劝说要选择合适的时机，循序渐进

男孩喜欢看动漫书，每天看到很晚才睡。晚上10：30，妈妈发现他还在看，就说了句："还在看，这么晚了，还睡不睡啊！"男孩正看得起劲，听到妈妈的抱怨后很烦，于是反驳道："我明天按时起床不就好了，又不会耽误上课。"

妈妈说："我是为你好，这么晚不睡，明天上课怎么有精神？"男孩说："哎呀，反正我成绩不下滑不就行了吗？"妈妈知道说什么都没用了。

在这种情况下，妈妈如果再继续坚持的话很可能引发一场争吵。那么该如何去规劝孩子呢？其实不是不能劝，而是劝说孩子一定要选择合适的时机，不要在孩子正高兴、起劲的时候"泼冷水"。就像这个男孩，其实最佳劝说时间是他早晨起床的时候。由于没有睡够，他的面色肯定不佳，也不愿意起床，

他自己也许也会想"要是昨天早点睡……"，这时，妈妈如果能心平气和地说几句，男孩便能听进去。

但是需要注意，不能采用讲大道理或训斥的语气。最好用关怀的口吻来打动孩子。如，给孩子递块热毛巾，问他："困不困？"等到孩子接受了妈妈的善意，妈妈再建议："要不你以后早点睡吧！"这样连续几天打上几次"预防针"，孩子有了心理准备，妈妈就可以在孩子晚上要开始玩的时候说："今天早点睡……跟妈妈约个时间吧！"等到孩子说了要几点睡之后，如果到时候孩子还在玩，这时妈妈就可以去劝孩子睡觉。因为之前协议已经达成，孩子也不会太反感，劝说也就很容易成功。

● 不要迁就孩子，积极应对

有些父母对孩子的毛病采取一种放任的态度，最开始可能说一说，但是一旦孩子不听，也就听之任之，不再过问。这种教育孩子的方式多少有点"遇到困难就放弃"的感觉。

有个女孩学习很好，平时也能按时起床，可是每到周末，就非要睡到中午不可。妈妈说让她早点起床，可是她说："好不容易不用上学了，我当然要好好放松下。"妈妈听了后也觉得的确如此，于是就不再管她了。

爸爸后来觉得不妥，于是对她说："休闲放松也有很多种，你躺在床上不觉得闷吗？空气清新吗？早点起床，今天我们一家去植物园玩玩。"女孩听了，感觉"正合我意"，于是高高兴兴地起床了。

就像这位妈妈一样，很多父母会觉得孩子平时太累，休假时睡个懒觉也无妨。于是，也就不努力地去要求孩子必须早起了。其实，就像这位爸爸所说的，休闲放松不一定要躺在床上睡懒觉。父母完全可以帮孩子找出一些积极的休闲方式，让孩子在有兴趣的情况下自觉自愿地早起。

● 绝对不要掺杂负面情绪

孩子很敏感，一旦父母在和孩子沟通时有负面情绪，孩子会本能地抵触，这样一来，再想达到好的沟通效果可能就会比较困难了。

10岁的男孩喜欢玩电子游戏，一玩上瘾就停不下来，非要等到实在困得不行才会去睡觉。妈妈十分讨厌他的这个坏毛病。

一天晚上，妈妈叫他洗漱时，推门看见他又在玩游戏，于是忍不住说了句："还在玩游戏，看你明天起不来床怎么办！"

男孩很不高兴，于是顶了句："起不来就起不来呗，大不了不去上课了！"这话正好被爸爸听到。爸爸严厉地训了他，谁知道，爸爸越说他越顶嘴。最后，一场家庭大战爆发了……

妈妈一开始说男孩的那句话，隐藏的情绪是对他玩游戏行为的厌恶，也正是这种厌恶导致了他后来的顶嘴。这时抵触情绪已经产生，良好的沟通已经无法进行了。这个时候爸爸又出来"教育"孩子，自然是火上浇油。妈妈的负面情绪加上爸爸的强制训斥，最终导致了这次沟通的失败。

在跟孩子沟通时，父母越温和坚定，孩子就越不会抵触，也越自律。

● **父母也要尽可能早睡早起**

如果父母是"夜猫子"，自己再去教育孩子要早睡早起，那么言辞上不论多么有说服力，都不会有什么好效果。而且还会给孩子留下一个"言行不一致"的印象。

因此，要让孩子能听进去自己说的话，首先父母要在这些话上做到位。家里人都早睡，如果孩子玩得晚了，父母可以说："你看大家都睡了，你怎么还不睡呢？"孩子自己也会感到有些不妥，这样可以省去很多劝说的言辞。

如果确实有事情要忙，那也先给孩子营造早睡的氛围，比如灯光调暗，电视、音响设备等都关闭，甚至干脆跟孩子一起睡，哪怕是假装睡着也好。等孩子睡着后，父母再忙自己的事。慢慢地，孩子也就能早睡早起了。

 **沟通箴言** ◎

让孩子养成早睡早起的习惯其实并不难。首先，父母要放下"家长"的架子，和孩子去交流，看看孩子不愿意早睡早起的问题到底出在哪里，在一次次的

商谈中，让解决问题的办法自然产生，千万不能操之过急；其次，父母要调整好自己的情绪，不要因为孩子不肯听话就斥责孩子；最后，父母的言行合一大过一切，要给孩子做早睡早起的榜样。

32. "玩具熊找不到'家'了！"

培养孩子养成"动物归原"的良好习惯

孩子长大了，自己会吃饭、穿衣服、洗澡了，但是东西用完后却还是到处乱扔，还需要父母帮忙收拾。如果孩子能在用完东西后物归原处，那么不但父母整理房间的时间会减少，而且在找东西时也不会忙乱不堪。让孩子拿东西时顺便记住东西放置的位置，用完及时归位，不但能让家庭环境整洁有序，还能培养孩子"动物归原"的良好习惯，一举多得。

可是，父母在培养孩子"动物归原"这个好习惯的过程中，却往往会由于和孩子沟通方式不当而出现种种问题。

10岁的男孩经常把自己的房间搞得乱糟糟的：衣服扔在椅子上，课本丢在床上，文具、钥匙这些小件物品更是完全没有固定位置。妈妈经常告诉他："东西要摆放在固定的位置，用完之后要归位。"他每次都说："知道了。"可是房间依旧乱成一团。

妈妈为此伤透了脑筋。于是，她试着给男孩讲道理："你的东西这样子乱放，到时候根本找不到在哪里。"男孩回答："反正就在屋里，也丢不了，慢慢找找就出来了。"

说话孩子不听，给孩子讲道理，孩子能说出一堆歪理。如此看来，让孩子培养出一种良好的生活习惯似乎很难。

于是，在"教子必严"思想的指导下，父母开始训斥孩子，一旦孩子表

现出反抗情绪，父母甚至会动用一些比较粗暴的手段来惩罚孩子。

另外一个男孩11岁，他总是将房间搞得很乱。爸爸曾要求他收拾好房间，可没过几天，屋里又乱成一团了。一次爸爸刚好看见男孩将新买的光盘随手扔在桌子上，而光盘盒就在一旁放着。爸爸忍不住了，就训斥男孩："你怎么又乱扔东西，也不知道将光盘收进盒子里……"爸爸还没说完，男孩便反驳道："我不是忘了吗？再说了，我晚一点收拾不也一样？"

爸爸很生气，开始教育男孩："东西用完后就要马上放回原处。下次再看见你这样，看我怎么教训你！"男孩十分不服气，哼了一声，结果被爸爸在屁股上打了两巴掌。

虽然孩子并不是不能惩戒，但是采取这种方式教育孩子，我们需要掌握很高的教育技巧，训斥和惩戒背后都必须有很明确的规则作支撑。如果仅凭一时气愤就对孩子动手，不但不能让孩子养成良好的习惯，反而会使孩子内心生出叛逆情绪，越来越难以管教。其实，让孩子学会将使用过的物品放回原处并不困难，关键在于我们怎么去说。

有个6岁女孩，每次玩的时候都会将玩具弄得满屋子都是，妈妈每次都要帮她收拾。一次妈妈在看到扔在地上的小熊时灵机一动，想了个办法。她对女孩说："小熊玩累了，我们送小熊回去睡觉好不好？"

女孩很配合地拿起小熊放到了床上。妈妈微笑着说："小熊每天不是在这个位置睡觉的，它会不习惯，你想想它的家在哪里？"女孩这才想起每天自己都是从篮筐里把小熊拿出来的，于是她将小熊放回了篮筐。

可见，孩子并不是无法学会"物归原处"。妈妈巧妙地将小熊拟人化，用"小熊睡觉"这个故事背景引导女孩将玩具归位。这样既引导了孩子，又没有引发孩子的抵触心理，比起给孩子讲道理或训斥，效果要好得多。

那么，我们还能用些什么方式让孩子学会"动物归原"呢？

● 营造一个整洁、有规律的家庭环境

要让孩子学会用完东西放回原处，家里的东西就要有固定的方位。如果父母将东西乱放，就算告诉孩子"动物归原"，孩子也会发现"无处可归"。

所以，家庭环境一定要整洁，物品摆放要有序。这样父母在教育孩子时才能说："把你刚才拿的东西放回原来的位置。"家庭环境如此，孩子自然会受到影响，父母教他将东西放回原处时也会相当省心。

● **在恰当的时机告诉孩子一个"小窍门"**

很多家庭都是孩子玩累了，去吃东西或休息了，然后妈妈开始收拾东西，把玩具一一归位。孩子习惯了这样的方式后自然会认为，收拾东西是大人的事情，与自己无关。于是，他根本意识不到要将物品放回原位的重要性。所以，父母最好让孩子自己整理自己的房间，让他体会到，要想减小工作量，就要及时"物归原处"。

有个 7 岁男孩喜欢玩弹珠，每次弹珠总是滚得到处都是，一次妈妈进他的房间收拾东西，一不留神踩到了散落在地上的弹珠，差点儿滑倒。

妈妈本来想帮他收拾，可是转念一想，不能再这样惯着他了。于是便将男孩叫了过来，说道："你是个大孩子了，以后要自己收拾自己的房间。"男孩试着收拾了下，发现很多东西都不知道该放在什么地方，忙了半天也没收拾好。这时，妈妈对他说："妈妈告诉你个小窍门，你用完什么东西放回原处，这样收拾起来就轻松多了。"果然，男孩实验了几天，等自己再开始收拾东西后，便发现容易多了。就这样，男孩养成了将东西及时归位的习惯。

● **让孩子体会到物归原处的好处**

为了让孩子切身体会到"物归原处"给生活带来的便利，妈妈可以让孩子帮忙找东西。

比如，妈妈让孩子拿剪刀，孩子问："在哪里？"妈妈告诉他："家里的剪刀一直放在写字台上面的抽屉里。"如果下次孩子自己需要用剪刀，问妈妈："剪刀在哪里？"妈妈就可以说："剪刀就放在妈妈平时放剪刀的位置，你知道在哪里，自己去拿吧。"妈妈可以加一句："妈妈每次用完都将剪刀放在同一地方，这样找起来特别快。"

这时孩子就会知道"物归原处"有多方便了，也就愿意去做了。

● **在孩子找不到东西的时候教育他**

有需要才会有市场。在孩子需要的时候教给他，才会更有效果。

"妈妈，看见我的胶布了吗？"女孩一边左右看着，一边问妈妈。妈妈说道："我原来是放在书架上了。"女孩说："我昨天用了，后来不知道放哪里了。"于是妈妈开始和女孩一起找胶布，最后发现胶布在女孩书桌上的一本书下面压着。将胶布递给女孩后，妈妈说道："下次用完东西要放回原来的位置。"女孩红着脸答应了。

孩子自己放的东西找不到，本来已经很尴尬，这时如果父母再长篇大论地数落他，难免会惹得他"恼羞成怒"，明知自己错了也不会承认。这位妈妈的做法就十分明智，简简单单一句话，孩子反而会记在心里。

● **用提问的方式让孩子明白物品的位置**

妈妈教 6 岁的女儿给玩具归类。妈妈问："小熊睡在那里？"女儿回答："睡在靠椅上。"一边说着，一边将玩具熊放在了椅子上。

妈妈又问："布娃娃睡在哪里？"女儿回答："睡在筐子里。"接着，女儿把布娃娃放进了玩具筐……

就这样，妈妈以做游戏的形式教会了女儿如何将玩具放在恰当的位置。

不仅是年龄小的孩子需要学习如何归类，年龄大的孩子也一样。不过父母的沟通方式要有所调整。如果是 12 岁的孩子，可以问他："你看，这个新买的变形金刚放在哪里比较好？"让他选择一个位置，以后每次拿出来用完都让他放回固定的位置。

● **不要忘记表扬和强化**

儿子去洗澡，脱下来的脏衣服就扔在了床上。妈妈将脏衣服收进了脏衣篮，对浴室里的儿子说："下次脱下脏衣服记得扔到脏衣篮里。"

可是在之后的几天里，儿子还是没有这样做，但是妈妈却没有批评他，而是将脏衣篮移到了他的床边。

有一天，儿子脱下衣服，刚好脏衣篮就在手边，顺手扔了进去。这时，妈妈说："儿子真懂事，明白妈妈整理衣服很累，知道自己放进去了。"儿子有些不好意思，以后再也没有将脏衣服到处乱扔了。

表扬和强化需要抓住时机，要在好行为发生后及时表扬。有的好行为是孩子听了父母的话做出来的，有的则是孩子不经意做出的。对于孩子偶然的好行为，父母更要及时表扬。而且就像这位妈妈，可以给孩子制造一些机会，让孩子不经意中做出好行为，这样一旦表扬了孩子，孩子出于自尊的需要，会把这种行为继续下去，这样也就慢慢养成稳定的习惯了。

沟通箴言 ⊙

让孩子学会"动物归原"，仅是讲道理，或者用规矩去约束他起不到多大的作用。要在沟通中去引导孩子，沟通不但要把握时机，也要注意变通。如果沟通暂时僵住了，千万不能强迫孩子去接受自己的观点。可以等待时机，下次再进行沟通教育。

33. "妈妈（爸爸）知道你是个有孝心 的孩子！"

引导并培养孩子的孝心，这才是孩子成才的关键

孝敬父母是中华民族的传统美德。但是这种美德的培养在家庭教育中却一直被忽视。父母更关心孩子的成绩、特长，认为这才是孩子在社会上立足的根本。在这个充满竞争的社会背景下，这种观点似乎也正确。

但是，人要在社会中生存下去，需要的不仅仅是能力。当生活遭遇困境和低谷，如果没有一些精神因素作支撑，走上绝路简直是一种必然。一些苦尽甘来的人在叙述往事时，经常谈到朋友的关心，自己对父母、妻儿的责任让他咬紧牙关坚持了下来。其实父母回想一下自己的生活也会发现，支撑着自己挺过困难的，并不仅仅是能力。

知识与能力并不是一个人的全部。成才之路要想走通，爱与责任比知识与能力更重要。这个爱与责任首先是对父母——孝道，因为"百行孝为先"。

今天在孩子的学习生活中，缺乏精神动力的情况也相当普遍。很多孩子由于不知道为什么而学，学习在很大程度上变成了应付老师和父母的要求，所以根本谈不上自觉自愿。而父母和老师，也为了孩子的学习伤透了脑筋。督促孩子写作业、检查作业、考试、评优秀生、批评和表扬……几乎所有的方法都用了个遍，可是一旦停止督促，孩子又恢复原样了。很多父母都感觉到孩子的惰性——"不拿鞭子抽就不跑！""前面不拴个胡萝卜，就不知道

往前赶！"

如果孩子有精神动力，那么他就会知道为什么而学，那么不用父母苦心孤诣地研究怎么让孩子成才，孩子自己就会向那个方向努力。而且这种精神动力也能支撑着孩子去克服在成才之路上遇到的困难。而想要孩子有精神上的动力，想要孩子明白爱与责任，最简单、最有效、最彻底的办法就是培养他的孝心。

孔子在《孝经》开篇讲道："夫孝，德之本也，教之所由生也！"意思是，孝是一切德行的根本，也是所有教化产生的根源，是一切教育的出发点，所有的教育都应该从教孩子学孝道开始。没有孝道的教育是不完整的。而一个懂得孝道的孩子，他一定会好好学习，一定会积极乐观地生活，以后也一定会有好的工作，有好的前程，更会有幸福美满的人生。

一个孝敬父母的孩子，不会让父母操心，无论是在学习上，还是在生活上，他都会尽力让父母开心。《弟子规》提到的"亲所好，力为具"，如果孩子掌握了这句话的精髓，那他就懂得如何去做了。我们做父母的，都希望自己的孩子学习好。而一个有孝心的孩子，知道父母希望他能学习好，他就会主动地学习，根本就不用父母在后面催逼，更不需要父母用物质、金钱奖励来诱惑。所以，孩子有孝心，他就会学习好。在孩子看来，学习好就是对父母尽孝。这样，他的成绩还会不好吗？

一个懂得孝敬父母的孩子，也会懂得尊敬老师，正所谓"孝亲尊师"。我们想想看，如果孩子懂得尊重老师，老师讲的课程他会认真去听，也即"亲其师，信其道"，而不用老师千叮咛万嘱咐，学习对他来说是一件自动自发的事，成绩想不好都难。

一个懂得孝敬父母的孩子，绝对不会做出让父母操心的事，他做事前一定会好好掂量，做这件事是否有违孝道。所以，孩子如果有了孝心，那父母这一生都会安心了，孩子的人生之路也会走得非常踏实。再有，一个有孝心的孩子，一定会尽全力做最好的自己。

孝是中国伦理的基础。人人都应该有孝心，做孝子。一个有孝心的人，

如果做学生他会是一个好学生，如果做农民他会是一个好农民，如果做工人他会是一个好工人，如果做下属他会是一个好下属，如果做领导他会是一个好领导，如果做官员他也会是一个好官员……原因是什么？因为一个人如果德行有缺失、人生有污点的话，那都是对父母的不孝。

《弟子规》上曾讲到，"身有伤，贻亲忧；德有伤，贻亲羞"，为人子女身体有不适，有伤害，父母会非常担忧；而一旦德行上出了问题，则会让父母蒙羞。如果一个孩子懂得"孝"，那他就不会做让父母亲人伤心的事，他就会知道，孝道的落实要从爱护自己的身体开始。

但是在孝心的培养中，存在着种种误区：

11 岁的男孩要写一篇作文，题目叫作《给父母洗脚》。语文课老师要求班上的学生回家后给父母洗一次脚，然后把感想写成作文。

男孩向妈妈说了这件事，妈妈看着男孩迷茫的样子，问道："是不是觉得老师布置的这个作业很形式化？"男孩点点头，说道："现在好多学校都在强调给父母洗脚，感觉好像跟风啊！"

妈妈并没有直接回应"是"或"否"，而是心平气和地说："别的父母到了适当的年龄都会生小孩，我也生下了你，是不是也是跟风呢？"

男孩恍然大悟："妈妈，我明白了，虽然形式都一样，但是对每个人都有特别的意义。"说完，男孩很认真地给妈妈洗了脚。

不知从什么时候起，一提到孝敬父母，大家就想到了给父母洗脚。似乎除了这种行为，就没有别的方式能孝敬父母了。其实，孝道的内涵十分丰富，如果学校在安排"孝心教育作业"时都要求孩子给父母洗脚，难免会让孩子对这种教育方式产生误解。这时，父母就要承担起引导的责任了。前面这位妈妈做得就非常好。

孝心，源于对父母的爱和敬重。孩子个性不同，表达孝心的方式也多种多样。除了洗脚外，给父母端茶倒水，在父母生病时照顾父母，帮父母分担家务，好好学习，好好培养德行，等等，都是表达孝心的方式。

孝心是父母与孩子间的情感交流。如果将孝心的培养等同于洗脚等具体的形式，而忽略了其中的爱与尊敬，那么，任何没有恭敬心的"孝敬"形式都难免沦为虚有其表的走过场。而且，对父母的爱与敬重必须是孩子发自内心的，而不是由于恐惧父母的权威而服从。父母最好不要对孩子说："你必须听我的，因为我是你妈！""我是你爸爸，你顶嘴就是不孝！"这样不但不能培养出孩子的孝心，还会让孩子认为"父母"是一种身份特权，从而诱发他的反抗心理。

　　其实在古代的传统中，真正的长者和上位者，都是以德服人，以理服人。如果只是凭借身份发出命令，那么就成了倚老卖老。父母认为有权力管教孩子，但是不要忘记伴随着这种权力的，是一种必须承担起的义务和责任——加强自身修养，为孩子作表率，要当得起"父母"这个称呼。敬重不能强迫，父母要想培养孩子的孝心，首先需从自身做起。自己做到位了，孩子自然会生起爱与敬重的情感。

　　那么，我们在生活中要怎样引导孩子呢？

● 对家中的老人说话要和颜悦色

　　爸爸妈妈面对自己的父母时，要做到和颜悦色。这对培养孩子的孝心有一种潜移默化的影响。比如，有老人的家庭，父母在吃饭时可以给老人夹菜，用照顾孩子那种温和的语气说："妈（爸），多吃点……"而不要把菜都夹给孩子，不然就把"小皇帝"培养出来了。

　　7 岁的女孩在一次吃饭时，看到有自己最喜欢吃的素菜什锦，非常开心，刚想动筷子，妈妈说："我们先给奶奶留出一些来再吃。爸爸陪奶奶去医院看病了，回来吃些正好可以调理调理肠胃。"女孩点点头，赶忙把菜拨出很多来。妈妈夸她说："你真是个有孝心的好孩子。"

　　一次妈妈带女孩在外面吃饭，有一盘凉拌鲜果做得很好吃，女孩对妈妈说："妈妈，这个真好吃，可爸爸还在加班，我们给爸爸带些回去吧！"

　　父母像关心孩子一样关心、照料老人的饮食起居。孩子在这样的家庭，

目睹父母对爷爷奶奶、外公外婆的关怀，自己也会有样学样，孝敬爸爸妈妈，就像这个小女孩一样。因为孩子都很受教，尤其是更接受身教。

● 给孩子慈爱而非宠爱，让他学会关心父母

爱孩子和宠孩子是不一样的。爱是平等的关怀，而宠则是把孩子摆在了一个至高无上的位置。这样教育出来的孩子一切都是以他为中心的，很容易成为"小皇帝"，会变得很自私，不知道考虑别人的感受。

父母的慈爱和孩子的孝敬其实是一种双向的互动。父母要关心孩子，也要让孩子学会关心父母。比如，有时父母工作了一天，回到家时很累了，但是却不想让孩子知道自己的感受。父母觉得孩子还小，什么都不懂；或者觉得大人应该承担这些，不需要孩子知道。

其实，父母完全可以和孩子分享自己的感受。父母可以告诉孩子："妈妈（爸爸）很累，你能给妈妈（爸爸）倒杯水吗？"让孩子也学会关心父母。

● 给孩子帮父母做事的机会

要让孩子学会为父母服务，可以是倒水，盛饭，也可以是拿碗筷，或者是倒垃圾……生活中的小事比比皆是，父母只要不是舍不得让孩子动手，随时都有机会和孩子做这样的互动。

7岁的男孩回到家，妈妈正在厨房里做饭，她对男孩说："垃圾桶满了，帮妈妈把垃圾倒掉好吗？"男孩拎着垃圾桶就要拿去倒掉。这时，奶奶看到了，就把垃圾桶抢了过来。妈妈一看，心想："不行，不能让老人动手啊！"只好从奶奶手中接过垃圾桶自己去倒了。

父母舍得让孩子动手，可是家里的老人舍不得。因此，如果要培养孩子的孝心，不但父母要给孩子制造帮父母做事的机会，还要先和家里的老人沟通好，以免老人不配合。

除了父母主动要求孩子帮忙外，孩子有时还会主动做出给爸爸妈妈端茶倒水一类的举动。这个时候父母最好接受孩子的关怀，抱抱孩子，或称赞他懂事；如果阻止孩子，或对孩子麻木、冷漠，孩子就会失去热情，以后也不会再做类似的事情了。

● 不要忽略孩子的问候

家庭中，维系家庭成员间关系的，还是感情。如果孩子对父母感情很深，那么他不需要去专门地明白孝道，出于一种情感上的本能，他就会关爱父母。如果家庭中冷漠而缺乏情感，就算孩子知道要孝敬父母，却也不知从何做起。其实，每日的问候就是维系感情的一个途径。

有个女孩放学回到家中，看到爸爸正在看电视，就说："爸爸，我回来了。"爸爸头也没回的答应了一声："嗯，进屋写作业去吧。"

一瞬间，女孩脸上写满了失落。这时妈妈刚好从厨房里出来，看到女孩愣在客厅，说道："来，吃水果吧！"晚上，妈妈对爸爸说了女孩当时的表情，爸爸也有些后悔自己的粗心，决定以后不再忽略孩子的问候。

不仅是问候，有时孩子会拿着糖果或是点心，献宝一样地对父母说："爸爸（妈妈），吃糖。"这时最好不要拒绝孩子，最好的应对方式就是高高兴兴地把糖吃下去，然后对孩子说："真好吃！谢谢我的乖儿子（女儿）。"

● 教孩子懂得"知恩报恩"

要让孩子感受父母的恩德，知恩、感恩、报恩。

有人曾总结出慈母的十大深恩：第一，怀胎守护恩；第二，临产受苦恩；第三，生子忘忧恩；第四，咽苦吐甘恩；第五，回干就湿恩；第六，哺乳养育恩；第七，洗濯不净恩；第八，远行忆念恩；第九，深加体恤恩；第十，究竟怜悯恩。

而做父亲的，也付出了很多，比如，孩子的生日就是"父忧母难日"，父亲为整个家庭的经济来源拼搏付出。

这些，我们都应该告诉孩子，让孩子从小就明白。

如何告诉孩子呢？这就需要我们做父母的用点心思了。其实方法也很简单，就是夫妻要懂得配合。

● 夫妻之间要做到相互配合

所谓"夫妻配合"，就是说，做父亲的要告诉孩子母亲为家庭付出的辛苦，做母亲的要告诉孩子父亲为家庭打拼的不易。换句话说，父亲要把母亲的恩德告诉孩子，母亲要把父亲的恩德告诉孩子。

比如，父亲可以跟孩子说："母亲怀胎十月，非常辛苦，还经常呕吐，吃不下东西；生产的时候也非常痛苦，但一看到你，所有的痛苦都化作了快乐；你出生后，妈妈一步不离地照顾你，把你养大，实在是付出了太多。你可以不孝敬我，但你不可以不孝敬你的母亲。"

做母亲的可以这样跟孩子说："你父亲为这个家辛苦奔波，为了让咱们能过上好日子，拼命地工作，挣钱养家，非常辛苦。你可以不孝敬我，但你不可以不孝敬你的父亲。"

当父母这样跟孩子讲的时候，孩子一定会思考：原来爸爸妈妈为我付出了这么多，我一定要好好地孝敬他们，报答他们。这样，孩子的孝心就被激发出来了，而且也让孩子看到了父母之间和谐的关系，一举两得。

夫妻配合，但也要注意教育原则要一致，不能一个说东，一个说西。古代，夫妻双方都不用讨论如何教育孩子，但今天，很多父母已经搞不清楚了，不知道怎样教育孩子。为什么会这样？因为古人有家风、家训的传承，今天的人已经没有了。怎么办？那就需要透过学习，学习传统文化教育的智慧，做到活学活用，孩子就一定能教得好。

● 让孩子多陪老人聊聊天

孝道不仅是对父母的，对爷爷奶奶的爱也是一种孝道。而且孝道也不仅是端茶倒水，捏捏肩，捶捶背这些对老人身体的关怀。陪老人聊天也是尽孝道的一种形式。老人的吃喝一般都有人照料，但是由于生活范围小，往往容易感到寂寞。这时，如果孩子能多抽些时间陪老人聊天，无疑能给老人带来很多愉快和欢欣。

妈妈可以对孩子说："妈妈知道你是个孝顺的孩子。你看，奶奶一个人待着多没意思啊，去陪奶奶聊聊天，给奶奶说些学校的事情吧。"

沟通箴言

孩子的孝心不仅是孩子的事情，也是孩子和长辈间的一种情感互动。引导孩子孝敬父母，重在加强双方之间的理解和情感交流。让孩子明白父母的辛苦，也让父母也明白孩子面临的压力。只有父母理解了孩子，说话才能说到孩子的心底；也只有让孩子理解了父母，他才会真正对父母感恩。在双方的理解下，孝心的培养会变得简单许多。

34. "我家孩子不做'豌豆公主'哦！"

善于运用暗示的方法提醒孩子的不当想法和行为

孩子多少都有一些这样那样的小毛病，有的孩子娇气，有的孩子挑食，有的孩子不讲卫生，有的孩子爱闹小情绪……如果直接批评孩子，难免会招致他的反感，孩子心里不接受不说，有时还会故意给我们捣乱，比如，故意把手弄得脏脏的向父母示威，故意把青菜挑出去，闹小脾气……

而用暗示的方式提醒孩子就会好很多，因为没有明确要求孩子必须怎样做，不带有强制意味，孩子就算想对抗都会找不到目标。巧妙的暗示像是轻轻地"点"了一下孩子，同时也避免了他的尴尬。

7岁的男孩和妈妈一起去书店，他爱玩，一会儿拿起这本书，一会儿拿起那本，妈妈跟在他后面将书籍归位，被搞得焦头烂额。

在看到前面的一个人拿起书后又放回书架上时，妈妈忽然想到了一个好点子，她走到了男孩的前面，在他即将够到一本书时，妈妈拿起了紧挨着的旁边一本书，书前书后看了几眼，然后非常小心地放回了原位。男孩愣了一下，再拿书的时候就没有四处乱丢了。

同样是动作示范，但是暗示和明示的效果有很大差别。

我们都遇到过这种情况，当告诉孩子："你这样做不对，应该……"然后为他做出明确示范时，他可能当时会照做，但是过两天又恢复常态了。归根结底，是因为在"明示"的方式下，"这样做不对"是我们告诉孩子的；

而在"暗示"的方式下，"这样做不对"却是孩子自己体悟到的。相差一个孩子自己观察感悟的过程，一切就变得不一样了。

8岁的女孩嫌屋子热，要妈妈给她的屋子单独装空调，妈妈不同意，因为客厅已经开了空调，女儿的房间并没有那么热，还给女孩讲了很多要学会吃苦的道理。可女孩觉得很委屈，躲进屋里不理妈妈了。后来，妈妈拿出了一本童话书，翻到"豌豆公主"的那一页，将书放在孩子的书包旁边。

不一会儿，女孩看到了翻开的童话书，看到了豌豆公主的故事，她的脸红了。晚上，她向妈妈承认了错误："妈妈，不用给我安空调了，我不是豌豆公主。其实我的房间也不是那么热。"

这位妈妈很有智慧，用一个巧妙的暗示扭转了女儿的心理。妈妈长篇大论地和孩子谈吃苦并不管用，而一个简单的暗示却出奇制胜。

有时候暗示并不一定是语言，还可以是一种情境。如，当来到安静的图书馆时，别人都在认真看书，自己也不好意思大声说话；而在喧闹的商场，便会不自觉地和身边的人大声聊天，不说话反而感觉不对。孩子对环境其实很敏感，所以，情境性的暗示教育也有它独特的作用。

那么，在生活中，我们能从哪些方面暗示孩子呢？

● 对孩子的自我印象进行暗示

很多孩子都有不良的自我印象，因为小时候父母对他的批评给他贴上了很多标签，比如"你真笨""你怎么这么淘气""你这个坏孩子""懒蛋"……后来，这些标签成了孩子自我印象的一部分，从而引发更多的不良行为。用暗示的方式改变孩子，最先要从改变孩子对自己的看法做起。

有个男孩很贪玩，不爱学习，爸爸曾经为这个骂过他多次。

一次，男孩在顶撞爸爸时说道："反正我就是这个样子，你骂我也没用。"这句话让爸爸受到了触动，自己骂男孩是为了让他变好，怎么他反倒自暴自弃了呢？

经过一番思考，爸爸决定换一种教育方式，他不再骂他，而是增加了对他的关心。男孩喜欢围棋，爸爸就一边陪他下棋，一边和他聊天："爸爸感觉你在围棋方面还是挺有天赋的。""这个优势，你自己发现了吗？"……在其他方面，父子间经常性的对话由"你这个不争气的东西！""我就是不争气！"……变成了"今天上了一天学，累吗？""还好了，心情不错！"……

慢慢地，男孩漫无目的的玩的时间少了，开始专注于学业和围棋，还在学校举办的一次围棋大赛中获得了亚军。

这位爸爸其实是换了一种眼光来看男孩。以前爸爸只注意男孩顽劣的一面，拼命地批评他甚至骂他，结果他越来越顽劣。当爸爸认识到这一点不妥当后，果断转变了教育的方式。将男孩当作一个优秀的孩子来对待、积极暗示他，孩子的行为也随之发生了转变。

要注意，暗示一定要真诚。如果要暗示孩子"你是个好孩子"，那么我们就要真的从心底里认为他是个好孩子，将他当作一个好孩子来对待。否则孩子很容易就能感觉到其中的虚伪成分，进而产生厌恶和排斥情绪，甚至觉得我们在演戏骗他，行为反而会更加恶劣。

● 用恰当的表情暗示孩子

微笑表示鼓励，皱眉表示反感……生活中表情暗示的例子多不胜数。比起语言，表情更能代表直接的情绪反应。孩子做完一件事，如果看到我们表情严肃，便知道自己很可能做错了。而当我们神情愉悦，对孩子微笑时，孩子一般认为自己受到了鼓励。

有个女孩来到姥姥家给姥姥过生日，她东跑跑，西看看，看到姥姥放在床上的毛线球，一时兴起，就把它拿起来滚着玩。妈妈看到后本想喝止她，可是因为人多不方便，只能皱起眉头盯着她。女孩突然感觉到气氛有点不对，抬头刚好看到妈妈在皱眉，赶紧把毛线弄好放回床上。

表情暗示由于比较隐蔽，不像动作和言语那样容易引人注意，所以使用的机会很多。比如在朋友家，有客人来家里时……都可以运用这种暗示。

● 用合适的动作暗示孩子

在前面的那个故事中，为了提醒儿子将图书放回原处，妈妈用自己的动作暗示他如何去做。适合使用这种动作暗示纠正的行为还有：孩子写作业时的坐姿不正，孩子到睡觉的时间不睡觉，生活中物品摆放混乱，等等。

除了做示范的暗示方法，在孩子说错话时，轻轻碰他一下也是一种动作暗示。比起神态表情暗示，这种暗示更直接，不用担心孩子注意不到。

有一次，一个8岁女孩和妈妈一起去剧场看舞蹈剧《白雪公主》。正当周围的人都沉浸在剧情中时，女孩忍不住了，开始大口地嚼起蚕豆来，咯吱咯吱的响声让妈妈觉得十分尴尬。于是，妈妈碰了女孩一下，又指了指她手中的零食。女孩马上就明白了，赶紧放下零食，规规矩矩地欣赏起舞蹈来。

● **用智慧的言语暗示孩子**

暗示不一定是无声的，言语也可以作为暗示，而且发挥的作用也不小。

有时候行为上的暗示孩子注意不到，而有时候发生的事情无法用行为暗示，这时，有智慧的言语暗示就要派上用场了。

有个6岁小女孩在餐桌上拿勺子吃西瓜时，妈妈刚好在厨房做饭。等到妈妈回到餐桌时，发现女孩白色的裙子上溅上了好多西瓜汁，妈妈笑着说了一句："你看你现在像不像瓢虫啊？"女孩看了看自己身上的红色点点，脸红了，说："妈妈，我要换衣服。"

妈妈继续说："换上新衣服又成了瓢虫怎么办？""不会的，不会的，我不会再溅到衣服上了，"女孩大声说，"我不想做瓢虫了。"

看，没有严厉的禁止，没有呵斥，也没有对立与冲突，一切尽在有智慧的言语暗示中，问题就这么轻松解决了。

当使用言语对孩子进行暗示时，需要注意：首先，言语暗示是为了让教育过程显得轻松愉快，所以在使用言语暗示时一定要保持积极的情绪，以免让孩子受到负面情绪的影响；其次，语言不要带有贬低、嘲讽的色彩，否则会伤害孩子的自尊心；最后，不能将他和别的孩子作比较，我们可以适当夸别的孩子某种行为好，但是后面不要说自己的孩子不如人家。

● **要教孩子学会自我暗示**

有时，我们提示了孩子的行为，但是这种行为的巩固还需要孩子的努力。

最好能通过暗示让孩子认同某一形象，这样孩子的行为矫正就不会半途而废。

7岁的男孩走路时总是低着头，含胸驼背，妈妈说了他很多次都不管用，后来妈妈采用了暗示的方式，给他买了一身小军装，对他说："你穿这身衣服真像解放军叔叔，来，走几步给妈妈看看。"这时，男孩联想起军人的形象，站得直直的，大步走了起来。妈妈高兴地笑了。这样训练了几次，男孩走路时，就提醒自己要像解放军叔叔那样，走路再也没含胸驼背了。

孩子学会自我暗示是非常必要的，因为我们不可能时刻在他旁边暗示他，提醒他，只有孩子的自我暗示，对他而言才是更长久有效的。

沟通箴言

暗示之于明示，之所以管用，不外乎一个"暗"字。当孩子没有意识到自己在受教育时，教育已经悄无声息地完成了。由于孩子没有意识到，所以就不会有抵触情绪。有时孩子甚至可能还觉得妈妈（爸爸）的话很好玩，常能引他大笑，笑完了，他也明白了。这时，孩子改变自己的行为更多是出于自愿，所以也相对容易许多。

35. "孩子，你真棒！"

对孩子的进步与良好行为及时给予赞美

"妈妈，我考了 100 分。""孩子，你真棒！"

在孩子表现出色时，很多父母一般不会吝啬赞美之词。但是，如果孩子的表现说不上出色，只是比原来进步了一点呢？

男孩拿了一张数学试卷给妈妈看，妈妈看到卷头上那红笔勾写的 79 分忍不住皱起了眉头。这时，爸爸进来了，看到男孩失落的样子，他问："上次考了多少分？""68。"爸爸拍着男孩的肩膀说道："还是有进步的，不错！还要继续努力啊！"男孩大声说："嗯！"

其实，比起孩子表现优秀，孩子的进步更需要赞美。因为凡是进步，一开始都不稳定，这时如果不及时赞美，在困难和惰性的干扰下，孩子很可能恢复原状。所以，及时鼓励孩子是非常必要的。

不仅是学习上的进步，孩子生活中良好习惯的养成同样需要父母的及时鼓励。孩子的一些良好行为最初可能是偶然的，一旦及时给予赞美和鼓励，那么它就能逐渐固化下来，成为孩子的一种习惯。而如果没有及时鼓励，那么很可能第二天他就不这样做了。

有个 7 岁的女孩早上起床时一直不喜欢叠被子。可是有一次，她在看一个教育节目时受到了触动，第二天早上，她起床后立即把被子叠好了。她想："妈妈会不会表扬我呢？"

可是妈妈走进屋子，扫了一眼床，说："快去洗脸吧，早饭都给你准备好了。"女孩很失落，第二天，她没有叠被子，直接去洗脸了。

其实，妈妈未必没有注意到女儿的改变，可能只是由于忙顾不上表扬她，或者只是没有意识到或重视这个小改变。女孩的期待落空，失去了动力，于是又恢复原状了。

可以想一下，妈妈在进入屋子时，看到床上叠得整整齐齐的被子肯定会觉得有些惊讶，毕竟女儿是从来不叠被子的。如果当时妈妈把这种惊讶表现出来，并给孩子一个善意的微笑，然后表扬孩子一下，孩子可能就会把这个行为坚持下去，从而成为她的一种习惯。

当然，表扬孩子不是千篇一律地、简单地说一句："孩子，你真棒！"因为情境不同，每个家庭习惯的表达方式不同，这句话也可以有多种变化。如："知道自己叠被子了，我女儿真勤快，真的很棒！""被子叠得真整齐！妈妈提出表扬！""自己把被子叠好了？宝贝儿越来越自立了。"……

在生活中，父母应该怎样更有效地赞美孩子呢？

● 对孩子的赞美一定要及时

9岁的男孩学习一直很优秀。有一天，妈妈偶然看到一个教育节目，节目中提到要对孩子的学习进行赞美，不然孩子就会没有动力。巧的是，当天男孩拿了成绩单回家，妈妈看完后说："你真棒！"男孩有点纳闷，他的成绩一直都是这样，不知道妈妈为什么要赞美他。

赞美要针对进步和刚出现的良好行为进行，这才是及时赞美。如果孩子的行为习惯已经形成了，父母再来赞美他，孩子难免会感到莫名其妙。这就好比一个孩子早就会跑了，父母忽然赞美他说："你走得真好！"这不但不能鼓励孩子，反而会让孩子觉得莫名其妙，很虚假。

因此，赞美孩子要注意把握时机。当本来喜欢赖床的孩子有一天突然早起时，当一向不及格的孩子拿到了60分（或者中等程度的孩子考到前几名）时，当从来不关心父母的孩子忽然问候"爸爸（妈妈），累不累"时……我们要把握时机，及时赞美，强化孩子的良好行为，使之逐渐形成一种习惯。

● **赞美要强调具体细节**

孩子的进步有很多种，如果我们只是对他说"你真棒！"，孩子可能搞不清楚是哪种行为受到了赞赏，因此也不会受到强化。而且一味地对孩子说"你真棒"，也会让孩子觉得乏味，这句话也就失去了意义。

12岁的儿子一次试着炒菜，妈妈尝了他炒的菜，说道："炒得真好！"儿子忍不住问道："怎么个好法？"妈妈一时说不上来了。儿子有点赌气地说道："妈妈，你是在应付我吧？"

妈妈如果说："这道菜火候掌握得真好！"或者说："第一次炒菜就能炒熟，还能有滋有味，已经很不错了！"可能儿子就不会是这种反应了。

赞美孩子，要让他相信父母说的话是真实的。而增强话语可信度的一个重要的方式就是——说出具体的细节，说出实质性的东西。

有个小女孩看到妈妈洗完晾干的衣服散在了床上，就一件件地叠好放在了床边。妈妈回家后看见叠好的衣服，就称赞道："妈妈没有教过你叠衣服，你就叠得这么整齐。啊，还知道不同的衣服叠法不一样，真棒！你看，这些衣服都放在柜子的这个地方，下次再叠好直接放进去就行了。"女孩笑着点点头："知道了，妈妈。"妈妈接着又说："我突然感觉你长大了，是个懂事的好孩子了！"

就像这个例子，赞美孩子行为的时候最好不要用"孩子你真乖！""孩子你真棒！"这样笼统的说法。这样不是在和孩子沟通，而是父母站在一个高高的地方在评价孩子。我们可以想一下这样的场景：坐在剧院里的观众在欣赏了演员的精彩表演后说："真好！"但是如果是面对面地和这个演员作进一步交流，这两个字是否还够用呢？

● **要留心孩子的闪光点**

法国艺术大师罗丹说过："世界上不是缺少美，而是缺少发现美的眼睛。"在教育孩子这件事上，也是一样的道理。任何孩子都有他的闪光点所在，只是父母可能没有注意到。闪光点和优点不一样，优点是一种好的稳定的性格、品质或行为状态，是一种长处，而闪光点往往出现在某一个瞬间，如果父母当时没有注意到，那么，有可能会转瞬即逝。所以，对于孩子的闪光点，我们要留心。

有个13岁的男孩在学校经常与同学打架，学习成绩很差，父母批评他也不管用。一次妈妈的手被热油烫伤了，男孩主动去下厨做饭。妈妈很感动，对他说："你真的长大了，懂得体贴、关心妈妈了！妈妈真高兴！"男孩当时没说什么，可是从那以后，他似乎变得安静了许多，很少再听到他在学校打架的消息。而在家中，妈妈有时上夜班回来，他也总是会给妈妈准备好夜宵。

沟通贵在真诚。父母和孩子之间的沟通也是如此。赞美的语言不重要，重要是里面蕴含的情感。我们只有发自内心地欣赏孩子，赞美孩子，才会引发孩子行为的改变。还要记得一点，我们最真挚的赞美是在表达自己的感受，不是为了让孩子听到才说这句话。

上面男孩的例子就是这样，这个时候，妈妈只要表达了自己的感动，在自然的情感流露下，不论用什么语言，只要是积极正向的，对孩子来说都会有很大的教育力度。

● **赞美要抓住每一次细小的进步**

孩子的习惯是逐渐养成的，每个进步细节都值得鼓励和赞美。就像孩子学骑车，最开始他只是敢坐在车子上，就是坐着还会害怕，这时要鼓励他："不错，真勇敢！"等到他自己开始练，刚开始骑得很笨拙，这时要赞美他："啊，我的孩子会骑车了，孩子你真棒！"慢慢地，孩子骑得很顺利了，这时，赞美反倒不是那么重要了。

良好行为习惯的养成也是如此。赞美的目的是让孩子看到自己的进步，能坚持下去。比如，想培养孩子专心做功课的习惯。刚开始孩子可能只能专注10分钟，而有次专注了20分钟。这时，就要及时称赞他："你真棒，进步很大，已经可以专注20分钟了！"

孩子在生活中也有很多细节值得我们关注。比如，用完东西后放回了原位，自己把脱下来的衣服叠整齐……可能他一开始做得并不到位，像叠衣服只叠自己最喜欢的那件（因为怕褶皱后穿起来不好看），但是我们也要及时表扬孩子，引导他向更好的方向去做。比如说："自己把衣服叠好了，真懂事！咦，那边还有几件，一起叠了吧！"这么说，孩子一般都会配合的。

● **年龄不同，沟通方式也不同**

年龄小的孩子心思单纯，父母说什么他们就信什么。所以在与幼儿沟通的时候，我们可以直接夸奖他。但是，对于大一些的孩子，由于他们已经知道了矫饰、防御、说谎等概念，直接称赞有时并不能达到很好的效果。所以，不妨换种方式与孩子沟通。

在不同的沟通方式中，我们不是作为孩子行为的评价者出现的，也不带有任何所谓的"权威性"。而只是作为孩子身边有着亲密生活关系的一个人，真诚地表达自己的感受。就像前面那位妈妈一样，一句"懂得体贴、关心妈妈了"可能会比"你真是个好孩子"更能说到孩子的心里去。

沟通是一种情感的传递，赞美能唤起孩子和父母的积极情感，使双方的沟通在一种愉悦的气氛中进行。比起批评时那种相互排斥的氛围，赞美无疑是塑造孩子良好行为的更佳途径。用赞赏的眼光去看待孩子，用赞美的语言来强化孩子的每一次进步，孩子就会"越来越好"。

第五章　以最真诚的表达，帮孩子跨越青春坎

——6 种与青春期孩子的沟通技巧

　　青春期并不是父母想象中的"危险期"，处于青春期的孩子也未必个个叛逆。其实，叛逆是不正常的，不叛逆才是正常的。让孩子跨过青春期这道坎，关键是看父母怎样说，怎样引导孩子，怎样与孩子作最真诚的沟通。父母懂得怎样"说"，孩子自然就会过青春期了。

36."妈妈(爸爸)理解你……"

知道孩子为何会叛逆,正确对待他的叛逆

孩子一天一天长大,当他将要迈进初中门槛的时候,许多父母都会发现,他正在一点一点地发生变化:开始顶嘴,对父母说的话不再言听计从;开始烦躁,有时候很小一件事情都会让他发火;不再认真听父母的教导,总觉得自己已经长大了;有了自己的秘密,不愿意让父母了解得太多……一些父母将孩子的这些表现称为他的"叛逆期"到来了。

一位母亲是这样处理孩子的"叛逆"的:

儿子满13岁了,他开始变得有些叛逆,经常反抗父母,更是很容易就发火,只要看到他不顺眼的事物,他都会极力反对,要不就是极力逃避。母亲也曾经说过他几次,但是正处于叛逆期的儿子,显然听不进母亲的教导。

一天晚上,儿子放学回家,草草地扒完了饭就回到了自己的房间,躺在床上,想着白天老师的训斥、同学间的争吵……他越发地心烦,顺手抄起了枕头想要发泄,但却意外地发现了一封信。

信是母亲写的,上面写道:"我了解你对目前的生活感到不顺心,我也知道你遇到了许多失败。当然,我和爸爸说的也不一定都对,我们也需要反思对你的教育方式。但是,我们对你的爱却是全心全意的,无论你有什么想法,无论你要说什么、做什么,我们都会陪在你的身边,这一点是无论何时都不会改变的。所以,如果你愿意,你可以找我或者爸爸谈谈。请记住,我们永远爱你，也永远以你为骄傲。爱你的妈妈。"

儿子看到这封信后，情绪忽然平静了许多。尽管他和母亲之间并没有点明什么，但母子二人已经心照不宣。后来，每当儿子出现情绪波动的时候，他总是能收到母亲的一封或长或短的信，一直到他长大成人。

这位母亲的处理是得当的，她理解儿子的心情，用冷静的心态和包容的爱避免了与儿子的正面冲突。而且更宝贵的是，她对自己的教育有反思。

其实现在许多父母的确需要好好反思一下自己对孩子的教育。就当前看来，孩子叛逆是许多父母谈论最多的话题，同时也是父母最头疼的问题。面对才十二三岁的孩子，许多父母是打也心疼，不骂又生气，他们不得不连声叹气："现在的孩子怎么这么难管啊？"

但他为什么会出现叛逆期呢？

归根到底，这与父母的教育方式有很大的关系。当父母和孩子缺乏沟通的时候，孩子就会因为自己的想法得不到理解而产生厌烦的心理；当父母对孩子溺爱的时候，一旦父母不能满足他的要求，他也会对父母发脾气；当父母对孩子的管教出现专制的时候，孩子也会反抗这种"专制"，与父母作对；甚至有时候，孩子的叛逆也会来源于父母的不良"身教"，父母说一套做一套，自己心胸狭隘，没有爱心，没有格局，孩子看不起父母；再就是父母跟不上孩子成长的脚步，明明他已经13岁了，却还把他当成3岁的孩子，而且还单方面希望他能随时随地对他们言听计从，这样的表现，才是真正逆了孩子成长的自然规律……

可见，父母只有采取正确的教育方式，才能避免孩子的"叛逆"，只有找到孩子叛逆的真正原因，才能有的放矢，对症下药。

那么，父母怎样做才能帮助孩子顺利度过叛逆期呢？

● **保持自己的头脑冷静**

面对孩子的易怒、反抗，甚至躲避父母的问话等行为，我们首先要能压住内心的火气。不要一看到孩子的表现不如自己所想，也不问青红皂白，直

接就冲他发脾气。否则，父母和孩子就都处在了气头上，尤其是父母，将不能好好地去思考。父母头脑不冷静，就很难有理性和智慧，自然也就不能找到孩子态度大逆转的真正原因。

当孩子出现叛逆的时候，他不会控制情绪，若是此时父母也不会控制情绪的话，双方的沟通就会出现障碍，甚至出现严重的对立与冲突，自然也就不利于问题的发现与解决。作为成年人，父母应该学会冷静，只有冷静的头脑才能找对问题的根源。

● 反思自己的教育方式

前面提到了，孩子叛逆的原因，主要就是父母的教育方式出了问题。所以，父母一旦发现孩子的脾气秉性变得如龙卷风一样不可驾驭的时候，先不要急着去纠正或改变孩子，首先要看看自己。

父母要看看是不是自己的教育过于偏激，专制的方法使孩子不堪重负；要看看是不是对孩子的某些要求满足得太多，使他已经开始肆无忌惮；要看看是不是自身出现了什么缺点，让他"照猫画虎"搬了去，自己却反过来还要教育他；看看自己是不是在方方面面都给孩子做了个好榜样……

反思是为了更好地进行教育。所以，当孩子叛逆的时候，我们也要审视一下自己，发现自己的不足，并做出改进；再就是尽快寻找到适合孩子的教育方式，帮助他解决内心的问题。

● 站在孩子的角度，与他倾心交谈

曾经有位老师举了这样几个实例来说明叛逆期的孩子的表现：

第一个孩子的爸爸对他的管教一直很严厉，无论他做什么，爸爸都能从中挑出错来，然后就说他不争气。孩子很不高兴地说："我希望爸爸能相信我，不要总用怀疑的眼光来看我！"

第二个孩子的妈妈对他说的话从来都抱不认可的态度，她要求孩子必须按照她说的去做。孩子曾经生气地告诉妈妈："不要以为你们大人的话都是对的，我说的也不全是错的！"

第三个孩子的父母每次在他面前都会大加夸奖邻居的孩子，然后转过头

就说他哪里哪里做得不尽如人意。孩子委屈地说："要是爸爸妈妈听见别人说他们也那么笨，他们会怎么想呢？"

其实说到底，孩子的这些看似叛逆的想法，并不是他真的就要去与父母作对。这些全都是因为父母是站在"权威"的高度去看待孩子的问题，所以他们才会得出这样的结论。但若是父母能站在孩子的角度，蹲下身子多与他进行沟通，多与他倾心交谈，了解他内心真正的想法，恐怕他的叛逆也会少许多。

所以，我们不要总盯着孩子的弱点，也要看得到他的长处，多赏识他的优点。同时，我们也可以换位思考一下，体会孩子内心的真实想法，多对他说"我理解你""你的心情我体会得到"……在与孩子交谈的时候，不要总是一开口就是学习，从学习之外的事情入手，反而容易让孩子的情绪更快平静下来。当然了，我们自身平静温和的态度也是非常关键的。

● **避免两极教育，要理智地引导孩子**

面对孩子的叛逆，有的父母却也"叛逆"起来，走入了教育的极端。

要么是"严厉打击"，对孩子的叛逆行为直接以打骂、命令、逼迫等行为态度强压下去，表面看来孩子是在父母的严厉之下变得"老实"了，但他内心真正的问题却并没有得到解决，反而还加深了。

有的父母则是完全相反的做法，他们总是无原则地顺从孩子。孩子不喜欢，那好，换成他喜欢的就好了；孩子不愿意，可以，顺着他的意愿就行……或者有的父母一看管教无门，那就干脆放任自流好了。还是那句话，表面看来，似乎是在平复孩子叛逆的表现，但实际上，他的行为、思想却并没有得到正确的指导，内心的困惑也得不到有效排解。孩子一旦在这个时候受到不良影响，他就有可能会走上歪路。

所以，正确的做法应该是以平和的态度、理性的言辞、智慧的方法去引导孩子，让他的行为想法归于正途，从而彻底解决孩子的问题。

● **尊重孩子成长中的权利**

当孩子慢慢长大，有了自己的想法之后，他就开始渴望被外界所认可，更希望能得到包括父母在内的许多人的尊重。这时候，父母不要总用命令的口吻去要求孩子，"你必须""你不能"之类的不能被孩子认可与接受的话最好少说。

允许孩子发表自己的意见，他自己的某些见解正是他思想成长的表现，父母应该认真倾听；允许孩子有自己的天地，不要总想看护似的死死盯着他的一举一动，要让他自己去安排时间，遇到不合理的地方，父母可以在一旁给予相应的指导。同时，父母也要能听进去孩子的意见，家中的一些事情，孩子也应该有发言的权利。

另外，很重要的一点就是要尊重孩子的隐私权。

一个13岁的女孩喜欢写日记，但她却准备了两个日记本，一个记录她的"空话"，专门讲一些爱学习之类的心情，这本就放在外面；而另一个则上了锁，钥匙她随身带，这里面的话才是她的真实想法。女孩说："外面的那个是给妈妈看的，之前她总是想偷看我的日记。"

这不能说孩子奸诈，也不能说她在耍什么小聪明。其实，如果孩子不愿意和父母交流，父母应该从自身找原因，或是想办法与之加强沟通。若是孩子实在不愿意，父母也不应该勉强。更不应该去偷窥孩子的隐私。父母只有尊重孩子，才能赢得他的尊重。

实际上，当我们和孩子之间的沟通顺畅，处于青春期孩子的内心想法能够被我们理解和接纳，亲子之间做到无话不谈，没有隐瞒的话，孩子也就没有所谓的"隐私"不让我们知道了。生活中确实有这样的家庭，孩子和父母之间都是透亮的，大家彼此尊重，彼此信任，彼此理解，彼此接纳，其乐融融。这难道不是我们努力的方向吗？

● **教育要始终符合孩子当下的需求**

孩子在某一阶段学习了什么，有怎样的进步，发生了哪些变化，我们都应该了解清楚。正所谓"知己知彼"，了解孩子处在一个怎样的程度，然后再针对他当下的表现调整教育的内容。包括怎么和他说话，怎么教他知识与其他内容，如果他犯了错应该怎么教育，对于他的错误又应该怎么去认识等一系列的内容，只有贴近他当下的表现，教育才会有效。

即便是对待一岁半的孩子，也应该和对待一岁的孩子有所不同，因为 3 岁之前，孩子的成长几乎是飞速的，所谓一天一个变化都丝毫不奇怪。何况是 13 岁的孩子？又怎么能把他当成 3 岁、6 岁的孩子呢？

而且，我们不能用看待"叛逆"的眼光去看待好像是在与我们作对的孩子，否则很容易就会针锋相对起来。相反的，如果孩子出现了与我们对立的情况，最先做的是平心静气地看看我们的教育是不是违背了孩子的成长，了解在他这个成长阶段的需求是什么，看看自己的做法有哪里是不合时宜的。

只有跟上孩子成长的脚步，我们才是真正跟孩子一起成长了；只有走进孩子的内心世界，才能读懂他、理解他、接纳他；只有纠正了自己的叛逆心理，才不会感觉孩子对我们的叛逆。因为从道理上来讲，孩子是没有叛逆期的，只有我们这些父母才有。这一点，毋庸置疑。

沟通箴言 ⊙

　　叛逆的存在，除了因为孩子成长道路上会遇到问题外，父母的教育在这之中起到了很重要的作用，尤其是父母的"身教"。而且，父母自身的品德好坏与否也不容忽视。父母要理解孩子的"叛逆"，要能找到正确的切入点，及时与他沟通，并注意调整自己的教育方法。

37."妈妈（爸爸）给你自由的空间！"

把"笼子"打开，让孩子自由飞翔

天下父母对孩子的爱，无不是厚重而深刻的。父母之爱，将孩子包裹在安全、温暖的环境中，他不用经受任何风雨，但他也同样看不到父母包裹之外的美丽风景。

表面看去，父母在向孩子提供最为全面的保护，但有的孩子却这样说："爸爸妈妈给我做了个笼子，我看得到外面的风景，却触摸不到，我渴望外面的世界。"我们在听到孩子这样的话的时候，也许会觉得很伤心，但是仔细想一想，孩子说的似乎也是正确的。

有一位父亲在自家屋后的地里栽种了十几棵苹果树。10岁的女儿看见父亲在果树之间挖了许多土坑，就好奇地问道："爸爸，您挖这么多坑干什么用的？"父亲一边干活一边说："把之前我积攒的猪粪、牛粪等肥料埋进去。小树正在长身体，这样可以帮助它们补充营养。"

女儿一看来了兴趣，于是也找了个小铲子，学着父亲的样子在果树之间挖了个小坑。但父亲却摇了摇头说："这样不行，你挖的坑离树太近了。应该至少保持半个锄头把那么长的距离才可以。"女儿疑惑地说："近一些小树不是能吸收到更多的养分？"

父亲笑了笑："若是太近了，小树一下子消化不了这么多的肥料，这会让它'肥'死的。只有保持合适的距离，才有利于小树吸收养分。而它要吸收养分，就要将树根拼命地往有肥料的地方钻，这也同时帮助了它根须的生长。

这样，小树才能长得又高又壮啊！"

女儿听后若有所思，父亲看着她的目光也颇具深意。后来，父亲的这番话对她的一生都产生了巨大的影响，她最终事业有成。

肥料离得太近，会让果树的营养吸收过剩，反而造成"营养不良"。同样道理，父母对孩子看得太紧，也有可能会让这种看护变了味道，反而使孩子越发"叛逆"。

父母疼爱孩子，希望他能成才，这本天经地义。尤其是现在的孩子大都还是独生子女，父母更是将所有的爱都倾注到了他的身上，生怕自己的照顾有不周到的地方，生怕自己的管教有不得当的地方。

但我们是不是真的知道应该如何去爱孩子、教育孩子呢？有的父母总是不厌其烦地在孩子耳边千叮咛万嘱咐，不准他这样生怕他那样，自己却美其名曰"管教有方"；有的父母又对孩子百依百顺，看似是在给他"自由"，但这样的孩子骄纵得厉害，自由过了头，最终他一样得不到健康成长，可父母却还说"不是已经给了他自由"。

著名教育家陶行知先生曾经提倡："对孩子要解放头脑、双手、眼、嘴、空间、时间。"这就是要多给孩子一点自由，让他能够自由自在地成长。但陶先生的这个"自由"却并不是要求父母放给孩子完全的自由。这个自由也是有条件的。

让孩子自由发展，并不等同于对他放手不管，而是应该要根据他的意愿，顺应他的天性，尊重他的兴趣，再对他加以合理的引导，使其自主地发展。这个自由，应该是既让孩子能施展自身的各种才能，但又不为所欲为。让孩子在"安全范围"内去自由发展，他才能更愉快、健康地成长。因为有边界才会有安全感，甚至可以说，越是有边界的自由才越有安全感。

打开关闭孩子太紧的"笼子"，我们可以这样做：

● **要让孩子有自由支配的时间**

有的父母对孩子"太不放心"了，他们为他安排好了一切：什么时候吃饭，什么时候学习，甚至什么时候喝水、上厕所，什么时候睡觉……看上去，孩子的生活开始变得规律有序，但他付出的却是"自由"。没有自己可支配的时间，孩子哪里还有什么快乐生活可言？

其实，在不影响孩子学习的情况下，给他一些自由支配的时间，让他自己安排一些事情，这也是在培养他的独立自主能力，也能提高他生活的独立决断能力。给孩子更多自由支配的时间，将能使他学会独立思考，也可以培养他的创造能力。

● 给孩子一个独立自由的空间

每个人都需要有自己的独立空间，在自己的一片小天地里，做一些自己喜欢做的事。作为独立存在的孩子，也同样有这样的需求。随着年龄的增长，进入青春期的孩子会开始有自己的小秘密，这个时候的他就更需要有一个独立自由的空间。

所以，应该允许孩子在自己的空间里活动。这个自由空间，应该是不伤害孩子自己，也不伤害他人，同时又不会对环境造成什么破坏性的影响。要让他在安全健康的小空间里，充分地享受自由。切记，既然已经对孩子说了"我给你自由的空间"，就不要擅自去进行干预，若是孩子不愿意与父母分享他的喜怒哀乐，父母也不要强求，更不要偷窥。就像前面说的，一旦亲子之间沟通顺畅，没有隔阂时，他也就不会对我们有什么隐瞒的了。

● 允许孩子有适度的个性自由

现代心理学一般认为，个性就是个体在物质活动和交往活动中形成的具有社会意义的稳定的心理特征系统。其实心理特征是每个人都具备的，而每个人又都有着不同的精神面貌。个性具有社会意义，它对一个人的活动、生活都具有直接的影响，而且对一个人的命运、前途也有着直接的作用。

个性自由，不仅是成人的希望，也同样是孩子的希望。我们不能将所有的事情都替孩子设计好，毕竟他也会有自己的个性，有自己的见解。若我们对他的事情干涉过多，这对他的健康个性（如个体优势）的培养会产生不利的影响。

但是，允许个性自由也不是放任孩子发展，有些事情也不能完全按照他的思路去办。我们要不断培养孩子的道德素养和正确的价值观，让他具备基本的辨别是非的能力，拥有理智的人生观，能够踏对人生的每一个脚步。这是一个大前提。只有有利于他健康发展的个性，我们才能允许他自由发展，否则，就要通过教育帮助他转变。

● 某些事可以让孩子自己判断与选择

自由还有一个鲜明的表现就是：可以自己判断、选择，并做出决定。

某初二年级班主任对一位父亲说："你的儿子很有主见，思路也开阔，总是有很多新奇的想法和主意，很有创意。我认为，他在创造性方面很有天赋，也相信他未来会有很好的发展。我们一起努力，好好培养他！"

父亲听后很是欣慰，他知道自己之前的教育没有白费。其实他也并没有对儿子有什么特别的教育，只是将自我判断、选择、决定的权利"下放"给了儿子。不管遇到什么事情，父亲都让他自己拿主意，并且还要说出理由，父亲在一旁只是给出适当的意见。不仅如此，父亲还引导儿子从多角度去考虑问题，让他可以寻找到解决问题的最佳答案。

迈进青春期门槛的孩子，想法开始变得越来越多，这个时候若父母依然替他做出决断，他可能就会觉得不舒服；若父母的决定不合他的兴趣，他更有可能会与父母对着干。在父母看来，此时孩子的确也变得"难以管教"。

实际上，这个阶段正是孩子思想发展的时候，对于他的兴趣发展等事关成长的事情，我们可以参考他的建议，适当时候可以允许他自己判断与选择。我们千万不要将自己的意愿强加给他，不要代替他去选择，更不要将自己过去未竟的理想让他代替自己去实现，不要让孩子为实现父母的理想而牺牲自己的理想。

● 重视培养孩子的独立生存能力

独立生存能力是孩子自由的保障，而且独立自主也是健康人格的表现之一。孩子从小学会独立生存的能力，对他将来的学习、生活、事业、家庭方面都会产生极其重要的正面影响。

所以，我们不要将眼光只放在孩子的身体是否健康、学习成绩是否优异上，更应该关注他能否在未来成为一个独立于世的人，他的精神是否能真正独立，他的人格是否能变得成熟，就是为了让孩子能在社会上自立、自强，就是要让他能经过锤炼，自我生存下去。

● **一定要记住，自由不是放任**

给孩子自由，我们也要有几个底线：孩子不能道德败坏，不能不学无术，不能触碰为社会、法律所不容的犯罪区域，哪怕是各种"擦边球"也不要有侥幸心理去"打"，等等。给他自由，并不是放任他随便去做任何事情。尤其是青春期的孩子，他会有强烈的好奇心与反叛心，若是放任自流，一旦受到不良的影响，他就很容易滑向罪恶的深渊。

沟通箴言 ⊙

打开"笼子"，是为了让孩子能有自由发展的空间。我们要能看到，每一个孩子都或多或少地具有不同的潜能，让他自由发展，将会使他的能力得到发挥。而且，自由也是培养孩子各方面能力的前提。合理适度的、有边界的自由，对于孩子的成长是有益的。

38."孩子，我为你自豪！"

满足孩子的心理需求，让他体验到成长的快乐

在一些家庭中，父母习惯于对孩子严加管教，希望让孩子如何乖乖听话，只能这样做不能那样做。其实，这样的教育方式是不妥的。

对孩子命令太多，要求太多，总对他说"你必须""你应该"，却从来不考虑他内心的想法与感受。这样的严格管束，也许一时孩子能感受父母的"权威"，听进"教导"，但长此以往，他的心理需求被忽略得过久，就有可能出现与父母的期望完全相反的效果。

有位母亲一直对儿子要求严格，从幼儿园到初中，她几乎掌控了儿子所有的时间。有一天，14岁的儿子很严肃地对母亲说："你知道吗？我压抑了十几年了。我一直都是你手中的玩偶，你让我干什么我就干什么，你说什么我就听什么，你认真听过我的话吗？你知道我是怎么想的吗？我一直忍受着，是因为我看你做妈也不容易。但现在，我受够了！在你的'努力教育'和'精心安排'下，我碌碌无为，活得也不快乐。所以，从今以后，我要做我自己！"

这位母亲一直认为自己为儿子创造了一个优越的学习条件，什么都不用他费心，但现在，儿子的话让她目瞪口呆，不知道该怎么应对。她实在想不明白，为什么乖了14年的儿子突然就这么叛逆了呢？

为孩子安排好了一切，让他做到"各种听话"，却独独不愿意听孩子说说话。一个心理需求被忽视的孩子，他反抗、叛逆也就在所难免了。

冷静过后，这位母亲对儿子这番倾诉作了如下回应："妈妈之前忽略了你的声音，很抱歉。你今天能这么开诚布公地把心里话跟妈妈讲出来，表达得很清晰，很有逻辑性，妈妈为你感到自豪。同时，妈妈也决定去改进对你的教育方式。给妈妈一点时间。"儿子感觉有些意外，但他的心结正在一点点解开，感觉没那么难过了。

接下来的日子，母子二人齐心协力，相向而行，希望就在前方……

可见，满足孩子的心理需求，让他体验到成长的快乐，是非常重要的教育点。这是每一位父母都应该好好思考并努力践行的一大教育课题。

日本儿童文学作家黑柳彻子曾经著有一本享誉国际的书《窗边的小豆豆》。书中讲述了她上小学时的一段真实的故事：

当时，她因为淘气而被原来的学校退了学，在原来的学校，没有人愿意和她说话，就连父母也对她非常无奈。但当她来到"巴学园"的第一天，学校校长小林宗作就与她进行了第一次交谈。

小豆豆兴趣盎然地给校长讲街头卖唱的艺人，讲完后，校长问她："还有什么要说的吗？"小豆豆又开始谈之前的学校。"还有吗？"校长接着问，于是她又说起了自己的早餐。之后校长继续问："还有呢？"小豆豆又谈起了自己的衣服。直到最后，校长问她："还有吗？"小豆豆摇头："没有了。"整整4个小时，小豆豆才算结束了和校长的谈话。

但就是这样的谈话，却对小豆豆的一生产生了巨大的影响。后来，成功的小豆豆说："校长对我的尊重，奠定了我一生成长和成功的基础。"

校长的尊重，是黑柳彻子最终成功的基石。其实，校长不过就是满足了她的心理需求而已——她需要倾诉，需要有人倾听她的诉说。由此可见，孩子的心理需求不容忽视，因为那也许会影响他的未来发展。

所谓心理需求，就是行为主体自身按其思想意愿情绪正常需要而产生的内在需求。无论在哪一个年龄阶段，人都会有不同的心理需求。而正处于成长期的孩子，更是需要父母能根据他的年龄特点以及性格个性，去满足他的精神、文化以及情趣的需求。

对孩子的心理需求，应该及时给予相应的满足，具体应该如何做呢？

● **善于发现孩子的自身价值**

曾经有一个孩子在他的日记里这样写道："我知道父母是爱我的，但是我却根本没有感受到。说得残酷一些，他们甚至都不尊重我。他们为了自己的名誉，为了自己的脸面，让我没完没了地学习。口中总说：'你看你表哥，保送上的清华。'可那是我表哥，又不是我。我有我的优势，但他们却根本看不到。我讨厌被拿来和别人比较，我也更加反感看见父母对别人充满羡慕而又贪婪急切的眼神。"

也许这个孩子说的言辞有些过激，但他说的却是一个事实。父母不愿意孩子不如别人，尤其是在学习上，因为那就丢了他们的脸。所以，他们只看到别的孩子的价值，看不到自己孩子的价值。他们丢掉了对孩子的尊重与信任，同时也丢掉了孩子本身的价值。其实，如果一个人找不到属于自己的价值，那么他的奋斗也就失去了目标，他自己也会觉得生活是冷酷而让人厌烦的。

所以，我们爱孩子，就要尊重他的心理需求，要能为自己的孩子而自豪。我们一定要看到孩子的真正的自身价值，给予他适度合理的期望。

● **不要对孩子"扶持"过度**

果农照顾果树需要耗费很大的时间和精力，父母对待孩子，也如果农照顾果树。若施肥过度，果树反而不会长好；如果对孩子"扶持"过度，尽管看似事无巨细地给予照顾与帮助，但却忽略了孩子"渴望自由"的心理。

孩子终将会有自己的生活，所以我们给予他的爱要得当，给予他的帮助要恰到好处，不可过度。不要长期包办干涉他的所有生活和问题，在保证他身心健康的前提下，允许他自由生长。要给孩子自己去解决一些问题的机会，以此来锻炼他，当他在面临各种困境的时候，他才更能够有方法克服困难，更有力量渡过难关。

● 给孩子适合他发展的教育

生活中，有的人买了一双好看的鞋子，试穿的时候好像没什么问题，但回家穿着走路却很夹脚。但鞋子又好看，别人还羡慕，所以也不打算去退，于是就忍着脚疼也要穿。可穿了几天，脚疼得实在受不了，最终不得不将鞋子束之高阁。

鞋子合不合脚，只有自己知道。当鞋子合脚了，脚就被忘记了。同样道理，教育适不适合孩子，只有孩子自己清楚。当给孩子合适的教育时，孩子就不会感到"硌脚"的痛苦，甚至感受不到自己是在"受教育"，教育很自然就做好了。但现实生活中，我们给予孩子的教育有时并不适合他的发展，那可能就会耽误他的成长，甚至整个人生。

所以，我们不要强迫孩子非要在学习数理化科目上做到全能、全优。如果孩子擅长绘画、音乐，或者体育细胞发达，只要加以培养，相信他也一样能做出很好的成绩。这就需要我们要与孩子多沟通，了解他的兴趣，发现他的特长，跟他一起确定发展方向，适合他的才是最好的。这样才能激发出他的潜能，他才有可能最终走向适合他的成功。

● 给孩子一个和谐的家庭

给孩子一个和谐的家庭，就是要让他有安全感，心无旁骛地生活和学习，最重要的是让孩子能在一个美好的氛围中身心健康地成长。

所以，我们除了要满足孩子日常的衣、食、住、行的需要之外，还要尽量给他营造一个充满支持和关怀的家庭环境。夫妻和睦相处，有事共同商量，多顾及对方的感受……这也是在为孩子做当下和未来的好榜样。同时，我们也要从孩子的角度，去尝试了解并进入他的内心世界。在这样的家庭环境熏陶下，孩子才能安心地卯足劲去发挥他的潜能，也才能学会并积极去面对遇到的问题，并且愿意去承担责任。

● 要给孩子的成长设定必需的规则

尽管我们需要尽量满足孩子的心理需求，但这种满足也需要有一定的限度，让他体验成长的快乐，却也不能丢了必要的规则约束。

孩子在探索和学习新事物的过程中，猎奇的心理也许会格外强烈，很多时候，他的好奇心也可能会引导他走上歪路，而他对所有事情的无所谓，却也可能使他的人生受到不利影响。所以，我们必须要定制出一些规则出来，让他知道什么该做，什么该怎么做，让他知道为什么必须要遵守一定的规程和指导。

老师向一个男孩的爸爸反映，说男孩总是在宿舍熄灯后听音乐，而且声音还很大，这大大影响了其他同学的睡眠。但他的爸爸却说："孩子放松一下紧张的精神，这也有错了？让大家一起听，一起放松不好吗？你看，我的孩子多热心呢！不是吗？"

这位爸爸的回复确实"别出心裁"。这也可以看作是父母满足了孩子的心理需求，但却破坏了一个公共的规则，这样的孩子，无论是在当下，还是在未来的日子里，势必会被人孤立。如此下去，这个孩子孩能有什么好的发展吗？

缺乏约束的孩子，将来非常容易迷失自我，也迷失前进的方向，最终他将有可能陷入困境。所以，要在孩子很小的时候，培养他习惯一些简单的行为规范和指导，这样他的成长之路才有可能会沿着正确的方向健康发展。

孩子从出生开始，他就不断地产生各种心理需求。不会说话时，哭和笑是他的表达方式，父母需要仔细了解和揣摩，使他的身心健康地成长；会说话了，父母要多和孩子进行沟通，让孩子感受到被关注、被关心，有温暖的依靠，以增进亲子间的情感。不要只单纯地满足孩子的吃穿住行，也一定要多关注他的心理需求，让他体验到成长的快乐。

39. "妈妈（爸爸）允许你解释！"

允许孩子为自己申辩，给孩子解释的权利

1919 年，鲁迅在一篇名为《我们现在怎样做父亲》的文章中写道："他们以为父对于子，有绝对的权力和威严；若是老子说话，当然无所不可，儿子有话，却在未说之前早已错了。"

这是 100 年前的一段话，可放在现在来看，依然很合"潮流"。当下有一些父母，恰恰就是文章中的表现，全凭自己的认知去下结论，也不管孩子是不是真的有错。这些父母不给孩子申辩的机会，不允许他做出解释，只单方面地承认自己所理解的。表面看来，父母是在树立自己的威信，但实际上，孩子却已经受了委屈。再加上十几岁的年龄正是所谓的"叛逆期"，父母与孩子之间的关系可能会就此受到不利的影响。

来看这样一则事例：

家里有一件很漂亮的瓷器，是一匹腾空而起的黑马。

一天，妈妈下班回到家，却发现瓷马腾空的那只脚掉了。妈妈二话不说，直接就进了儿子的房间，大声地冲他嚷道："让你好好看书你不听。摔了我的瓷马也不吱一声，马上就要中考了，你还光想着玩，没出息！"

儿子一脸惊愕地看着妈妈，当他听完妈妈的话之后，也生气地说："不是我！"

"哼！不是你才怪了！"妈妈不屑地看了儿子一眼，说道："都上初三了，

还玩心不改，成什么样子？拿什么参加中考？现在居然还狡辩！"

儿子涨红着脸站起身大声反驳道："我说了不是我！我动它干吗？"

"谁知道你动它干吗！你就不好好学习吧！"妈妈说完转身离开了屋子，儿子气得胸脯一起一伏。

很晚了，爸爸才回到家，一进家门就连忙对妻子说："中午我回来找文件，结果碰倒了那马，马腿掉了，回头我去补一下。"

妈妈听后一愣，儿子看了妈妈一眼，表情写满了"我说不是我吧"，但妈妈却对他说："想那么多没用的干什么？你本来就快中考了，我不让你玩也没错。看书去！"

结局令人有点意外。

实际上，父母可以算作是世界上最难承担的角色之一了。我们都会尽自己最大的努力，让孩子能健康成长，希望他能事业有成、生活幸福。而且，我们都认为自己责无旁贷，必须将孩子管教好。于是遇到一些事情，我们有时候可能会不问青红皂白直接就"断案"，对孩子说："都是你的错！"而且完全不给他申辩的机会。孩子也就此直接被判了刑罚，甚至是"莫须有"的惩罚。

在这样的"教育"下，孩子就有可能"越管越反"，尤其是处于"青春叛逆期"的孩子。得不到自我申辩权利的孩子，将会变得更加叛逆。于是，一个原本可以避免的恶性循环却越循环性质越恶劣。

有许多问题，只要稍微解释一下可能就都能真相大白。想必我们也遇到过被人误解的时候。那个时候，我们自己是不是也非常想要有一个解释的机会呢？所以，我们也应该设身处地地想一想，当孩子遇到这种情况的时候，他也非常希望我们允许他申辩，好将事情说个明白。

让孩子申辩、解释也是对他的一种尊重，应该如何表现这种尊重呢？

● **不要想当然地自我判断**

有一个词叫"武断"，意思是主观轻率地判断。在面对某些事情的时候，

有的父母就会经常变得很武断，他们相信自己的判断是不会错的。于是，一些错误的判断就被直接扣在了孩子的头上。

"这个杯子是你打碎的吧？"

"你是不是又欺负同学了？"

"老师怎么会冤枉你！"

"你又想干什么坏事啊？"

"你就别狡辩了！"

……

随之而来的，就是父母长篇的说教。

有一位中学英语老师讲过这样一件事：

我一直要求学生要好好听讲，同学之间不能互相交头接耳。我对他们说："已经是中学生了，就不能和小学生一样，上课讲话是不好的行为。"

但有一天，我刚开始上课，就看见一位男生回头和身后的同学说话，我立刻就生气了。当时就训斥了他一顿，并让他写检讨。那位男生狠狠地盯了我一节课，我认为是他叛逆期在作怪。

下课后，坐在他后面的同学却找到了我，说："老师，你错怪他了。他捡了一本课本，他只是回头问我是不是我掉的而已。"我当时就愣了，我终于明白那个男生眼神中表达的意思了，我的"专政条例"伤害了他。

其实，父母有时候也会犯类似于这位老师这样的错误——从自己的认知出发，很轻率地就为孩子下了结论。殊不知，这样对孩子也是一种伤害。"欲加之罪，何患无辞？"孩子这个时候就不会认同父母的威信了，他的内心只会觉得父母不信任他，青春期的叛逆心理会变得格外强盛，他可能会因此而仇视父母，甚至还会做出后果不堪设想的事情来。所以，为人父母者不要自以为是地就下结论，要给孩子一个解释的机会。

● **与孩子一起分析事情的原因**

事情的发生终归会有它的原因，无论谁对谁错，所有事情都要有来龙去脉。所以，我们要允许孩子解释，允许他对自己的行为进行解释，甚至申辩。

在这个过程中，我们也要和他一起分析事情的来龙去脉、发展过程和最终结果，以真正判断出是非对错来。

在分析的时候，我们要尽量保持平和的心态，要耐心将孩子的话完整地听完，并给他时间让他为自己解释，要能从他的话语间听出关键字，以便帮助他更好地分析事情的原因。

● **千万不要"暴力"相加**

无论是正解还是误解，有的父母对待孩子的问题的时候，总是显得非常不冷静。在这样的父母看来，此时孩子的解释就是在"犟嘴"，父母就感觉他是在反抗自己的权威，于是呵斥甚至打骂立刻就用了出去。

呵斥、打骂过后，也许表面看来孩子是"屈服"了，他也承认了错误。但是实际上，问题并没有弄清楚，谁对谁错也没有搞明白。即便真是孩子的错，他也会觉得自己非常委屈，因为他犯错也是有一定原因的，而被劈头盖脸地直接教训一番也不会好受，这既不利于孩子认识到错误，也不能使他心服口服地改正错误。叛逆期的孩子，有可能还会跟父母还口、还手。

所以，在跟孩子说话的时候，要正视孩子的眼睛，也请孩子正视我们的眼睛，有眼神的对接。如果真的是他错了，我们要让他在眼神中看出我们的严厉；如果不是他的错，我们则要让他在眼神中看出我们的宽容与理解。可见，练就一双会说话的眼睛，也是我们必修的一门技术。

● **允许孩子申辩也要把握适度原则**

当孩子受到委屈的时候，我们要给他申辩的机会；当他被误解的时候，我们也要让他有解释的权利。但是，允许孩子申辩、解释，也应该把握一个度，我们允许孩子据理力争，但不能允许他单纯地强词夺理，无理辩三分。

比如，有的孩子在父母的这种容忍下，可能会"得寸进尺"，无论自己对错与否，都要去申辩一番，即使他犯了错误也要无理强辩，没理硬说成有理，申辩变成了狡辩、诡辩。这时候的孩子就处于一种很无礼的状态了，不及时纠正的话，显然是不妥当的。

● 提升孩子的道德认知水平

这好像是一个老生常谈的问题了，但不谈又不行。因为一个拥有良好品德的孩子，就会少犯一些不必要的错误。如撒谎欺负同学，类似这样违背道德的事情，他大多都会"敬而远之"。而遇到委屈，他也能很好地将事情讲明白。但若是孩子缺乏最起码的道德认识，他就没有明辨是非的能力，就不会认为某些事是错误的，即使父母给了他申辩的权利，他也依然不能很好地将事情解释清楚。所以，要提升孩子的道德认知水平。

如何做？从小就要引导孩子明白什么是对的、什么是错的，更要能明确区分最基本的对与错、善与恶、美与丑，要能在自己内心架起评判善恶是非的天平。要透过学习，学习古圣先贤的智慧，认同并去践行"孝悌忠信、礼义廉耻、仁爱和平"传统美德。只有多学习，才能在心底建立起更为牢固正确的价值观，才会有正确的价值判断。相信，看过这些之后，孩子的眼前就会一片光明，头脑中就会生出无穷的智慧。这样，他就会终身受益。

沟通箴言

所有的事情都是因果效应。孩子发生某些事，也一定会遵循这个道理。所以，我们不要单凭自己的判断，就认为孩子对或不对，要给孩子解释和申辩的机会，这也是在帮助孩子找到产生这个结果的原因，从而在根本上有效解决问题。而且，懂得并且会解释和申辩的孩子，他的思维也是灵活而敏捷的。所以，我们不要简单粗暴地去禁止。

40."孩子们，欢迎你们！"

尊重孩子的朋友，告知交友原则，教他与异性正常交往

在人与人之间的关系中，朋友关系是五伦关系之一。而且，在人的一生中，朋友扮演着非常重要的角色。我们都有这样的体会，有时候，自己遇到了挫折、困难，想要倾诉的对象不是父母，不是长辈，往往是自己最亲近的朋友。

每个人都需要朋友，孩子也不例外。况且，学生时代的友谊非常珍贵。已经成为父母的我们，现在恐怕也会跟几个当年要好的同学做朋友吧？

那我们就要理解孩子了，因为在他看来，此时的朋友对他是个非常重要的存在，他在比普通同学关系更进一步的朋友那里，可以收获快乐、找到共鸣、分享秘密……有一些感觉是从父母和其他成人身上找不到的。所以，孩子不能没有朋友。

在 4 年级时，男孩甲和乙成了同桌，两人家离得也近，关系非常好。进入初中后，两人虽然已不在同一个班级，但他们依然延续了小学的友情。

从小学开始，甲就经常邀请乙来家里一起写作业，到了初中也如此。但有一天写完作业后，甲的妈妈却对乙说："明年你们就要上初三了，学习就都紧了。而且，甲也要去上补习班。所以，你们还是分开做作业吧！这样，效率可能会更高。"

乙走后，甲惊讶地问妈妈："我什么时候要上补习班了？"妈妈却说："不这么说，乙还要来找你的。你看他学习那么差，肯定考不上好高中。你不要

总跟这样的人在一起，受他'传染'，成绩也掉下去了怎么办？我也是为你好，你可以去找你们班学习第一的同学玩啊！"

甲一听脸就沉了下来，他说："妈，我和乙是从小玩到大的朋友。他不就是成绩差一些吗？人还是很好的，你眼里除了学习就没别的吗？"妈妈一听这话也生气了："你怎么能这样跟妈妈说话？总之，我说不行就不行！不然我就去找他的父母，直接让他们管好他的孩子！"

听完妈妈的话，甲跑进了自己的房间，门被他一把重重地关上了……

有的父母在面对孩子交朋友这件事情上，似乎特别坚信"环境造就人才"这条"定律"。一些父母都认为，如果孩子和学习不好的同学一起玩，甚至成为朋友，那自己的孩子也会被带坏，学习成绩也会下降。尤其是当孩子进入青春期的时候，有的父母更会担心本来就叛逆的孩子，会被其他"坏孩子"带得更难管束。

其实，孩子与人交往的时候，往往只遵循一个原则——志趣相投，谈得来。如果他感觉和其他的同学在一起，无论是思想，还是言语，都很"合拍"，彼此能"谈得来"，而且也能玩到一块儿去，那么他就认为那个同学是他的好朋友。

但是，父母的担心也不是没有道理。毕竟孩子的模仿能力是非常强的，爱玩也是他的天性，青春期的孩子虽然也有了自己的想法，但思想还比较稚嫩，容易受到他人的蛊惑，而一旦他与一些品质恶劣的同学交往过密的话，可能就会沾染上一些坏毛病甚至恶习。当然，这样会影响到他的学习，影响到他人生的发展。

所以，父母有必要教给孩子行之有效的交友之道，让他明了一些交友原则，学会选择正确的朋友关系。当然，父母也应该给予孩子最起码的信任，不要一看见孩子交朋友，自己就先紧张起来，生怕他交到什么"坏朋友"。否则，这种疑神疑鬼的心理会让孩子，尤其是"叛逆期"的孩子更加"叛逆"。这样一来，孩子可能真的会去交几个坏朋友，来"挑战"一下父母的权威。

另外，有的父母对于孩子异性交往的问题也非常敏感，甚至一看见孩子与异性做了朋友，就如临大敌，认为孩子一定是在"早恋"。其实这依然要归结与父母对孩子的教育，要教他学会交友，包括交异性朋友。

那么，父母怎样做才能帮助孩子更好地处理朋友关系呢？

● **以真诚的态度对待孩子的朋友**

关于孩子交朋友这件事，很多父母都有一把衡量的小标尺。他的朋友符合父母心目中"好孩子"的标准——学习成绩好（或者家庭条件好），父母就认为值得交往；如果他的朋友被父母认为是"坏孩子"——学习成绩不好（或者有其他一些缺点），父母就会千方百计地阻挠孩子与之交往。

这样一来，有的父母可能当面会对孩子的朋友很客气，一旦朋友不在孩子身边，他们就会反复告诫孩子要远离这样的朋友，或者干脆直接代替孩子做决定，单方面断绝他与朋友的来往。甚至有的父母直接当着孩子朋友的面，就投出"否决票"——不同意交往，让孩子们处于一种非常尴尬的境地。

父母当然是"好意"，但青春期的孩子却显得格外"不领情"，对于父母粗暴干涉他与朋友交往这件事，他会倍觉反感。父母越是禁止，他反而越会与朋友亲近。所以，与其跟孩子对立，僵化亲子关系，倒不如真诚一些对待他的朋友，如孩子的朋友来家里，父母多说一些类似于"孩子们，欢迎你们""欢迎你们的到来"的话，赢得孩子们的好感。这样，当父母再对孩子进行交友指导的时候，他也许会听得进去。

● **不要总盯着孩子朋友的缺点**

每个人都有自己的闪光点，即使是自己的孩子，也不可避免地会有缺点。但有时候，孩子的朋友所具有的优点，却恰恰是他所不具备的，而通过朋友间的相互影响与帮助，他就有可能会改掉缺点。

所以，我们要善于发现孩子朋友的优点，要能赏识这些优点，如礼貌、友爱、宽容等，这都应该成为自己孩子学习的榜样。而且，已经进入青春期的孩子，也有了自己的独立判断能力，我们对朋友某些优点的赏识，也能激起他想要

努力弥补自身缺点的意愿，他会更加努力改善。

　　另外，我们要格外注意，赏识孩子朋友的优点，不是拿自己的孩子与之去作比较，更不要借此来讽刺孩子的缺点。否则他的叛逆心理一起，所有的教育都可能都会付诸东流，得不偿失。要坚决避免这一点。

● **向孩子传递正确的交友之道**

　　著名教育家谢觉哉曾在《交朋友的道理》中说过："要交'益友'，不交'损友'。"这其实就是在提醒父母，要向孩子传递正确的交友之道。

　　关于"益友"和"损友"，孔子有非常明确的论断，他说："益者三友，损者三友：友直，友谅，友多闻，益矣；友便辟，友善柔，友便佞，损矣。"

　　"友直"即正直的朋友，"友谅"即诚实、不欺骗人的朋友，"友多闻"即见闻广博、知识面广的朋友。这三类朋友都是对孩子有益的，应该让孩子多与这三类朋友相处，引导孩子向他们学习，从而提升自己的德行，完善自己的修养，丰富自己的学识。

　　"友便辟"即喜欢奉承讨好的朋友，"友善柔"即两面三刀、巧言令色的朋友，"友便佞"即言过其实、夸夸其谈，只会耍嘴皮子的朋友。这三类朋友都是对孩子有害的，我们应该教育孩子尽量避免与这样的朋友接触，更不要向他们学习。

　　一个有德行的孩子一定会感召善的朋友跟他相处，相反，一个本身就没有好的品行的孩子，自然也会感召那些坏的朋友跟他相处。道理就是如此简单。所以说，好孩子会交到好朋友，那我们就先把自己的孩子培养成一个好孩子吧！

● **在与人相处方面，多指导孩子**

　　当孩子掌握了正确的交友之道后，我们还要给予他一些相应的指导，让他学会如何正确与人相处，以帮助他进一步巩固自己与他人的友谊。

　　在这个过程中，要告诫孩子：自己应该要严于律己，但对待朋友要真诚坦率、宽容为上；对朋友也要礼貌与热情并举，尊重朋友的意愿，要经常关心朋友；无论遇到什么事，要尽量宽宏大量，能考虑到他的感受，不要以自我为中心，不要计较个人得失；与朋友交往，不能过分干涉他的心理敏感区；也要讲求信用，说话办事要尽量为自己和他人留有余地；如果朋友间出现问题，要先从自己身上寻找原因，并及时承认错误……

另外，我们还要让孩子建立正确的异性朋友关系。首先我们自己不要有过多的疑心，然后要引导孩子不要为社会上某些不良风气所影响，与异性朋友交往要有遵循基本的交友原则，保持纯洁的友谊，无论如何都不要逾越朋友的界限。

再有就是提醒父母，不要想当然或自以为是，代替孩子将自己认为的对他没有好处的交际关系全部切断，这样反而会激发他反抗的心理；同时，我们也要提醒孩子，不要让他因好奇心强盛而陷入不当的交际圈。

● 正确处理孩子的交友不慎

孩子涉世未深、经事太少，辨识能力也有待提高，一时不慎可能也会陷入不良的交往当中。而万一孩子交友不慎，我们也要学会正确处理。

不能简单粗暴地对孩子予以打骂，并严令禁止他与这些"损友"继续来往。十四五岁的孩子自我意识会非常强，他不会认为他的朋友有什么错，转而可能还会对父母的态度表现出不满甚至厌恶。更有甚者，还会和父母对立起来，在错误的道路上越走越远。

所以，我们应该保持一个冷静的头脑，先耐心地弄清楚具体情况，再以诚恳的态度与孩子进行沟通，要以理服人，提高他的认识能力和水平，让他能自觉与不良朋友断绝关系。必要时我们也可以与学校等方面多联系，帮助孩子终止不良交往。

交朋友有助于培养孩子的人际交往能力，同时也能帮助他学会正确地为人处世。所以，我们应该尊重孩子的意愿，在恰当时候给予他必要的交友帮助，

将一些交友的原则告诉他，如朋友应该要品行端正；要鼓励孩子多与有道德、有素养的人做朋友，这样对他自身各方面的发展也是有好处的。总之，要努力让孩子交到益友，顺利度过青春期。

41."孩子，真爱可以等！"

就青春期的"爱情"与孩子作沟通

爱情本是一件美好的事情，曾经有人这样说："爱的感觉是温暖的；爱的言语是正直的；爱的心地是无私的；爱的行为是成全的。"这可以说是爱的标准，很伟大、很美好。尽管如此，但如果它来得太早，在十六七岁甚至十三四岁的时候就降临的话，显然是太早了，这就会让父母感到无比担忧，因为这很可能会影响孩子身心的健康成长。

班主任老师给一位妈妈打了一个电话，告诉她说，她才13岁的女儿"早恋"了。老师说："才刚13岁，就和男生在大街上调笑拉扯，成什么样子？这是同学报告给我的，而且我这里还有没收的小纸条，你们做父母的可要好好管教啊！在学习方面，她是个不错的孩子，还是很有潜力的，不要堕落了。"

妈妈听后都惊呆了，一种羞愧的感觉瞬间涌向心头。女儿放学回家后，妈妈想也没想上去就给了她一个大耳光："你个不要脸的！你把我们的脸都丢尽了！整天和男生一起瞎混，你要再敢跟男生好，看我不打断你的腿！"

女孩吓坏了，她没想到妈妈这么快就知道了这件事。接下来的日子里，老师和妈妈"双重夹击"，她再也没敢跟那个男生说过话。

后来，老师却向女孩的妈妈反映："她最近学习成绩下降得厉害，上课也不认真听讲了，不管干什么都没有精神。"妈妈听后，又疑惑又苦恼：不是已经制止了女儿的早恋行为吗？但为什么她的学习反而退步了呢？

其实这位妈妈的心情是可以理解的。十三四岁的孩子，无论是生理还是心理的发育都还不成熟，过早地涉足所谓的"爱情"，如果处理不当，的确会给他的身心成长带来巨大的负面影响，甚至还会影响他的人生道路。但如何面对"早恋"的孩子，也确实需要一些技巧。

早在2008年，上海市就对该市5所学校1700名初高中学生进行过一项"中学生青春期调查"，关于"异性交往过密"这一问题的调查结果引人深思。

异性交往过密，是指中学生过于频繁亲密的异性交往，包括现实和虚拟网络社会中的身体接触。而被调查的学生中，有近60%的人认为与异性亲密交往应"顺其自然"，而在高中女生中竟有高达89.32%的人认同这一说法。调查还显示，有近70%的中学生通过网聊而与异性亲密交往。初中生发生肢体接触的比例不足3%，但高中生却超过了10%，其中不少还发生了性行为。

这些数字很让人吃惊，青春期的"爱情"以及孩子们迥异的爱情观，几乎让父母和老师身心疲惫，他们如临大敌也在情理之中。要知道，这个调查是在2008年进行的，十多年后的今天，是不是会越发严重了呢？

所以，对于青春期的爱情，我们真的需要好好地与孩子沟通了，并且还应该及时地对他进行相关的教育，要让他能够明白爱情的真正意义，让他不要因为好奇就去轻易体验所谓的"爱情的刺激"，更不要让他轻易就伤害自己、伤害他人。

面对处于青春期的孩子，我们应该如何与他沟通所谓的"爱情"呢？

● **告诉孩子什么是真正的爱情**

处于今天这个"泛娱乐化"的信息化时代，受某些电视剧、网络电影、社交APP等的影响，孩子们对爱情的憧憬与好奇也就越发强烈。电视剧中的王子公主式的爱情，往往会让青春期的孩子心生向往，甚至期待自己也能遇到这样的情景；而电视剧中爱情生活的童话色彩与纸醉金迷，更让青春期的孩子感觉，爱情应该是一件刺激兴奋的事情；社交APP中的各种暧昧信息，也让青春期的孩子们蠢蠢欲动。

这时候，我们要让孩子明白爱情的真正含义，爱应该是"用心去感受对方的需要"，正如"爱"这个会意字所表达的，是一个"心"加上一个"受"。爱情是成年男女之间真挚的、互相爱慕的情感，而不是游戏，更不是冲动和欲望。而且，真爱与滥情、激情不能等同。爱情应该是建立在两人相互了解，相互能承担得起责任的基础上的。只有对感情真诚且尊重的两个人，才能孕育出真正的爱情。就如一株果树，在该开花的时候开花，该结果的时候结果，这棵树才能健康成长，否则过早地开花，也很难结出成熟的果实。

● 利用一些场景随时对孩子进行教育

　　面对爱情的教育，一些父母有些不知所措，毕竟没有那么多的文字知识去详细讲解，大部分都是一些观念和态度的养成。而且，若是专门用一段时间，一本正经地对孩子进行教育，也会让他反感。倒不如在孩子心情愉快的时候，对他开展一些与当时场景相关的教育，也许会起到很好的效果。

　　例如，当看到电视剧中的某些关于爱情的场景时，孩子也许会问："那个男的那么穷，女的为什么还要跟着他？"这时我们就可以给他讲解关于爱情的责任的问题，这样的教育是在轻松的环境下进行的，孩子也就容易接受并能熟记于心。

● 正确对待孩子的"异性交往"

　　孩子从小到大，势必要生活在同性与异性之间，而与异性同学的交往，本来也是非常正常的行为。但是，一些父母对孩子与异性的交往，表现出不同寻常的紧张。一旦两个男女同学之间来往过密，就非常容易被所有人尤其是父母、老师认定为早恋。这不仅使身处青春期的孩子倍加反感，也许还会因此引发他的叛逆心理，最终可能出现"罗密欧与朱丽叶效应"（当出现干扰恋爱双方爱情关系的外在力量时，恋爱双方的情感反而会加强，恋爱关系也因此更加牢固，或者走向某种极端）。

　　的确，这个时候的孩子自制能力差，有时候他会因为过度贪恋异性交往，反而耽误了正常的学习。所以，要教他学会正常地和异性同学交往。孩子应该有一个积极向上的心态，要与同学相互尊重、友爱；自己要自尊、自爱，无论是男孩还是女孩,都要理智地对待异性间的关系,把握好互相交往的尺度;要能分清友情、爱情的界限,不要将好感视为爱情,否则就会使自己的生活被限制住,甚至阻碍自身的发展。

另外,我们也要明白,到了一定的年龄后,就如"春天花会开"一样,孩子也势必是会对异性产生好感,若是他没有这种感觉反而是不正常了。但该引导的还是要引导,该关心的还是要关心,而不能任由孩子自己去行事。不过,在此过程中,我们要把握一个度,要讲求一个技巧,而非想当然地去禁止。

● 让孩子相信,真爱可以等待

上初中 2 年级的儿子说:"爸爸,我喜欢上我的同桌了。"

爸爸说:"嗯,那她喜欢你吗?"见儿子羞涩地点头,爸爸笑着说:"我儿子也不错嘛!"儿子不好意思地笑了笑。

爸爸继续说:"如果你想将来就在这里发展,那你可以与她一起好好学习,等你们长大了,有能力养活自己的时候,你们可以考虑结婚。不过,如果你想离开这座小城,到其他城市去,我劝你就要在其他城市里寻找更适合你的爱情;如果你想到国外去,那就应该到国外再去考虑。你有选择的权利。"

后来,儿子不再为这件事儿多做考虑,他也没再和同桌有什么更新的发展,而是专心致志地读起了书。

这是位明智的爸爸,他没有粗暴地干涉儿子青涩的恋情,只是让他明白,真爱是可以等待的,合适的时间、地点下,才能酝酿出正确的爱情。

现在孩子年龄尚小,他理解的爱情只是简单的谁对谁好的问题,他还不懂爱情的责任之重大,所以这个阶段的爱情并不是真爱。要让孩子明白,美丽的爱情之花终究会开放的,不要为眼前的快乐所迷惑。

● 提醒孩子,早熟的果子不甜

曾看过这样一段话:"鱼总是在好奇中被拖出水面,老鼠总是在贪婪的品味之中死去。它们要是能在吃饵之前给自己一个声音,告诉自己这样很危险,那么它们就会有另外一种结局。"青春期的孩子,对于爱情、性方面的问题,就如那好奇的鱼与贪婪的老鼠。

有个女孩就读于一所重点中学的初中部，本来学习成绩很好。但她却因为好奇，开始与心仪的男生交往。之后，又因为好奇与她的同龄男友偷尝了禁果，等她发现自己的"好朋友"许久未来的时候，她已经有了3个多月的身孕了。但即使如此，她却依然未觉得这有什么，只说："孩子打掉就好了。"

面对这样的孩子，父母的痛心恐怕已经难以用语言来表达了。随着社会观念的进一步开放，青少年的心智也在不断成长，但一些孩子却总是会做出类似的伤害自己的行为，甚至还引发了许多犯罪行为。就如前面提到的上海市对1700名中学生的调查显示，对于"性"，66.58%的学生认为是正常生理需要，20.29%的学生认为是情感需要；对于网络情色，24.2%的学生认为"了解也无妨"；面对一度"很黄、很暴力"的虚拟世界，5.37%的学生感到不安、惶惑，4.77%的学生觉得"很刺激"。

所以，我们要帮助孩子树立正确的人生观，让他现阶段当以学习为最重要的事情，而且遇到问题的时候要及时向父母、老师寻求帮助。无论男孩女孩，都要保持得体的衣着打扮与行为举止，养成良好的气质，懂得自重。另外，也要教孩子学会保护自己，以防止意外伤害。

 沟通箴言

真正的爱情绝不是无节制地索求，而是一种付出，是发自内心为对方着想，彼此理解、包容，彼此支持，互相鼓励，是一种责任的承担，而不是欲望的表达。如果没有做好这一系列的准备，就不要谈恋爱，否则就是对彼此不负责任。父母也要给孩子做出一个榜样来。恩爱的父母，是让孩子能认识到真正爱情的最好范例。要通过身教与言传，让孩子能真正理解爱情的意义，帮他解决一些感情上的困惑，让他能顺利迈过"爱情"这道坎。

第六章　把握沟通的艺术，孩子才会听你的话
——9 种让孩子配合父母的沟通技巧

　　很多父母都有这样一个感触：孩子越来越不听话，越来越不配合。儒家有一句很有哲理的话："行有不得，反求诸己。"也就是说，凡是遇到了不顺利，一定要找自己的原因，不要向外找。教育孩子，也是这个道理。父母对孩子说话时，如果是有智慧的，是经过了深思熟虑的，是能打动孩子心灵的，孩子一定会配合父母。父母说对了，这才是关键。

42."你的球踢得真棒，不过足球场好像在那边啊！"

寻找孩子的正向特质，用赞美的方式教导他

一位聋哑孩子的父亲曾说过这样一段话："哪怕天下所有人最后都看不起我们的孩子，我们做父母的也应该眼含热泪地欣赏他、拥抱他、称颂他、赞美他，为他感到自豪，这是每个孩子的成才之本。"确实如此，孩子的成长过程就像运动员一样，每一个小进步都需要父母的喝彩和掌声，他才会发挥出更多的能量。可以说，我们的鼓励和赞美是孩子前进的动力。

但大多数情况下，我们太过于关注孩子身上的缺点，而忽视了他的优点。面对犯错误或做得不好的孩子，劈头盖脸就是一顿呵斥、责罚。殊不知，这种方式不仅会打消孩子的自信心，也会使亲子间的关系越来越僵化。

有个12岁男孩非常聪明，但是学习不努力，成绩一直很差。为此，妈妈没少批评他不用功，可是没有起到什么效果。

一次，爸爸心血来潮和他打篮球，结果爸爸输得很惨。爸爸夸道："你篮球怎么打得这么好？我怎么才发现呢！"男孩得意地说："这没什么，我每天放学后，都要和同学打一会儿，打得多了自然就打好了。

爸爸鼓励他说："对，勤学苦练这是主要原因。这也说明你眼快手快、脑子聪明啊！"男孩听完，笑得更得意了。爸爸趁势补充道："如果你能把这个聪明的脑袋瓜儿用在学习上，而且像打篮球一样努力的话，我相信你的

学习一定也没问题。"

一段时间后，爸爸的"预言"应验了——男孩的学习成绩进步很大。

每个人都喜欢听好听的话，听到好话后会很开心，孩子也不例外。这位爸爸从儿子的优点出发，再指出他的缺点，同时指出他应该努力的方向。对他说的一番话中有赞美，但更多的是信任。也就是说，要找到孩子的正向特质，用赞美加信任的方式对孩子进行教导。

但一些父母认为表扬会让孩子骄傲，只有坦率地指出他的缺点才能让他进步。其实，不论批评还是表扬，只要适度，都可以对孩子起到激励作用。

中央电视台儿童节目主持人鞠萍就善用赏识的方法教育儿子。但她知道赞美是一门艺术，掌握得好可以让孩子发扬优点，但不好可能会让他产生自满情绪。于是，她通过看书、浏览互联网来学习中外先进家庭教育的教子方法。她最常对儿子说的一句话就是："嗯，你做得不错。不过如果我是你的话，我会这样做……"说完，还把原因解释给儿子听。

鞠萍通过这种方式不仅肯定了孩子的努力和劳动成果，也让他坦然接受了自己的建议和方法。可见，这种方式才是真正做到了亲子间的沟通。

每个孩子都是未经加工的钻石，我们要想让这颗钻石散发出璀璨的光芒，就要靠表扬和赞美来磨制。

要让孩子知道"我很优秀"，同时也要让他知道"我有进步的空间，可以做得更好，做得更棒"，这才是我们赞美孩子的真正目的。

那么，在生活中，我们应该怎样用赞美的方式纠正孩子的行为呢？

● **要把握好场合与时机**

在运用"以赞美来纠正孩子"的方法时，我们一定要把握好场合和时机，千万不要让孩子感觉到："妈妈（爸爸）表面上是在称赞我，实际上是在批评我。"给孩子留下这种虚伪的感觉就适得其反了。

可见，用赞美的方式批评孩子是一门艺术，而且要寻找一个轻松愉快的氛围，真心地赞美他，他才会在父母的鼓励声中找到方向和动力。

● 发自内心地赞美孩子

赞美孩子绝对不是只说"你真棒"或竖起大拇指这么简单，一定是我们发自内心的赞美才能起到鼓励的作用。否则一句突如其来的"你真棒"会让孩子感到很奇怪，不会对亲子关系的改善起到任何作用。而且如果我们不是从心底赏识孩子，只是表面上敷衍他，他会感到我们的行为很假。

还有一些父母喜欢用"做得不错""还行"肯定孩子的努力，言下之意是"做得很好，但不可以骄傲，还可以做得更好"，但站在孩子的角度看来，多少有些敷衍的成分，最好再作一些实质性的改进。

其实，除了用语言表扬孩子外，我们还要切身体会孩子的心情，分享他的喜悦，比如说"你会整理房间了，真为你感到高兴""菜炒得很好，妈妈很爱吃"……孩子才能真正感觉到父母的赏识。

● 用赞美来暗示孩子的缺点

孩子不是完美无缺的，他身上也会有这样或那样的缺点，但一味地批评只会打消孩子做事的积极性，那么不妨用赞美的方式指出孩子的缺点。

即将满6岁的男孩很顽皮，在幼儿园经常欺负小朋友，但是他也很热心，经常替小朋友抱打不平。为此，妈妈经常夸他："你是个正义的小勇士，总是热心地帮助小朋友。"男孩听了，自然很高兴。每次说完这句话，妈妈都会附加一句："如果平时能再谦让一下，懂得让着别的小朋友，那就更好了。"渐渐地，男孩变得懂事了，不再欺负小朋友了。

妈妈把对男孩缺点的提醒包含在对他的赞美和肯定中，从而让他自己改正错误。我们也应该学习这种方式，试着在赞美声中暗示孩子的缺点，然后慢慢等待孩子自己转变，这要比直接批评、指责的效果更好，孩子也会在我们的宽容和赞美中更愿意沟通。

● 在表扬中加入对孩子的期望

一些父母喜欢对孩子说"你做得很棒""你真是太厉害了"……这些话

虽然在短时间内能提高孩子的自信心，但他通常情况下不知道哪些地方还可以做得更好，或者朝着哪个方向努力，才能取得更大的进步。

因此，在表扬孩子的时候，要对他好的行为做出客观、具体的描述，如"你把碗洗得很干净，你进步了""这次语文成绩提高了10分，继续加油"，而不是"你真棒""你真行""挺好的"等比较虚而不实的表达。

同时，还可以在赞美声中表达对孩子的期望，如"是的，你这次语文成绩有进步，但妈妈相信以你的实力还可以考得更好"。总之，不要给予孩子过多的评价，而是实事求是地"报道"，让他自己作客观的评价。

● 慎用"最"赞美孩子

一些父母喜欢用"最好""最棒""最聪明"等夸奖孩子，以增加他的自信。可是经常用"最"来夸奖他，很容易让他形成目中无人的傲慢心态。所以，要慎用"最"来表扬孩子。

有个11岁女孩学习成绩很好，一直是在妈妈、老师的表扬和肯定声中长大的，自信但不自负，为人很谦和。妈妈表扬她的标准不是分数，而是综合成绩的"含金量"、进步程度、努力程度等，对她进行客观的评价。而且妈妈从不用"最优秀""最棒"夸奖她，而是在肯定她的同时，希望她能戒骄戒躁、谦虚谨慎，也鼓励她多向其他同学学习。

这位妈妈从分数的真实度、努力程度等多个方面给孩子一个客观的评价，而且从不用"最"表扬她，而是鼓励她多向其他优秀的同学学习。所以，这个孩子在各方面表现都十分出色。

再次强调：表扬孩子时慎用"最"，也尽量不当众表扬孩子，不要试图用他人的不足反衬出孩子的优点，避免让他产生高人一等的傲慢心理。

 沟通箴言 ⊙

在生活中，父母给予孩子正面的评价，他就越变越好；给予他负面的评价，他也一样会践行这种负面评价。所以，为了让孩子朝着正确的方向走，

即使他做得暂时还不好，我们都应发现他的闪光点，赞美他，相信他的能力，相信他以后可以做好，可以做得更好，并用鼓励的方式，树立他的信心。同时，话语中要包含对孩子的期望，从而促进孩子更努力、进步。

43. "你是倒垃圾，还是洗碗啊？"

不要命令孩子，而是要给他提供选择项

"你给我听着""你必须……""你得……"等这类带有警告、责备或者讽刺意味的话语是许多父母经常使用的。这种居高临下的命令式语气偶尔使用能改变孩子的行为，但用多了则会导致亲子关系越来越差。

相反，如果父母用"你是倒垃圾，还是洗碗"商量式的口吻和孩子说话，让孩子有选择的权利，不仅能让孩子愉快地接受父母的建议，也不会让他产生逆反情绪而跟父母作对。

一位妈妈洗了一盘苹果，拿到 5 岁的女儿面前，说："来，拿一个。"女孩拿起一个苹果放下去了，又拿一个又放下去了，这样挑来挑去，几乎把每一个都拿遍了。妈妈见了很生气，拿起一个，说："就吃这个。"女儿噘着嘴，不情愿地接了过去。

这位妈妈的出发点可能是嫌弃孩子东挑西捡的不礼貌。但是，想一想自己，是不是买菜的时候也喜欢自己挑？买衣服的时候，也喜欢东摸西看？可是，我们怎么要求孩子呢？"不能那样，不能这样""给你什么就拿什么"，这是不是对孩子有些不公平呢？要想不让孩子太挑剔，洗两个苹果，让她二选一就好了。

7 岁的男孩周末和小伙伴们在家玩，弄得家里乱七八糟的。妈妈看见了，有点生气，但是还是忍住了。等小伙伴们走后，妈妈让男孩收拾房间，可是

他却看起了电视，而且看得很投入。于是，妈妈对他说："你是选择今天不再看电视了呢？还是现在把玩具收拾好了，再继续看电视呢？"男孩想了想，转身收拾玩具去了。

当男孩把家里搞得乱糟糟，又不主动收拾时，妈妈没有强迫他收拾，也没有强行关掉电视，而是给他选择的余地。虽然结果是一样的，要是不收拾玩具就没有电视可看，但是妈妈还是把选择的机会给了他，让他知道看不看电视的决定权完全掌握在自己手里。那么，他就会权衡利弊，从而做出正确的选择。

给孩子提供选择很重要，这会让孩子在选择中学会思考、做决定，他也会在这个过程中体会成就感。而我们既支持了孩子独立自主的需求，也保护了他的自尊心，亲子之间还没有任何对立，又何乐而不为呢？

当我们希望孩子做什么的时候，不妨给他选择的权利，并教他学会为自己的选择负责。可以参考以下几点建议：

● **用选择的方式让孩子参与家务劳动**

一位妈妈希望培养 7 岁的女儿做家务活儿的能力。一天晚饭后，妈妈对爸爸说："洗碗、擦桌子、拖地，你选择哪一个？"爸爸想了想说："拖地。"妈妈说："好。"接着又转向女儿说："只剩下擦桌子和洗碗了，你选哪一个？"女儿说："洗碗。"妈妈点了点头，大声宣布："开工。"只见全家人一个个忙乎起来了，场景非常温馨。

第二天晚饭后，还没等妈妈让女儿选择。女儿郑重其事地站起来，说："妈妈，今天让您先选，洗碗、擦桌子、拖地，您选择哪一个？"妈妈笑着说："老规矩，擦桌子。"

为了鼓励女儿参与家务劳动，妈妈用了"选择题"的方式，让全家人选择。这种方式在女儿看来，家务劳动好像变成了游戏，全家人一起劳动让她感觉很温馨。

其实，与孩子沟通就是这么简单。他感觉这个事情很好玩，爸爸妈妈尊重他，让他选择，他就会很听话。即使这是孩子一时的好奇，但如何让他变成一种习惯，就需要父母多用赞美的话，鼓励他的劳动成果和行为了。

● **要让孩子对选择的结果负责**

一位爸爸带着 10 岁的儿子去农村体验生活，种植白菜。一段时间后，地里长出了绿油油的白菜苗。于是，爸爸再次带着儿子去间苗。但到了菜地，儿子却不肯拔苗，原因是他舍不得把那么好的苗都拔掉。经过一番道理解说后，儿子还是坚持己见。最后，为了不打消儿子的积极性，爸爸决定为留出一块儿没间苗的白菜地来，和儿子比赛，看谁的白菜长得好。

爸爸没有强迫儿子间苗，而是把间苗演化成一个比赛，让他在实践中看到自己选择的结果。当然，最终的结果，一定是间过苗的白菜长得更好。

但这个结果对于一个 10 岁的孩子来说，是一个教训，当他看到结果自然会对这段记忆印象深刻，也会从中学到一些知识。

可见，在生活中，我们要让他自己选择，并对其结果负责。这样，孩子也不必在我们的强迫下，就可以学到知识和道理。

● **在生活细节上教孩子学会选择**

孩子的选择意识不是天生的,需要我们在日常生活中给孩子选择的机会，他才会逐渐养成自己选择、自己做决定的独立意识。

一位妈妈在教育 8 岁儿子时，从来不会因为鸡蛋有营养就逼迫他吃，也不会因为自己冷就让儿子戴帽子，而是每次都询问一下孩子的看法，问："咱们去花园看花,还是去湖边看鱼？""你想穿什么衣服,这两件自己选吧！""你是用叉子，还是用勺子吃？"之后让儿子自己决定。

渐渐地，儿子也学会了妈妈的表达方式，偶尔也给妈妈出选择题："妈妈，我能吃薯片呢，还是能吃巧克力，或者是彩虹糖？"妈妈听了，一脸苦笑，说："我们饭后再吃这些好吗？要不先来点水果，苹果还是桃子？"

孩子是一个独立的个体，如果凡事都由我们说了算，他当然不会开心。如果能像这位妈妈那样做——在生活细节上教孩子学会选择，亲子关系一定会越来越好，各种温馨的镜头也一定会经常在家庭中上演。

所以在生活中，不妨尝试着给孩子划定好一个选择范围，比如，晚饭吃

包子还是饺子？炒菜还是涮锅？想听什么故事？灰姑娘还是白雪公主？在询问声中，孩子会慢慢地感受到被尊重，进而变得喜欢和我们沟通了。

沟通箴言 ⊙

　　维护独立自主的权益是孩子的本能。因此，为了避免和孩子产生冲突，给孩子"提供选择"是一个好方法。当孩子年龄比较小的时候，我们可以给他出带有选项的"选择题"。随着孩子年龄的增长，我们可以把选择范围逐渐放宽，只要让孩子在一定的规矩范围内进行选择，就可以了。

44."你的房间有异味，有恐龙骨头埋在这里吧！"

尝试运用一些幽默的方式与孩子交流

一个6岁男孩犯了一个错误，爸爸生气地抬起手，说："看我不打你，打得你屁股开花。"儿子瞪着眼睛看着爸爸，突然"哈哈"大笑，说："真的吗？我的屁股会开花？开什么花？你快点打。"爸爸听了，顿时愣在那里，也忍不住笑了起来。

类似"打得你屁股开花"这样的话，是一些父母在威胁孩子时常说的"台词"，可是一个6岁男孩却从中感受到了幽默，不仅化解了一场危机，还营造出了轻松、有趣的氛围，也融洽了与爸爸之间的关系。

在生活中，孩子可以拒绝严肃、忧伤的面孔，但他绝不会拒绝父母幽默的言语所带来的会心的微笑。可见，幽默是父母与孩子之间的润滑剂，它能够融洽关系、化解矛盾。因此，我们要试着用幽默的方式，营造与孩子沟通的轻松氛围。

有个7岁男孩很喜欢玩玩具，但每次玩完之后，他都不主动把玩具收拾起来。为此，妈妈没少说他，还曾下过最后通牒"你以后再不收拾玩具，就不让你玩了"，但没有收到任何效果。

一次，妈妈改变方式说："玩了这么久，一定很累吧！"男孩莫名地看着妈妈。妈妈继续说："问问这些玩具是不是也累了？也送它们回家休息吧！等它们休息好了，明天可以继续和你一起玩。"男孩听了，笑着点点头，收

拾玩具去了。

一般而言，沟通方式不外乎疾言厉色、心平气和和风趣幽默3种。无论哪种教育方式，目的都是希望纠正孩子的坏行为，让他养成好习惯。可不同的方式有不同的教育效果。像前面这个案例，最初妈妈严厉的态度并没有对男孩起到任何作用。相反，幽默的语言对孩子触动很大，教育效果特别明显。

有位爸爸同样用幽默的方式让8岁的女儿养成了每天削铅笔的好习惯。

一次，女儿弄丢了笔袋，爸爸并没有责罚她，而是给她买了新的文具，并对她说："你看，笔袋里装了那么多东西，它一定是累了，竟然躲着主人睡了。所以，你以后收拾书包大哥时，不要忘记招呼这个笔袋小弟。而且你应该经常检查一下你的铅笔长矛，使它们更锋利。"女儿听了，明白了爸爸的意思，拿出转笔刀削起了铅笔。

从此，她再也没有丢过笔袋，还养成了每天削铅笔的习惯。

父母用幽默的方式和孩子交流，不仅能冲淡因为矛盾加剧而引起的紧张关系，孩子的毛病也很容易在幽默的氛围中改正过来。此外，父母的幽默感还有助于培养孩子的幽默，提高他的语言表达能力，拓展他的思维。

幽默表面上是一种教育手段，但实际上蕴含的是一种乐观精神。在教育孩子时，如果我们能够"寓教于乐"，再顽皮、固执的孩子也会有所转变。所以，我们在生活中要善用这种沟通方式。

我们如何增加"幽默细胞"，融洽亲子之间的关系呢？

● 善于营造幽默的家庭氛围

父母的幽默是孩子快乐的源泉，它可以零零星星地散落在各种生活的细节中，使整个家庭氛围变得轻松愉悦。

10岁的男孩和爸爸妈妈一起吃晚饭。男孩指着爸爸手边的纸巾说："爸爸，请帮我拿一张纸巾好吗？"只见爸爸抽出一张纸来，拿在手里在空中挥动了一圈，说："儿子，'圣纸'到！"话音刚落，全家人的笑声就"响"了起来。

递纸巾这样的小事，这位爸爸都能通过幽默的方式表达出来，使得家庭氛围顿时变得和谐起来。可见，幽默确实可以无处不在。

所以，我们不妨放下手头的家务和工作，抽出时间和孩子一起以幽默风趣为基调，去"异想天开""胡说八道"或者"胡作非为"……让他感受父母浓浓而又无形的爱。同时，我们也可以和孩子共读一本幽默书，可以分角色扮演其中幽默故事，也可以每人依序读、讲、演一个幽默故事，增加互动交流的机会。此外，"侃大山"也是一个不错的选择。

● 用幽默回应孩子的为什么

孩子都喜欢问"为什么"，我们在回答难以解释的问题时，有的回答是枯燥乏味的，有的具体生动的，有的具有科学性，有的具有幽默性……对比就可以发现，只要是富有情趣的、幽默的语言，孩子一般都接受得比较快，也更容易理解。

7岁的男孩第一次和妈妈坐高铁，兴奋极了。在高铁快要进站时，男孩突然发现不远处有一列冒着烟的绿皮火车缓缓驶出站台，他就好奇地问："妈妈，为什么那列火车会冒烟呢？"妈妈笑着说："那还是内燃动力牵引的老式绿皮车，鸣笛、冒烟、启动……是它的常规'动作'，它就和我们人一样，人要吃饭、喝水，运动过后，不要的东西就变成便便和尿。绿皮火车也一样，'吃过'柴油后，经过运动，要把消耗后的废气排出来，它冒烟就和你'尿尿'是一样的。"男孩听了，捂着嘴笑，说："火车真没羞。"

试想如果妈妈从火车内燃机动力原理的角度给男孩科学地解释火车冒烟的现象，一定会使他感到枯燥乏味、难以理解，亲子之间的沟通也很有可能就到此为止了。但妈妈却将车比喻成"人"，通过形象的描述使孩子更容易理解，沟通效果极佳。

面对孩子许多的为什么，我们可以根据他不同的年龄、不同理解力，为孩子做出合理的解答。当然，风趣幽默的回答更能使孩子产生共鸣。

● 给孩子讲一些幽默小故事

一天，女孩家里来了一位漂亮的阿姨。11岁的她对阿姨说："您看起来很年轻。"阿姨听了问："怎么个年轻法？"女孩兴奋地说："从正面看您像我姐姐，从背影看，您很像我同学。"那位阿姨听得心花怒放。

原来，前几天，妈妈给她讲了爱尔兰剧作家萧伯纳的故事。

萧伯纳猜测一位中年妇人的年龄："看您洁白的牙齿，您只有18岁；蓬松时尚的发型，您不会超过19岁；纤细的腰围和涂满胭脂的脸庞，顶多只有14岁吧！"中年妇女很高兴，问："那我到底多少岁？"萧伯纳说："把刚才的几个数加起来就是您的实际年龄了！"

女孩听了这个故事就把它记了下来。她把前半部分改编了一下，用在了这个场合。这位阿姨听了她的评价，自然很高兴。

其实，有些幽默的语言和笑话，孩子听多了，自然也就能模仿了。就像这个女孩，将幽默的语言运用得恰到好处。

在生活中，我们不妨多给孩子讲一些幽默小故事，并配合滑稽的表情和动作跟他互动沟通。当然，选择的内容要积极向上，符合孩子的年龄。

● **用幽默的方式说出感受**

一般来说，父母心烦或心情不好时不喜欢孩子打扰，可有时孩子看不懂父母的情绪，一不小心某些行为可能就超出了父母忍耐的极限。其实，明智的父母在这之前就应该提醒孩子"我现在很忙，没时间陪你玩。晚饭后，我再给你讲故事""妈妈这会儿心情很糟糕，很容易被惹怒，但跟你没关系，前提是你别来招惹妈妈"。

有位妈妈脾气很不好，容易情绪化，她常常为对儿子发火而感到后悔。于是，这位妈妈决定以儿子能接受的方式，说出她的感受。

一天，妈妈催促儿子去洗漱睡觉，说了好几遍，儿子都无动于衷。这时，妈妈说："我现在的耐心和苹果一样大。"儿子看了妈妈一眼，笑了笑，继续看电视。妈妈继续说："现在，我的耐心和樱桃一样大。"儿子还是不动。最后，妈妈郑重发声："我现在的耐心只剩芝麻那么小了，你最好在它消失之前把电视关掉，上床睡觉。"儿子听了，马上关掉电视，跑去洗漱了……

渐渐地，妈妈的表达方式跟以前真的不一样了，情绪也好了很多，而儿子也喜欢上了妈妈这种幽默的表达方式。一天，晚上睡觉前，儿子爬上妈妈的床说："您现在的耐心是多大，可不可以给我讲一个故事？"

在生活中，有些孩子非常敏感，可能接受不了父母诸如"那样做，我不高兴""你很烦"等表达方式。那么，父母不妨借鉴幽默的表达方式。当孩子受到尊重后，他也自然会尊重父母的感受，也就不用在父母的责骂声中生活了。

● **用幽默的方式提醒孩子**

一位妈妈为了促使 10 岁的儿子自愿打扫房间，说："你的房间有异味，是不是有恐龙骨头埋在这里啊？"儿子抿着嘴笑了笑，说："妈妈一定是闻错了。"说完，赶紧把房间收拾得整整齐齐。

过了一段时间，儿子的房间又乱了，妈妈又换了一种表达方式，说："如果你再不收拾房间，小区的清洁办公室就要搬到你这里来了啊！"儿子很不好意思，主动地收拾房间去了。

经过两次提醒，儿子彻底改掉了不收拾房间的坏习惯。

其实，幽默的方式多种多样，如扮个鬼脸或用怪腔调和孩子说话等。当某一种方法不起作用了，可以换一种其他方式，例如，比赛谁收拾房间更快，模仿房间的声音与孩子对话，都是不错的选择。

 **沟通箴言** ⊙

幽默可以缓和亲子间的关系，但运用不当也会伤害孩子的心灵。因此，我们要把握幽默的"度"，如果把幽默变成冷嘲热讽就违背教育的初衷了，所以，我们幽默的语言里一定不能含有对孩子警告、讽刺的意味。此外，还要注意幽默的高雅性，给孩子正确的行为示范。

45. "妈妈（爸爸）相信你，一定会改正的！"

引导孩子及时改正自己的错误

　　古人讲："人非圣贤，孰能无过？"作为普通人，谁都会犯错误，可是并不是谁犯了错误之后都主动承认并及时改正的。孩子也是这样。

　　而让孩子改正错误比承认错误难得多。因为前者只是在思想上达成一种认识，而后者却是实实在在的行为习惯的改变。

　　为人父母者平时都用什么方式指导孩子改正错误呢？

　　威胁是一种非常普遍、常见的方式，一些父母常说："你再犯错，我就……"说教是另外一种常见方式，一些父母常说："你是好孩子，好孩子是不能这样做的，你要……"

　　威胁造成恐惧，一旦孩子再次犯错，他的第一个念头肯定是——"不能让妈妈（爸爸）知道，不然就惨了！"这种想法恰恰就是撒谎的前兆。而说教呢，这种方式没有大问题，但是想让孩子听进去并真的相信，很难。一旦孩子开始厌烦，那么说教就会失去效果。

　　用这两种方式督促孩子改正错误，最后可能都会导致孩子变得冷漠。父母和孩子心灵之间的距离一旦拉大，那么再和孩子沟通就很难了。

　　与孩子沟通，虽然也是要父母去说，但是却与上面两种说法不同。

　　以上说法都带有一定的强制性，威胁不用说了，而说教也是试图将父母的观念灌输给孩子，让孩子按照父母的要求做事情。一旦沟通带有强制的色彩，孩子就会不太容易接受了。

面对孩子的错误，有智慧的父母会说："妈妈（爸爸）相信你，你一定会改正的！"这句话中包含了对孩子的信任和接纳。使用这种说法时，父母没有强制孩子去改错，而是将自主权交给他，让他自己"看着办"。信任是对人的一种尊重，这种力量会促使人做出最好的行为。有一句话说得好："不能辜负你对我的信任。"于是，促使孩子行为改变的力量从父母的强制转变为孩子内心的自我约束。

一位妈妈有事外出，10岁的女儿留在了家里。妈妈临出门时嘱咐女儿："要先写作业，写完作业把自己的衣服洗干净。"女孩写了一会儿作业，忽然想看电视。她犹豫了下，觉得妈妈应该不会知道，于是打开电视机看了起来。等到她开始写作业时，已经是中午了。

女儿担心妈妈回来发现她没写完作业责怪她，于是赶紧洗起衣服来。妈妈回来后，女儿说："我看天气好，就先洗了衣服。开始写作业的时间晚了点，还没写完。"妈妈说："没关系，现在抓紧时间写吧！"可是，当妈妈收拾屋子时手碰到了电视，发现电视还是热的。

妈妈没有训斥女儿，而是对她说："妈妈知道你上午看电视了，所以才没写完作业。不过你对妈妈撒谎不是错上加错吗？这次就这样吧，咱们下不为例，妈妈相信你一定会改正的。"女儿听了妈妈的话觉得十分愧疚。

第二天，当她又一次想打开电视机时，想起妈妈说的话，她把手缩了回来，回到房间乖乖地写作业去了。

把错误指给孩子，让孩子自己去改。父母的宽容和信任会引发孩子的内疚和悔过心理，这也是孩子改正错误的动力所在。

那么，父母在生活中要怎样引导孩子改正错误呢？

● **要从内心深处接纳孩子**

不管孩子犯了什么错误，父母首先需要做的就是接纳孩子，千万不要说类似的话："我没有你这样的孩子！""你怎么这么不争气！""你怎么这么没出息！""做家务你会死啊？""除了打架你还会不会干别的了？"因

为这些话中带有一种贬低、排斥的消极情绪，这种情绪只能让沟通戛然而止，变成父母单方面对孩子的辱骂和责罚。

6岁的女孩在一家商店偷拿了一件小饰品，妈妈知道后十分痛心，说："你怎么小小年纪就不学好呢？现在就偷东西，将来还了得！"爸爸也觉得要好好教训女儿，夫妻二人训斥了女儿半个小时。当然，也没让她吃晚饭。晚上睡觉时，妈妈听见了哭泣声，推开女儿的房门，发现她蜷在床脚，哭得很伤心。

妈妈也是为了让孩子改正错误，可是这种过于粗暴的教育方式却深深地伤害了孩子的心灵。这次经历难免不会成为她心中的一块阴影，或许被吓得以后不敢偷东西了，但这并不代表她真正改正了错误。这种责骂孩子的方式，造成了孩子的痛苦，剥夺了孩子反省自己错误的权利，而没有反省，也就没有真正的悔过。

我们最好以一种积极的心态来看待孩子所犯的错误。不怕犯错，能改就是好样的。要向改正错误的方向去引导孩子，比如说："虽然你犯了错，但是只要你能改掉，就是个好孩子。"或者"妈妈知道你喜欢那件小饰品，但是拿商店里的东西要付钱的。你不是还有零用钱吗？下次看到喜欢的东西知道该怎么办了吗？"相信孩子都会明白的。

● 好话要用在"刀刃"上

不管多么有用的话，一旦成为"老生常谈"，便失去了它教化人心的力量。父母的言辞也是如此。如果父母每天都说："我信任你，相信你一定会改。"那么久而久之，孩子也将这句话当作一句无关紧要的口头禅了。

所以，说这句话时最好说在点子上。当孩子因为犯了错窘迫不安时，父母的一句话往往能让孩子放松下来。重要的话只说一次，孩子的印象反而会更加深刻。

9岁的男孩偷拿了同学的一只电动玩具狗，同学发现后报告了老师，而老师通知了男孩的爸爸。在和老师聊完后，爸爸带着男孩回家。此时男孩的心情十分不安，内疚、羞愧、焦虑，他担心回到家后会遭到父亲的打骂。

就在快要进门的时候，男孩哭了出来："爸爸我错了，我不该偷同学的玩具狗……"爸爸扶住他的肩膀，蹲下来，看着他的眼睛说道："嗯。爸爸知道你是个好孩子。爸爸相信你一定会改的。""爸爸……"男孩止住了哭泣，说道："一定，我一定不会再这样了。"

就在孩子情感决堤的瞬间，爸爸的信任给了他改正错误的力量。

● 与孩子说话一定要真诚

真诚地和孩子说话，听起来很简单，但是做到位却不是很容易。我们怎样说，才能表达出对孩子的信任呢？

有个男孩性格有点暴躁，经常和同学打架。爸爸多次责骂他都不管用，后来爸爸改变了教育方法。一次，男孩又打架了，爸爸忍着怒气，尽量平静地对他说："爸爸相信你，一定会改正的。"男孩撇了撇嘴，不以为然地回应道："你真的相信吗？"

其实，话语只是一种表达方式，重要的是我们对孩子的态度，是否真的信任孩子能自己改变自己。在和孩子沟通，我们不要为了让孩子改正错误而故意说什么，而是要抱着和孩子一起解决问题的态度，两个人商量如何去做。给孩子信任，是把解决问题的责任交给孩子。我们与孩子不是上下级的关系，在人格上是平等的。

比如，前面那位爸爸可以说："你又打架了，我很生气，但是我不想责怪你。我知道你也不想一直这样，我们一起来想办法解决吧！"说话时要真诚，如果对孩子仍有疑虑，那么即使说出了这句话，孩子也会感觉到那若有若无的怀疑，这句话的效果就会打折。更有甚者，孩子可能会觉得父母在哄骗他，根本不相信。

● 不要让孩子产生侥幸心理

当孩子做错了事而引发了严重后果时，我们也应该信任他，但这不等于孩子可以对这件事不负责任。我们要让孩子明白自己所犯的错误和应承担的责任，让他从知错到能改错，这才是信任孩子的目的所在。

有个9岁男孩在和同学踢足球时为了将球拦下，故意绊倒了同学，结果导致同学的胳膊骨折。爸爸知道后，带着男孩去给他的同学赔礼道歉，并赔

给人家医疗费和营养费。回到家后，爸爸说："我知道你是个乖孩子，我相信这个事故是个偶然，我相信你一定会改的。"

男孩在听到爸爸说了这话后，很可能会产生一种侥幸心理，以后再发生什么事情，也用"偶然""一时冲动"这些字眼来推卸责任。所以，在孩子犯错时，不但要信任孩子能改过，更要让孩子认清自己的责任。

这位爸爸可以这样说："我知道你是个好孩子，但是这次出了这样的事情，绝不是偶然。你要想一想，问题出在哪里，下次如何去避免发生类似的事情。爸爸相信你，一定会做好的。"这样才会让孩子重新思考，正视问题，从而用心去改正。

沟通中，双方的信任具有一种神奇的力量。亲子沟通亦是如此。我们对孩子表示信任，对他能改正错误抱有信心，当这种信任传递给孩子时，就会转化成孩子的自信。当他相信自己能改正错误时，他就会主动约束自己的行为，产生彻底的转变。

46. "妈妈（爸爸）知道你也爱面子！"

保护孩子的心灵，不说伤害孩子自尊心的话

孩子如果表现不好，惹父母生气了，正在气头上的父母往往容易说一些伤害孩子自尊的话，比如，"滚一边去！我没有你这种儿子（女儿）！""你真是不可救药了！""我再也不管你了！""你真没用！""笨死了！""烦死我了！"……

每个人都有自尊心，孩子也不例外，而且有的孩子的自尊心很强，内心很脆弱。在孩子心中，父母对他的评价比其他任何人的评价都要重要。而一旦父母对他做出了贬损性的评价，就会大大伤害他的自尊心，导致他心理受挫。

6岁的女孩不小心打碎了家里的花瓶。妈妈听到响声后从厨房里赶过来，看到女孩正站在墙边，对着地上的花瓶碎片发呆。女孩看到妈妈，眼中闪过一抹恐惧。妈妈本想责备她，可是看到她的眼神有些不忍心，于是说道："来，我们一起把碎片收拾干净吧！"

接着，女孩陪着妈妈将碎片打扫完。妈妈拿起地上那个打翻花瓶的皮球，说："以后不要在屋子里玩球，容易打翻东西，去外面草地上玩吧！"女孩拿着球开开心心地出去玩了。

解决问题，不一定要批评孩子。如果这时妈妈大骂女孩："谁让你在屋里玩球的？把花瓶打碎了吧！你这个孩子一点也不小心，就会给我惹麻烦！"那么女孩的自尊心就会受到伤害了。父母责骂孩子，很少是为了教育孩子，

更多的时候是因为控制不住情绪，看见孩子犯错误，给自己增加了麻烦就发火。其实换个角度想想，这也是亲子沟通的一个机会，孩子惹麻烦了，正好可以进行机会教育，可以趁机把正确做事避免犯错误的方法告诉他，如果跟他沟通得好，反而能增加亲子关系的亲密度。所以，麻烦其实也没那么"麻烦"。

每天早上，妈妈都会给10岁的儿子准备午饭，装在饭盒里让他带去学校吃。可以有一天男孩闹脾气，说什么也不肯带饭。妈妈问是什么原因，男孩回答道："班上别的同学都是直接叫外卖的，就我自己带饭吃，妈妈，你说咱们家为什么这么穷啊？"

男孩的话让妈妈一惊，妈妈本想说："嫌穷你就不要在这个家待了！"可是转念想，孩子并没有错，她也不想让家里的经济状况成为孩子自卑的包袱。于是，妈妈慢慢说："妈妈知道你也爱面子，虽然咱家不富裕，但这不是妈妈不让你吃外卖而让你带饭的理由，因为现在很多外卖卫生条件令人担忧，你现在正在长身体，饮食一定要健康。所以，你吃到的饭是妈妈带着浓浓的爱亲手给你做的，想想看，吃着这样的饭是不是很幸福呢？"

男孩听后恍然大悟：是啊！我的饭是妈妈亲手做的，有妈妈的爱，比外卖好吃多了。我干吗自卑呀？他抱住妈妈说："还是妈妈做的饭好吃！"

这位妈妈灵机一动，引导男孩换了个角度看问题，一切就迎刃而解了。

优越感是每个人的需要，一味地告诉孩子不要因为贫困而自卑其实并不管用，反而是这位妈妈的办法比较实用，帮助男孩发现了他没有想到的一面。可见，要想跟孩子有很好的沟通，我们做父母的必须提升智慧。

由此也可以看出，让孩子明白父母的用心良苦，并不一定要用责骂的方式。如果这位妈妈当时没有控制自己，直接将那句"嫌穷你就不要在这个家待了"吼出去，无疑会伤到孩子的自尊，不但不能纠正孩子因家庭经济状况不佳而产生的自卑心理，而且还会给亲子关系蒙上一层阴影。

在生活中，怎样与孩子沟通，才不会伤害他的自尊心呢？

● 沟通中不要掺杂负面情绪

孩子不是父母的所有物或附属品，更不是廉价的出气筒，父母不能一有脾气就以"教育孩子"的名义对孩子发泄。而负面情绪不只有愤怒，也包括烦躁、悲观、抱怨、生气、焦虑、嫉妒、憎恨……

看看下面几句话：

"你看你这成绩，将来能有什么出息！"

"你这个孩子真是让人闹心！没看我正忙着吗？"

"还在玩那些乱七八糟的东西，脏死了！"

"你真让我失望……"

其实可以这样说：

"你这次的成绩不是很理想，让我们一起来找下原因，争取慢慢将成绩提高上去。"

"妈妈现在很忙，你能等一会儿吗？"

"从外面捡回来的东西很脏，上面有细菌，你要玩的话要洗干净，消毒以后再玩。"

"妈妈对你的表现不太满意，我们来探讨一下，如何来改变……"

当父母去掉其中掺杂的负面情绪，以平和的态度去和孩子沟通这些问题时，孩子更容易接纳。

● 要从内心里尊重孩子

有时候，父母没冲孩子发火，可是孩子还是不愿意和父母沟通，表现出不以为然的态度。所以，尊重孩子，不只是平心静气地说话那样简单。

有个男孩和同学打架，把同学的眼眶打青了。爸爸知道后，让男孩给对方赔礼道歉，并买了一些营养品送给对方。事后，爸爸对男孩说："爸爸不想骂你，但是爸爸想对你提出一个要求，下次不要再打架了。"

出乎爸爸意料的是，自己的说法不但没有让男孩感动，反倒引起了他的反弹："你知道我为什么打他吗？你什么都不知道，也不问我，一点都不关心我！"面对一肚子怨气的男孩，爸爸有些无奈了……

说到尊重孩子，父母最容易犯的错误就是"想当然"了。因为觉得对孩子"了如指掌"，尽管没有调查，但也敢大胆"发言"。想想如果是家里的老人和邻里吵架了，爸爸在安抚好邻里后一定会详细询问事情经过，然后再慢慢劝解老人。可是面对自己的孩子，父母往往觉得自己有权力决定一些事情，孩子只需要照做就好，忘记了要尊重孩子的感受，无形中伤害了孩子的自尊。

其实爸爸在送走对方后，应该好好地和孩子聊一聊。注意，不是教导，是聊天。等孩子把事情都说出来了，爸爸可以给孩子提建议："如果是我，我会这样做……"这种和孩子分享的建议方式更容易引起孩子的共鸣，更容易被孩子接受。

● **学会对孩子"迂回作战"**

"妈妈，我想去那上面玩。"6岁的女孩指着公园门口那座石狮子说。

"不行，被管理员看到要罚款的。"

"妈妈，我要去那里玩，我就要去嘛……"女孩开始撒起娇来。

"我说不行就不行！"妈妈烦了，拉着她往公园里走去。

女孩觉得委屈，不肯走，和妈妈僵持不下，妈妈用力一拽，她哇地一声哭了起来。

如果父母表现得太"专制"，伤害了孩子的自尊心，孩子就会从内心中生出排斥感，就会和父母对着干。其实，就像上面说过的，父母总是认为孩子应该听自己的，所以才会表现得很强硬。其实，妈妈完全可以"迂回作战"——回应女孩："你想坐上去玩是吧？是不是觉得坐在上面很威风？很好玩？"女孩如果说"是！"妈妈可以继续说："我觉得也挺威风的，可是，那上面是不允许上去玩的。而且你想想，你坐上去了，然后管理员将你轰下来，是不是很没面子啊？要是再让别人对你指指点点，那就更不好了，不是吗？"这时，孩子的态度估计就会转变了。

● **不要做"无能型"的父母**

有个12岁男孩在学校打架了，老师叫来了男孩的妈妈。在跟老师保证要好好教育男孩后，妈妈将男孩领回了家。

"算我求你了，让我省点心吧！"妈妈语气中流露出太多无奈和伤感。

男孩听到后有些无所适从，只觉得胸口一股气憋着发不出来。

过了几天，学校里又传来了男孩打架的消息……

男孩当时听到妈妈这样说时，心里可能是内疚的，可能也想不再给父母添麻烦，也可能感觉父母很"无能"，竟然如此软弱，还向自己"求饶"。无论孩子怎样认为，他可能都很难真正改过来。所以，在教育孩子时，我们不要在孩子身上施加太多沉重的东西，不要显示出自己的无奈与无能。

不要以为只有骂孩子才是对孩子自尊的伤害，父母以孩子的行为为借口"自虐"，也是在伤害孩子的自尊。比如说："我求求你，饶了妈妈，别给我惹事了，好吗？""都是妈妈爸爸无能，才让你受苦的！"……

孩子需要父母来确立他行为的规范。对孩子求饶意味着父母对孩子的行为彻底失控，拿孩子没办法。父母这样软弱的表现，还能给孩子做好榜样吗？孩子又怎么能有决心改正自己的行为呢？又怎么能感受到父母的高大呢？

其实，这位妈妈可以这样说："妈妈工作很忙，如果你总是在学校惹是生非，妈妈也很累。你已经长大了，那些道理你都懂，妈妈也不想再给你多讲，只是希望你能自我约束。告诉妈妈，你能做到吗？"

沟通箴言 ⊙

孩子的心理有时很脆弱，父母如果说话不谨慎，就很可能因为一句气话，使孩子的自尊心受到伤害。所以，要呵护好孩子的心灵，这就需要为人父母者控制好自己的情绪，不急躁，不动怒，不吼不叫，不打不骂，慢慢和孩子沟通。只要父母有爱心和耐心，总会找到合适的沟通方式。

47. "孩子，还记得我们上周的'约法三章'吗？"

只是责骂孩子是无效的，要争取到孩子合作的意愿

俗话说："无规矩不成方圆。"规矩可以说是人们生存和活动的前提和基础，人们只有在一定的活动范围之内，人身安全和权利才能受到保护。

同样的道理，孩子的成长一样需要规矩。他心中应该有一把尺子，作为衡量对错的标准。这样，孩子才能在不受成人强制和惩罚的生活中，走上自由、快乐的成长轨道，亲子间的沟通也才更顺畅。可见，规则意识应该从小在孩子的思想里扎根。

很多父母一听到"规矩"便严肃起来，认为教育孩子就是"我说，你听"。实际上，并不是这样的。但父母可以跟孩子"约法三章"。

有个上5年级的女孩小晴，她有时喜欢和妈妈"拧"着来。妈妈叫她写作业，她非要看一会儿电视；妈妈叫她吃饭，她非要再等一会儿。对她这样的行为，妈妈有时也会大发脾气。但后来，妈妈仔细反省，觉得应该努力培养女儿的好习惯才是关键。

一天，妈妈找女儿聊天，说："小晴，我们来个'约法三章'，怎么样？妈妈身上肯定有很多缺点，你提出来，只要合理，我一定改。"女孩一听，立马来了精神。最后母女两人经过协商，达成如下一致约定：

妈妈要做到：

第一，小晴在房间写作业时，不在门口或背后监视；

第二，不随便翻看小晴的日记本、信件；

第三，不逼迫小晴做不感兴趣也不重要的事；

第四，不随便乱发脾气；

第五，小晴每天完成各项作业任务后，不再限制她的自由。

小晴要做到：

第一，每天放学回家后，及时完成作业，不拖拉；

第二，主动跟妈妈谈心，有问题不隐瞒；

第三，凡事要讲道理，不能乱使小性子；

第四，每天看电视、上网的时间不超过45分钟；

第五，有事出门前要跟妈妈打招呼，告知去哪里，并约定返回时间。

规矩制定下来后，小晴很兴奋，赶紧把它抄下来，贴在了书桌前。

每次，小晴要违反规矩时，妈妈就提醒她："记得'约法三章'啊！"执行了一段时间后，小晴变得自觉了，妈妈也不用在她耳边唠叨了。

这位妈妈和女儿之间的"约法三章"规范了双方的言行，体现了一种公平、对等原则，这种约定往往更能让孩子接受，也能让她自觉地执行。同时，妈妈也能在规矩中看到自身的不足，真正做到尊重孩子。

在使用这个方法时，父母一定要确保自己主动遵守规矩中的各项约定，这样，孩子才更愿意自觉地去遵守。

其实，给孩子订立规矩的目的一方面是约束孩子的行为，另一方面是树立他的规则意识。父母要注意在规矩和自由之间找到一个平衡点，才能争取到孩子的合作意愿。

创新工场董事长兼首席执行官李开复就善用规则培养孩子的自律精神。他曾说："虽然我相信启发式教育，但是我也相信孩子需要管教，需要规矩。"在他的家中，他同样也为女儿树立了规矩，但是规矩的条目不会太多。比如，女儿出门之前，和她约定时间，希望她准时回家；不能在网络上与陌生人聊天；重视礼貌与责任；把自己的房间收拾干净。每次女儿违规后，他会先提醒，

多次提醒没用后，才会考虑处罚。

此外，他还为规矩设置了 4 条定律：

第一，定好规矩，但是首先把规矩的道理讲清楚，不是盲目地服从；

第二，在规矩内，孩子有完全的自由；

第三，违背了规矩，孩子将受到事先讲好的惩罚；

第四，规矩越少越好，才能起到启发的作用。

孩子有选择、决定的自由，也有对自己负责任的态度，这并不等于放弃培养孩子成长中所需的规则和标准。李开复对孩子制定很少的规矩，并将自由限制在规矩之内，配合适当的惩罚措施，以培养孩子的自律精神。这种教育观点和方法包括他对规矩附加的 4 条定律都值得借鉴。

那么，父母应该怎样执行这些定律，和孩子"约法三章"呢？

● **把定规矩的道理给孩子讲清楚**

在设定规矩前，一定要把其中的道理跟孩子讲清楚，而不是让他盲从。立规矩，就是非常明白清楚地告诉孩子什么是可以做的，什么是不可以做的。该做的一定要做好，不该做的一定不要去做。立规矩的目的有四个：第一是让孩子有边界感，从而更有安全感；第二是可以减少孩子的问题行为；第三是培养孩子养成良好的习惯；第四是让孩子有成就感，因为他对自己有了约束力和自控力。立规矩，无论是对于孩子还是父母，都是非常有益的。因为规矩立定后都非常清楚明了，到时直接执行这些规定就好了，而不是在事情发生时再由孩子或父母的情绪来决定。

对于实在讲不明白的道理，我们也应该心平气和地告诉孩子，这就是"规矩"，我们所有人都要遵守。在设定规矩后，我们先要严格执行规矩，起"带头"作用，孩子才会严格执行。比如，不说脏话、不挑食、节约水电粮、看电视不超过 45 分钟等。

当然，规矩不是一成不变的。当规矩"试运行"一段时间后，当发现不合理的地方，可以和孩子协商，按照双方的意愿，对规矩进行调整。

● 掌握好给孩子立规矩的原则

总体来说，在跟孩子立规矩时，应注意把握以下几个原则：

第一，立规矩要有针对性。规矩是针对孩子的某种或多种不妥的行为而立的，所以要综合考虑孩子已经出现的和可能会出现的各种问题，有针对性地去立定非常具体的规矩，而不是随意地、想当然地、泛泛地立规矩。

第二，规矩要有可操作性。如孩子不睡觉，那就要立定规矩——"几点睡""睡前应做的准备工作，如洗澡、刷牙、保持安静、在规定的时间上床、准时熄灯等""没有特殊情况，不能做任何变更，即使是周末也要遵守规矩""妈妈不催促，孩子也不等妈妈催促，积极主动睡觉""第二天几点起床"，等等，这些都是可量化的、可操作的。

第三，规矩应保证客观性。所谓客观性，有两层含义：一是所立的规矩要符合孩子的实际情况，孩子要能够做得到；二是要有人能够监督，如由父母、老师或其他监护人来监督孩子践行规矩的情况，并做出客观的评价。

第四，规矩应该长期有效。长期的规矩而不是临时的规矩，这会增进亲子间的信任感，同时也会让孩子意识到父母是说到做到的，这样孩子才更愿意去遵守规矩。只有把规矩内容坚持认真地落实下去，规矩才能真正显现出好效。

有了这几个原则，立规矩就会有章可循，执行起来也会轻松有效很多。

● 孩子如果不遵守规矩，怎么办

当然，并不是立了规矩后孩子就会立刻"变乖"，就会完全地去遵守。孩子可能还是因为种种原因而不能遵守规矩。对此，父母首先要学会克制自己，要做到心态平和，对孩子不吼不叫，不强求孩子去遵守，而是适当提醒一下，然后平静地走开，从而避免爆发一场"家庭大战"。还有，就是对孩子尽量少用负面评价，因为对他的负面评价多了，他也就"皮"了，认为"负面"才是正常的，严重的话还会导致他"破罐破摔"。

当然，可以对他进行适度的惩戒。如可以把"暂停时间"当成是惩戒孩子的一种措施，让他待在一个安静的空间里，而且那里要没有娱乐活动才可以。

另外，这种惩戒应该是及时的、不拖拉的，因为较快地实施惩戒会让孩子更容易地将不守规矩与后果相联系起来，从而更能将注意力集中到"受教育"这件事上。在实施惩戒措施时，应该保持中立，而且在语气上要带有同情感，以免孩子对此有抵触心理。

可以说，惩戒措施是约束孩子行为规范的最后一道防线，要提前把惩戒措施列到规矩之中，一是起警示作用，二是执行起来也"有法可依"。

● **在规矩内，给孩子完全的自由**

规矩有了，在孩子执行这些规则的过程中，我们要给孩子完全的自由。如要求孩子每天看电视不超过半个小时，那么，孩子做完作业后，是否看电视，我们就不能再干涉，只要他看的时间总和不超过半个小时就好了。当然，给孩子自由的关键是相信孩子，要让他在规矩之中有支配时间、选择做什么的自由。

● **对于原则性的"规矩"，不能随意妥协**

"软磨硬泡""苦苦哀求"是孩子的惯用伎俩，多数情况下，这种方法会让父母心软，心想"就这一次"。但是就这一次可能会让孩子觉得有机可乘，认为父母说"不"的时候，其实意味着"还有机会"。因此，在向孩子妥协时必须辨别，打破规矩的这种行为是否有利于孩子成为一个明辨是非的人。

有个6岁男孩和妈妈一起散步，他答应妈妈半个小时后一定回家。可是，半个小时过去后，男孩不肯回去。最后，妈妈无奈，只得用冰激凌"收买"了他，将他哄回家。

男孩之前答应妈妈半个小时后回家，可是由于玩得太兴奋，不愿意再回去。而妈妈却用食物作为交换条件哄骗他回家，这种行为实在不可取。这样无疑会助长孩子"讨价还价"的不良习气。所以，要坚决杜绝此类行为。

除此之外，在生活中像一些原则性的"规矩"，无论在家或在公共场合都要遵守的规定，如不随地吐痰、不乱扔垃圾、不说脏话、爱护小动物、遵守交通规则、遵守社会秩序等，父母要坚持原则，夫妻双方达成一致，时时提醒孩子遵守。当然，在极其特殊的情况下，也要坚持弹性原则。

● 规矩不在多，有时越少越好

法国一位伟人的母亲曾这样描述她和 3 个儿子的关系："我从不严厉对待他们，但约法三章，他们必须工作、运动、对我不撒谎。"这是一位 80 岁的母亲和儿子们所订立的规矩，规矩言简意赅，表达了一位母亲对孩子们的期许。

前面也提到了李开复的观点：规矩越少越好。所以，我们在为孩子制定规矩的时候，不妨也遵循"少而精"的原则。尤其是随着孩子年龄的增长，他渐渐有了是非标准，明白哪些是对的，哪些是错的。这个时候，父母的信任往往比白纸黑字的"规矩"更能让孩子接受。只要孩子大方向没有错误，我们就应该试着放手，让他在实践中慢慢摸索真理。

● 对遵守规矩的孩子要有适当奖励

要是孩子非常遵守规矩，可以适当奖励。每个孩子各不相同，所以奖励方式也应该是各式各样的。不过，有一样奖励是大多数孩子所乐见的，那就是跟他一起玩耍。对于年龄较小的孩子来说，他喜欢谁不喜欢谁的标准很简单，那就是这个人有没有陪他玩儿。陪他玩儿，他就喜欢；不陪他玩儿，他就不喜欢。有研究也表明，几乎所有的孩子都因为可以跟妈妈一起玩耍而受到很大的激励，即使是很短的几分钟，也会让他们向往不已。既然如此，妈妈又怎么能吝啬自己的付出呢？跟孩子一起玩耍吧，一起做做游戏，一起读读书，安静地跟他待一会儿，甚至可以跟他来一次"枕头大战"……

还有，应该抓住机会对孩子进行描述性奖励——表扬，让他更有成就感，这样孩子就会更明白，原来守规矩就会获得他人的尊重与赏识，那他还有什么理由不守规矩呢？

有一点需要注意，就是对孩子的奖励，最好不是金钱和物质，甚至不要拿糖果奖励。否则，很可能会亲手培养出一个金钱与物质欲望极强的孩子，他做任何事都会衡量自己会得到怎样的"甜头"，没有"甜头"，对不起，他就不干了。从小就这样会"算计"、有"心计"，长大了还了得？可见，奖励孩子也是有"艺术"的，一定要把握好。

 沟通箴言 ⊙

　　给孩子制定规矩时，要充分考虑孩子的年龄特点。随着他年龄的增长，规矩也要做出相应的调整，大规矩有了，小的不妨放宽松一些。在执行规矩时，父母也要扮演好监督和提醒的角色，不要动辄就用惩罚的措施，而是要遵循一定的灵活性。

48."打碎了？没关系！下次会做好！"

孩子没做好时，正好可以对他进行机会教育，教他正确做事

一位妈妈带着 13 岁的儿子去看心理咨询师，抱怨孩子"不会叠被子、不会扫地、不会洗碗、不会收拾房间，每天早晨需要我叫才起床……"最后，心理咨询师说："做父母的少管一些，他就都学会了。"可是，这位妈妈一脸茫然地说："可他不会啊！"

很多父母都有诸如此类的抱怨，也可以列举出孩子在生活中的很多事例证明他确实不会。当问及孩子为什么不会时，回答大多是："孩子从来没做过，也曾试图教过他，可是他做得实在是太糟糕了。"

一位妈妈邀请自己的妹妹到家里吃饭，两个人在厨房里忙着做饭。这时，12 岁的女儿走了进来，小姨叫住她，说："来得正好，来，帮我们把蒜捣碎。"妈妈连忙说："她不会。"

不过，女儿还是拿起蒜缸，用木槌象征性地捣了两下，蒜瓣飞溅出来。妈妈实在看不下去了，对女儿的小姨说："你看，她不会吧！"说着，从女儿手里拿过家伙，三下五除二，就把蒜泥捣好了。

类似这种情景很多父母都不会陌生，因为嫌弃孩子做得不好，所以不让他做。这样的做法会导致我们在教育孩子做事的过程中陷入一个困境：**孩子不会做或者做得不好，于是就不让他做。可是，孩子越没有做的机会，就越学不会。**似乎是一个无法破解的死循环。

《三字经》言："养不教，父之过。"当父母在抱怨孩子什么都不会的时候，要深刻反省"都教给孩子什么了"。因此，不能抱怨事情的结果，要想改变"孩子不会"的现状，还是要从原因入手，给孩子独立做事的机会。

6岁男孩吃过晚饭，争着帮妈妈擦桌子。妈妈当然很高兴，将擦布递给了他。过了一会儿，妈妈发现他把桌子上东西全都擦到了地上，桌子是干净了，可地板却脏了。

这时，妈妈笑着说："儿子，妈妈要表扬你一下，桌子擦得很干净。"男孩笑着点了点头。妈妈继续说道："可是，地上脏了怎么办？"男孩想了想，高高兴兴地拿来笤帚和拖把清扫起来。

接着，妈妈又不失时机地表扬了他一番。当他擦完地，妈妈拿来擦布，边给他做示范，边说："记住，儿子，下次再擦桌子时，用垃圾篓接住脏东西，这样地板就不会被弄脏了。"

男孩把妈妈说的和做的，都记在了心里。

但生活中，一些父母看到孩子做得不好，就盲目责备他"怎么这么笨"、"跟你说过多少次了，碗要这么洗才更干净"……仔细体会这些话，除了打消孩子做事的积极性和自信心外，没有任何好处，所以，还是不说的好，应该耐心地教他怎么做。

前面这位妈妈的做法，就非常值得借鉴，我们要下决心改进自己不妥当的处理方式。

在孩子成长过程中，难免会犯一些错误，做错一些事。而这正是教育他的良机，因为内疚和不安会使他急于求助，此时明白的道理会让他刻骨铭心。当然，教育也要讲求方式方法，父母切忌训斥，应当实事求是地讲清道理，明确指出弥补这个过失的方法。

在生活中，父母要善于抓住教育的时机，引导孩子做出正确的行为。

● **给孩子犯错误的机会**

一些父母总怕孩子做不好，习惯包办、代替或者对孩子指手画脚，总以担忧的目光提醒孩子。而这种做法有意无意地束缚了孩子的手脚，阻碍了他独立性的发展。可见，过分地庇护孩子或者替孩子包办就相当于亲手为他挖了一个温柔的陷阱，当孩子掉进这个陷阱后，连尝试错误的机会都丧失了，又谈何成功的体验呢？

因此，当孩子出现做些什么的愿望时，我们一定不要轻视他的行为，更不可以拒绝孩子，而是要给他尝试的机会。此时，"好啊，你来试一试""太好了，我家宝贝可以帮我洗碗了"等鼓励的话语，都可以起到激励孩子的作用，进而让他有做下去的勇气。

同时，随着孩子逐渐长大，我们要逐步放手让孩子做一些力所能及的家务活儿，让他在做事过程中摸索经验。在他做之前，我们要提出要求，也可以亲自示范给孩子看。当孩子在中途遇到困难时，我们可以给予一定的指导，但要让他独立地把事情做完。

● 不过分责备犯错误的孩子

谁都不愿意犯错误，包括孩子。大多数情况下孩子犯错误或做错事都是无心的，看到不好的结果自己已经很内疚了，如果我们再责备他，他就会感到更委屈。因此，当孩子犯错误时，我们要试着控制自己的脾气，不对孩子大吼大叫、随意辱骂……相反，要用冷静的头脑对孩子的行为进行耐心指导，让他感到我们的意见是客观公正的。

此外，我们要帮他找出做错事的原因，同时也应该及时教他掌握正确的做事方法。这样，孩子才会在我们的包容和鼓励中乐于做事，也可以帮他避免同样的错误再次发生。

● 正确引导孩子的错误行为

所有的错误都不是凭空出现的，都有必然的原因，也一定会有责任人。所以，要提醒孩子，如果他犯了错误，还是老实承认，并找到犯错误的原因，及时补救，这样就能弥补小错带来的后果；相反，如果他用借口掩盖了错误，就好像是用整洁的衣服遮住了身体的伤口，虽然表面看着好看，但是对内在的伤口放之不管，它就会慢慢溃烂，到时候可能会带来更大的痛苦。而如果

是孩子和他的同伴们一起犯了错误，他就更要去努力寻找自己的过失所在，先将自己那一部分责任担负起来，这才是一个好孩子应有的作为。

还要让孩子明白，人无完人，犯错是人之常情，但要勇敢地承认错误，并尽最大努力去改正错误，对已成的事实进行补救，才是妥当的。

● **鼓励孩子再接再厉，给他加油**

无论孩子取得成功还是失败，我们都要给他信心，鼓励他再次尝试，使他再接再厉，从而不断提升自己，完善自己。

当孩子成功时，我们要指出他得以成功的优势所在，进而体验他成功的乐趣，鼓励他继续努力，争取突破自己，取得更大的进步；当孩子失败时，我们也要帮他总结经验教训，并对孩子充满信心，相信他有能力去做好，进而帮他走出失败的阴影。

在做事过程中，如果孩子因为缺乏自信，不敢再次尝试。我们可以对他说一句充满善意的"谎言"："孩子，我像你一样大的时候，还不如你呢！你比我强多了。再试一次，我相信你能！"对孩子来说，这样的鼓励会给他极大的信心和勇气。

同时，也要让孩子明白，成功是无数次失败后的尝试，虽然这次尝试可能还会以失败告终，但只要不断总结经验教训，就一定会成功。

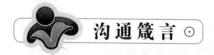 **沟通箴言**

对孩子来说，犯错误很正常，这正是他成长的好机会。因此，要允许孩子犯错误。但如何让孩子避免下次再犯同样的错误，就需要我们的正确引导和鼓励了；要包容孩子的错误，切忌过分责备他，同时要保持耐心，教孩子正确的做人做事的方法，给他再次尝试的机会。

49. 给孩子写留言条、发短信、写信……

这种"说"的方式有时候孩子更乐于接受

　　一些父母抱怨："现在的孩子越来越不好管了，你让他往东他偏往西，处处唱反调……"但如果追溯根源，原因大都在父母身上。比如，一些父母唯恐孩子不听话，对一件事唠叨个没完，甚至还把孩子过去的种种"劣行"统统翻出来，有种不达目的誓不罢休的气势。父母这样做，实在不可取，因为这对亲子关系的改善、亲子教育的顺畅进行，都毫无意义。

　　当孩子习惯了父母唠叨式的教育方式后，他会慢慢"屏蔽"一些信息。更糟糕的是，当他听烦了、厌了，变得"麻木"了，即使父母说得很有道理，他也不愿意再按照父母的想法做了。所以，我们不妨采用书信的方式，向孩子娓娓道来，用舒缓的语气传达对孩子的期望。

　　上4年级的女孩和妈妈因为一点小事发生了一些争执。

　　第二天早上，女孩发现桌子上放着一封信。信中写道："亲爱的女儿，当你看到这封信的时候，最爱你的妈妈已经离开这座城市，到另外一个城市出差去了……"在信中，妈妈指出了女儿的缺点，并为自己一直没好好陪她而感到自责。在信的最后，妈妈还希望她发现知识的乐趣，了解社会，关爱他人，自立自强……

　　读着妈妈的信，女孩掉下了眼泪。她以前一直认为，妈妈不在家陪她是因为不爱她。看了这封信她才知道，妈妈所做的一切都是为了她。所以，她

决定改变自己，不辜负妈妈的期望。

在妈妈出差回来的当天，女孩亲自下厨为妈妈做了一顿有爱的饭菜。

在今天这个瞬息万变的时代，很多父母每天都在拼命工作，很少有时间陪孩子，偶尔跟孩子一起聊天，也可能因为意见不合而说不到一块去。不得不说，这是一个遗憾。但这并不是不可改变的，如果父母能够换种沟通方式，亲子间的交流可能就会顺畅、有效很多。

就像这位妈妈，用一封信就缓和了与女儿的小矛盾，女儿也体会到了妈妈的辛劳，从而做出了改变。可见，书信不失为一种亲子沟通的好方式。

一所小学开展感恩教育活动，鼓励每位父母都为孩子写封信。信的内容很广泛，有的父母谈到了孩子身上最值得骄傲的地方，也有的父母对自己欠妥当的教育方式进行了反思……总之，大多数父母都非常真诚地希望和孩子多多沟通。

当孩子们收到父母的信后，大多被父母真挚的话语感动了，变化也都很大，变得懂事、听话了，不再和父母顶嘴，能体谅父母的辛劳了，也变得认真学习，听老师的话了……

一个男孩收到妈妈的信后说："在家里，妈妈总是说我的不是，说我这也不对，那也不对，简直就是吹毛求疵。在信里，妈妈居然指出了我的优点，真有点意外。不过，我仔细反省了一下，我的毛病其实真的挺多，只不过平时认识不到或者不愿意承认罢了。"

事实上，书信是一种良好的沟通方式。在信中，我们可以精心选择词汇表达自己的情感，像一些无法或不好用口头表达的话，都可以用这种书面形式表达出来。而且信件可以珍藏，成为孩子永久的回忆。

当然，除了写纸质信件的方式外，留字条、发短信、发微信、发电子邮件、发微博私信等方式，也是我们与孩子沟通感情的好方法。

那么，父母应该如何善用这些方法，将它落实在生活当中呢？

● 创建一个"公共留言区"

有个女孩从有记忆开始，家里客厅的墙上就挂着一个 40cm×30cm 的小黑板，大家称它"家庭留言板"。每天上面的内容都会更新，妈妈会在上面写"出门前，别忘记带小黄帽""早餐放在餐桌上""今天有雨，大家带伞"等提醒的话。

随着她年龄的增长，留言板上的内容变得更丰富了，"周末大扫除，全员参加""晚上 8：00 开家庭会议"……

有时，女孩也会在上面留言"妈妈，我今天想吃炸酱面""爸爸，我今天晚上要晚一点回家，去××家写作业"……

如今，女孩已经升入初中，她仍旧非常喜欢用这种方式和父母"沟通"，爸爸妈妈也很享受这种沟通方式，他们之间的感情也一直很好。

"家庭留言板"是家庭成员表达意见和想法的公共区域，父母与孩子可以畅所欲言。这样不仅让父母知道孩子在干什么，怎么想的，也起到了提醒的作用，避免了很多无谓的唠叨，是父母与孩子之间行之有效的沟通方式，值得参考借鉴。

● 将道理以书信的方式传递给孩子

遇到有些事情，无法与孩子当面说时，或者与孩子间的谈话已经变成争执，无法再继续往下谈时……要不要硬着头皮说？要不要强迫孩子立即接受自己的观点？答案是否定的，那该怎么办呢？

可以试着通过写信的方式，晓之以理，动之以情，以平和的心态把道理"讲"给孩子听。当孩子心态平静下来的时候，他往往能够轻松地接受父母的想法和启发，也有利于他反复阅读书信的内容，仔细思考，慢慢体会父母的良苦用心，从而让自己朝着解决问题的方向走去……

● 用写便签的方式提醒孩子

一些父母苦恼于孩子的一些坏习惯，无论口头怎么说，也不能彻底改变他的坏毛病。那么，不妨用写便签的方式，如"请把你的书包收拾整齐""请把脏衣服放进洗衣机里"……类似这样，给孩子一个温馨的提醒。

7岁男孩以前有很多坏习惯，比如，玩具乱丢、打扰正在工作的妈妈、晚睡前不刷牙……多次口头提醒不起作用后，妈妈想了一个办法——在家里比较明显的位置贴上了一些便签提示他。如卫生间的镜子上贴上一张便签，上面画着一个小孩在刷牙，旁边写着"请记得刷牙哦"；在玩具箱外面贴上一张便签，上面写着"请记得送我回家"……

妈妈工作时，如果男孩去打扰，妈妈就拿出一张写着"请勿打扰，一会儿陪你玩"的便签。渐渐地，这种方式纠正了男孩生活上的很多坏习惯。

一般来说，孩子都渴望收到父母的便签。对于年龄小的孩子来说，收到父母的便签会很开心，有一种神秘感；对于年龄大的孩子来说，收到父母的便签会让他与父母之间有一种正式感，他也可以体会到父母的用心。

当然，父母给孩子的提示语言要尽量简洁明了，有时幽默风趣的语言配合上图片表情更能让孩子轻松地接受。

● 每年写给孩子一封"回忆信"

一位父亲自从女儿上小学时起，每年女儿生日的时候，都会送给她一份特殊的礼物———一封信。这封信中记录着这一年女儿经历过的有趣的事。如父母参加女儿学校的运动会，观看她参加跳高比赛的情景；全家人一起野炊烧烤，烧焦了茄子，被路边的流浪狗打翻了可乐的情形……爸爸还为这些附上一些照片，作为他们最美好的回忆。当然，爸爸也会指出她的缺点，对她寄予殷切的希望。

父亲是一个家庭的顶梁柱，由于忙于工作，失去了很多和孩子沟通、交流的机会。而这位父亲通过信件方式和女儿一起回忆往事，恰恰和她进行了一次特殊的、"非正式"的沟通，将最美好的记忆装订成册，留在了女儿的心里。父亲的这一份细心和真诚不仅能拉近与女儿之间的距离，也会让她感受到父亲深沉的爱。

所以，不妨借鉴一下，每年送给孩子一封"回忆信"。在信中可以附上全家人的照片、考试卷、美术作品、风景照……跟孩子做一次心灵沟通。当然，如果感觉一年太长，也可以每半年、每季度甚至每个月写一封。

 沟通箴言 ⊙

　　写信的方式可以避免父母出现跟孩子面对面交流时的急躁和挑剔的态度，孩子往往更能接受。当孩子伤心、情绪低落或者不愿意表达时，我们可以写封信安慰他；当孩子丢三落四时，我们可以写张便签提醒他；当孩子不讲道理时，我们也可以用书信的方式让他接受正确的观点。总之，我们要善用写信、留字条、写便签、发短信、发微信、发电子邮件、发微博私信等方式，多和孩子沟通，以消除亲子间的隔阂。

50."回家后，我们好好聊聊，好吗？"

给孩子留点面子，不当别人的面批评他

爱面子，不仅是成人的专利，孩子也有面子，也同样爱面子。

一个10岁男孩数学很差，数学课上也从来不举手回答问题，数学作业也不能按时交，有一次考试只得了39分。父亲很着急，希望老师给予帮助。

一次，在数学课上，老师提出一个问题，男孩突然举手。老师很高兴，于是就把这次机会留给了他。可是，男孩站起来支支吾吾地没有回答上来。一般老师遇到这种情况会当众质问"你不会，为什么还举手"，但这个老师没有这么做，而是找了课下的时间，单独和他谈。

课下，老师态度温和地问："你不会回答那个问题，为什么还举手？"男孩回答："人家都举手了，我要是不举，多没面子！"老师听了，觉得这个问题并不是那么简单，于是就说："那好，这样吧，下次你要是真会就举右手，不会就举左手。举左手的时候我不会叫你。"

男孩听了，非常兴奋，他觉得老师理解他，使他找到面子了。从此以后，男孩举右手的次数越来越多，数学成绩也提高了。

当这个男孩看到别的同学举手回答问题，自己不举时，会觉得很丢面子。而老师帮他找面子的方式，恰恰帮他找回了自信，最终使他提高了数学成绩。可见，给孩子面子有多么重要。一位老师能有这么大的影响力，相信父母对孩子的影响会更大。

但在生活中，很多父母都没给孩子留面子，有意无意地在别人面前数落

孩子"笨""没人家成绩好"……或在孩子无意间犯下错误或偶尔提出无理要求时，在大庭广众之下就严厉地呵斥他，甚至责令他当场认错。

一般情况下，孩子要么在倔强中坚持己见，要么在哭啼中委曲求全，承认错误。父母自认为这是严格要求孩子，可以让他更好地改正错误。但往往事与愿违，因为最终很难达到父母期待的好的教育效果。

一些父母会认为："我明明是对的，孩子怎么不听我的呢？"在这里，要告诉父母一个秘密，那就是：即使你明明是对的，也要给孩子面子，他才能真正接受。所谓"强扭的瓜不甜"，强行的"教育"也是一样。

周末，7岁男孩和小伙伴在一起玩的时间又到了，这次是在男孩的家里。妈妈支持他们在一起玩，但是禁止他们在家里追逐打闹。可是，男孩由于玩过了头，忘记了和妈妈的约定，同小伙伴在客厅里打闹时，不小心把花瓶打碎了。

当妈妈看到几个孩子傻傻地站在那里时，努力抑制住情绪对男孩说："孩子，拿扫把过来。"她把残局收拾完后，说："孩子们，去玩吧！不过，请不要再跑来跑去的了。"

当小伙伴们玩完走后，男孩主动走到妈妈的面前，说："妈妈，我们下次再玩的话，就去楼下的花园，保证不在家里闹了，放心吧！"

当男孩打碎花瓶后，妈妈很冷静，没有在小伙伴们面前责备他，而是给他面子，使他自觉地认识到了错误，并找到杜绝此类问题再次发生的方法。**可见，给孩子面子，可以让他从容地摆脱尴尬。父母既不用跟他对抗，也不用对他大加批评，从而使亲子间的沟通更加顺利。**

给孩子面子绝不是放纵孩子的错误行为，而是给他反省的机会，让他自己认识到错误。那么，我们如何在给孩子面子，但又不放纵孩子之间找到一个平衡点呢？

● **不在别人面前批评孩子**

每个孩子都非常珍视自己的名誉。我们当众宣讲他的错误、缺点、较低的考试成绩等负面信心，会让他觉得自己的面子或名誉已经遭到破坏，而如果他认为其名誉遭到严重破坏的话，那他维护自己名誉的意识也就越来越淡薄，最终会从反抗、逆反变为"破罐破摔"。相反，如果我们懂得给孩子面子，去维护孩子的尊严，则他会小心地维护着别人对自己的好评。

实际上，在一些公共场合，对于一些很明显或者顽固性的错误，不用我们说，孩子也会意识到犯错了。如果这个时候，我们再依照惯例指责他一番，不仅不会改正他的错误，还会导致情况恶化，使他形成"无所谓"的态度。

因此，在这种情况下，我们可以适度保持沉默或者用眼色指正孩子的行为，而不当众批评他，给他留面子，给他反省和自觉改正错误的机会，这种处理方式往往能达到事半功倍的教育效果。

● **尊重孩子的友谊圈**

当孩子进入小学后，就开始有自己的交友小圈子了。在孩子的朋友们面前，我们最好也不要训斥孩子，而是要给他留面子。

同时，我们也要尊重孩子的朋友。比如，当孩子的朋友找他出去玩时，我们不能擅作主张回绝他们，说："我们家××今天不去，他要在家写作业。"这种行为在我们看来可能并没有什么恶意，但会让孩子在朋友面前很没面子。久而久之，当孩子的朋友发现他事事都由父母做主时，就不愿意再与他交往了，从而影响他的交际能力。所以，我们要以尊重为前提，在合理范围内，给孩子自主决定的权利，尽量维护孩子在朋友面前的尊严。

● **批评要讲求时机和方式**

如果孩子当众犯了错误，我们不能在别人面前批评他，那么应该怎样对他进行教育呢？这种情况下，我们可以制止孩子的行为，如果孩子已经认识到错误，就不应再追究。如果他没有认识到错误，那么我们可以把他带到其他地方，和他单独谈话，把道理给他讲清楚。

一般来说，孩子犯错误的时间和被教育的时间间隔不宜过长。因为时间太长可能导致孩子已经忘记犯了什么错，那样教育效果不会很明显。

此外，在指出孩子的错误时，我们要就事说事，不要盲目夸大事实。当然，也要听听孩子的理由，了解他的真实想法。

● **不在别人面前贬低孩子**

有个 9 岁女孩很聪明，学习成绩也很好，就是比较安静，遇到熟人不爱说话。别人喜欢在妈妈的面前夸她，说她学习成绩好，拿了很多奖状……这时，妈妈总是谦虚地说："哪里，她学习成绩也就一般，从没拿过班里第一名，平时还不爱讲话……"妈妈这样做的原因是担心孩子听到表扬后扬扬得意，于是就在外人面前故作低姿态，数落她的不是。

很多妈妈都抱有这种想法，怕孩子因为受到别人的表扬而变得骄傲。所以，当别人夸孩子时，父母却谦虚地"指责"孩子，甚至把一些莫名其妙的"罪名"加在他身上。其实，这种做法不仅不能帮孩子克服骄傲情绪，反而使他在别人面前、同伴中抬不起头来，而且他还会产生对父母的敌对情绪。

所以，我们要注意语言，不要在无意中伤害了孩子。当别人表扬他时，我们一句"我相信他的成绩会更好""是很好，都还不错，他要是能再开朗一些那就更好了"等类似的话，让孩子在信任与积极的期待中感受我们的善意，相信这种方式更能激励孩子不断进步。

沟通箴言⊙

在没有外人的情况下，我们对孩子进行善意的批评，并指出改进措施，孩子一般都能接受。这样做的目的也是维护孩子的尊严，给他自觉改正错误的机会。但当孩子发生原则性的错误时，我们也要当场制止他的行为，对于后期的教育，可以等别人不在场的时候再进行。